托育-保育类专业教材："岗课赛证融通"系列

新形态教材
入眼·入脑·入手·易教·乐学
融媒体版

U0659655

幼儿早期发展与学习支持

YOU'ER ZAOQIFAZHAN YU

XUEXI ZHICHI

主　编：张莅颖

副主编：石志华

　　　　张　哲

　　　　朱金玲

北京师范大学出版集团
BEIJING NORMAL UNIVERSITY PUBLISHING GROUP
北京师范大学出版社

图书在版编目（CIP）数据

幼儿早期发展与学习支持 / 张莅颖主编 . -- 北京 ：北京师范大
学出版社，2024. 10.（2025.8. 重印）-- ISBN 978-7-303-29639-2

Ⅰ . 幼… Ⅱ . ①张… Ⅲ . ①幼儿教育 Ⅳ . ① G61

中国国家版本馆 CIP 数据核字（2023）第 238773 号

YOU'ER ZAOQI FAZHAN YU XUEXI ZHICHI

出版发行：北京师范大学出版社 https://www.bnupg.com
　　　　　北京市西城区新街口外大街 12-3 号
　　　　　邮政编码：100088
印　　刷：优奇仕河北印刷有限公司
经　　销：全国新华书店
开　　本：889 mm×1194 mm　1/16
印　　张：18.5
字　　数：397千字
版　　次：2024年10月第1版
印　　次：2025年8月第2次印刷
定　　价：49.80元

策划编辑：姚贵平　　　　　　　　责任编辑：姚安峰
美术编辑：焦　丽　　　　　　　　装帧设计：焦　丽
责任校对：陈　荟　　　　　　　　责任印制：赵　龙

党的二十大报告指出："统筹职业教育、高等教育、继续教育协同创新，推进职普融通、产教融合、科教融汇，优化职业教育类型定位。"职业教育在培养高素质的托育和学前教育工作者方面是主要的担当者。

本教材以0~6岁各年龄阶段幼儿在动作、语言、认知、情感与社会性发展方面呈现的发展规律为主线，分析该年龄阶段幼儿的学习特点，通过观察其日常行为等途径，提出支持幼儿学习与发展的方法和措施。

本教材分为9个模块，每个模块设置学习目标、学习导航、学习初体验等板块，按照"动作发展""语言发展""认知发展""情感与社会性发展"分4个单元，分析该年龄阶段幼儿的发展水平和学习特点，并在此基础上提出观察要点和学习支持，以促进该年龄阶段幼儿的全面发展。

本教材具有很强的专业性和系统性。幼儿热衷于观察和探索，不断寻求新的挑战，逐步发展各方面的能力。本教材本着"以儿童为本"的理念，在大量的理论基础之上，对各年龄阶段幼儿的发展进行了整理和归纳。

本教材注重实用性。考虑到职业教育的对象对实践能力培养的需求，本教材提供了可行性很强的观察工具，并提出了多种具有代表性的支持方案，有利于提升其实践能力。

本教材适应时代发展，具有创新性。作为专业的托育和学前教育工作者，我们要为幼儿提供适宜其发展水平的教育，为其提供"最近发展区"内的挑战性目标和支持策略。本教材让我们重新看待教与学的关系，重新看待个体差异和个别需求，开展差异化教育。同时，本教材注重幼儿与重要他人之间关系的建立。良好的亲子关系和师幼关系是幼儿健康成长的肥沃土壤，也是幼儿教育的基础。本教材注重环境育人，为幼儿提供充满温馨和关爱的人文环境。

本教材适用于幼儿保育、学前教育、早期教育等专业的课程教学，具有一定的实操性，学生可在掌握学前教育学、幼儿心理学、幼儿卫生学等理论的基础上，再进行本教材的学习。本课程建议教学学时为72学时，分两个学期讲授；每个模块8学时，其中理论教学4学时

（每单元1学时，完成基本理论板块的学习），实践教学4学时（每单元1学时，完成学习交流、学习任务单和实践与运用等板块的学习）。

本教材编写团队人员来自中等职业院校和高等职业学院幼儿保育、学前教育、婴幼儿托育等专业的一线骨干教师、资深教师和托幼机构园长。本教材模块一由张哲编写，模块二由李曼编写，模块三由石志华、刘丹丹编写，模块四由王玉编写，模块五由马凤辗编写，模块六由张思雨编写，模块七由朱金玲编写，模块八由白杨编写，模块九由李坤宇编写；本教材的图片和视频由段海静、张红娟提供；崔楠、高嘉彤、李茜、刘佳、邢颖洁、张亚妮、张子怡为本教材编写了测试题和答案。

本教材在编写过程中得到了保定市蒙养幼儿园、保定市蒙童教育的大力协助，北京师范大学出版社的编辑老师也给予了大力支持和帮助，在此一并感谢。

目 录
CONTENTS

0～6月龄婴儿
发展与学习支持

1. 掌握 0～6 月龄婴儿动作、语言、认知、情感与社会性发展的基本特点，把握该阶段婴儿的身心发展水平。

2. 了解 0～6 月龄婴儿的主要学习方式和学习内容。

3. 开展促进 0～6 月龄婴儿动作、语言、认知、情感与社会性发展的各项活动，并给予婴儿适宜的教育和支持。

4. 通过对 0～6 月龄婴儿的观察，能够分析婴儿的经验水平，并给予相应的指导，促进婴儿健康和谐发展。

5. 能够为 0～6 月龄婴儿的父母提供有针对性的指导，帮助他们了解幼儿早期发展与学习支持。

学习导航

0～6月龄婴儿发展与学习支持

0～6月龄婴儿动作发展与学习支持	0～6月龄婴儿语言发展与学习支持	0～6月龄婴儿认知发展与学习支持	0～6月龄婴儿情感与社会性发展与学习支持
0～6月龄婴儿动作发展和水平	0～6月龄婴儿语言发展和水平	0～6月龄婴儿认知发展和水平	0～6月龄婴儿情感与社会性发展和水平
0～6月龄婴儿动作学习方式和学习内容	0～6月龄婴儿语言学习方式和学习内容	0～6月龄婴儿认知学习方式和学习内容	0～6月龄婴儿情感与社会性学习方式和学习内容
0～6月龄婴儿动作观察要点	0～6月龄婴儿语言观察要点	0～6月龄婴儿认知观察要点	0～6月龄婴儿情感与社会性观察要点
0～6月龄婴儿动作学习支持	0～6月龄婴儿语言学习支持	0～6月龄婴儿认知学习支持	0～6月龄婴儿情感与社会性学习支持

学习初体验

　　芮芮已经3个月大了，她的四肢变得越来越有力量，因此，她好动得不得了。当爸爸妈妈把她抱起来时，她的头部已经不再往后仰了，背部挺得非常直。这一天，芮芮的小手正好碰到了小被子的边缘，她一把就把小被子拉了起来。她还非常喜欢把手塞进嘴巴里津津有味地吃。

　　同学们，芮芮有着怎样的动作发展水平呢？针对芮芮现阶段的动作发展水平，为芮芮的爸爸妈妈提出一到两条个别化的指导策略吧！

学习交流

学习导入

　　当我们看着一个刚刚出生的孩子紧闭着双眼，依偎在妈妈的身旁时，我们禁不住想他在妈妈的肚子里面经历了什么。我们以往意识到婴儿出生时是完全无助的，所以帮助婴儿从宫内生活平稳过渡到外界生活，我们的教育又应该遵循怎样的规律，才能为他们的生命历程打下良好的基础，使他们健康发展呢？我们发现，婴儿的学习和理解能力比我们想象的更强。在出生后的6个月中，婴儿处于飞速发展的时期，身体各个器官尚未发育成熟，心理各个方面还处于萌芽状态，人类发展的力量就蕴藏在幼小的身体里，这难道不让人赞叹吗？

单元 1

0～6月龄婴儿动作发展与学习支持

情境描述

　　妞妞已经 3 个月大了，可她还是不会翻身。今天，爸爸陪着妞妞练习。当妞妞平躺在床上时，爸爸边讲解边引导妞妞动起来，可是妞妞却用好奇的眼神盯着爸爸，身体不动。几番之后，爸爸看妞妞仍不动，就抱起妞妞，把她的姿势调整到了俯卧位，手里拿着彩色气球逗妞妞，妞妞的眼睛盯着彩色气球，一下由俯卧位过渡到侧卧位，而后平躺在床上。爸爸把彩色气球放到妞妞手边，妞妞一下就抓住了彩色气球，兴奋地快速摇晃着四肢。

　　请思考：

　　1. 妞妞的动作发展水平如何？

　　2. 在妞妞遇到困难的时候，爸爸是怎么做的？你认为爸爸采取的方式是否合适？为什么？如果请你给这位爸爸提出建议，你会说什么？

学习驿站

学习笔记

一、0～6月龄婴儿动作发展和水平

　　0～6 个月是婴儿的身体成长与发育最快的一个时期，其动作发展方面具有独特性。新生儿的动作发展相对较晚，并且发展缓慢，尤其在最初的 6 个月中，婴儿的动作发展有着固定的程序，具有稳定性。

（一）原始的条件反射

　　新生儿最初的动作大部分是原始的条件反射。新生儿阶段存在的反射有 40 多种，0～3 月龄婴儿的无条件反射则有 70 多种。反射行为有助于照料者及时发现和了解婴儿发展的问题。随着婴儿不断成长，其表现出的原始反射行为会逐渐改变或消失。

（二）粗大动作发展和水平

婴儿的运动发展会由有意识的随意运动来替代无意识的反射行为。大部分0～6月龄婴儿的大肌肉运动能力的发展将达到"三翻六坐"的基本水平。

1. 头的动作

抬头属于大肌肉运动发展的第一阶段。婴儿出生4周，就会出现有意识的头颈部运动，表现为仰卧位时能够勉强抬头。2～3月龄婴儿仰卧时能够抬头45度；仰卧时能够自主地左右转头；直立位或坐位时，婴儿能够自主地将头竖直，照料者可以比较轻松地竖抱婴儿。4～5月龄婴儿能够在仰卧状态下将头抬至90度。对于婴儿来说，头部活动是他们扩大视线范围、拓展可探索环境的最早途径。

2. 肢体动作

研究发现，大部分婴儿对躯干部分的控制于出生2个月之后开始，此时表现为在俯卧时能够借助手臂力量的支撑抬起胸部。需要注意的是，这时的手臂支撑并不是婴儿的自主动作，而是一种下意识的行为。出生3个月后，婴儿开始学习翻身，并能够由仰卧转向俯卧，接下来可以从俯卧转向仰卧，俯仰之间灵活交替。3月龄婴儿能够抬起头和肩膀，同时伸展腿部。

4月龄婴儿能够用自己的手肘支撑起上半身，使胸部离开床面。5～6月龄婴儿能够自己用手支撑坐在床上，有的婴儿还需要有所依靠，但有的婴儿则可以独自坐10～15分钟，甚至有的婴儿坐起来，还可以弯下腰去啃自己的脚趾。将婴儿抱起来，立在膝盖上，有些婴儿就会自动做出蹦跳的动作，但并不是所有的婴儿在这个月龄阶段都可以达到这个程度，不爱运动的婴儿的动作发展还将停留在4～5个月大的状态。

（三）精细动作发展和水平

精细动作的发展包括使用手臂、手以及手指上小肌肉的能力。此时，婴儿的动作属于无意识行为。出生后头两年的重点是发展有意识的动作控制。婴儿手部动作的发展，开始于出生后2～3个月。2～3月龄婴儿开始无意识地抚摸能触摸到的任何东西，如玩具、小毛毯、自己的手、妈妈的脸等，但这时婴儿的抚摸仍是一种无意识行为，无动作、无方向，是受抓握反射支配的，他们并不能进行自主抓握。

3～4月龄婴儿能够主动去抓握放到他手中的东西，但其手眼协调能力并没有发展起来，并不能抓到他看见的东西。与此同时，这一时期婴儿的手指并不能灵活配合，抓东西时往往是五根手指一起用，整个手弯起来，像个大钩子，这种抓握模式也被称为"掌心抓握"。较之以前，这一时期婴儿的手部活动灵活了很多，婴儿的手总是喜欢伸出去摸东西。到了4个月大的时候，婴儿能够用双手抱着奶瓶喝奶。

5～6月龄婴儿能够准确抓握物体，做出手眼协调的动作。这一阶段的特点主要表现在以下方面：第一，观察物体，然后伸手去抓；第二，有效动作和无效动作同时存在；第三，动作有了一定的目的性，并且会简单地摆弄玩具；第四，双手不会分工；第五，初步学会变换手的姿势，改变了"掌心抓握"的取物习惯。

二、0～6月龄婴儿动作学习方式和学习内容

（一）学习方式

婴儿在出生后，可以通过做被动操等方式获得身体伸展等发展。例如，当婴儿进行抬头训练时，通常由照料者将婴儿摆成俯卧位，并在照料者的保护下练习抬头。又如，婴儿通常在5个月大时，才有足够的力气和协调能力来翻身。此时，照料者将婴儿以仰卧位或俯卧位放在大毯子的一侧，然后将婴儿所处的这一侧轻轻抬起，婴儿便翻滚成侧卧姿势。

（二）学习内容

婴儿最早发展的动作是头部动作。婴儿的动作发展都是沿着抬头—翻身—坐—爬—站—行走的方向发展的。

1. 新生儿动作学习内容

对于新生儿来说，虽然其颈部力量非常弱，不足以支撑头部，但是头部训练是这一阶段最重要的学习内容。一般出生后1个月内的婴儿可以在空腹时俯卧片刻，尝试着抬头，每次训练时间控制在30秒左右。

2. 2～3月龄婴儿动作学习内容

2～3月龄婴儿仍然会在之前的基础上继续增强抬头及颈部转动能力。此阶段婴儿的颈部、肩膀、手腕和脚掌的力量都增强了，婴儿在俯卧时开始尝试用手和脚支撑身体，把头抬起来。这时候的婴儿不甘于老老实实地躺在床上，他们开始侧身乱蹬腿，总是想着侧过身子看看不一样的世界。

这一时期，照料者应注意训练婴儿翻身，这将有助于婴儿学习控制关节、强化肌肉，逐渐掌握如何协调四肢、头部和躯干。

3. 4～6月龄婴儿动作学习内容

本阶段婴儿动作学习的重点是躯干部的动作。大部分婴儿在初步完成侧卧

学习笔记

转为仰卧，再由仰卧转为侧卧翻身动作的基础上，进行连续翻身的发展及坐的动作学习。婴儿能控制躯干部自动坐起，开始时身体前倾，双臂外伸，两腿弯曲，脚掌相向，以增加身体上半身的平衡。

三、0～6月龄婴儿动作观察要点

0～6月龄婴儿动作发展遵循头尾律（从头到脚）、远近律（从中心延伸到四周）和从大到小（从粗大动作到精细动作）的发展规律。主要表现为先从头部动作开始发展，躯干和手臂动作随之发展，腰部和腿部力量也随之增强，逐渐进入坐与站的动作发展阶段。精细动作在婴儿2～3个月大时开始发展。（表1-1）

相关链接 ▶▶▶

对0～6月龄婴儿动作发展进行观察时，要坚持实事求是的科学态度；依据婴儿动作发展的规律和特点设计相关活动，提高科学的思维能力，掌握分析问题、解决问题的实践本领。

学习笔记

表1-1　0～6月龄婴儿动作发展水平及观察要点

观察主题	观察目标	发展水平及观察要点	观察 是	否	出现时间	评价
粗大动作	动作反射性	主要是反射性的动作活动				
		一些反射消失，觅食反射发展良好，有强有力的吸吮				
		固定反射：眨眼、吸吮、吞咽				
	头部动作	俯卧抬头片刻（2秒以上）				
		躺下时把头从一侧转向另一侧				
		俯卧抬头离床面45度				
		俯卧抬头90度				
		头能竖直超过10秒				
	四肢动作	保持胎儿姿势（四肢蜷曲在一起），尤其是熟睡时				
		挺身，四肢延伸				
		当手臂得到支撑时上肢肌肉协调好				
		身体上肢运动增加：面前拍手、四处摇动手臂、伸手够物				

续表

观察主题	观察目标	发展水平及观察要点	观察		出现时间	评价
			是	否		
	翻身	独立完成从仰卧位到侧卧位的转动				
		从俯卧位变成仰卧位，即会翻身				
	坐	扶坐5秒以上，头伸直不向前倾斜				
		靠坐10分钟以上				
		独坐30秒以上				
	站	扶腋下能站立2秒以上				
		扶着站立5分钟以上				
精细动作	手部动作	把手捏成拳头，不会伸手够物体				
		满把抓，但不能抓住物体				
		双手形成开放或半开放的姿势				
		拇指与其他四指相对握物				
综合运动能力	协调性	手眼不协调				
		注视自己的手				
		可以把小手放进嘴里吸吮				
		大而突然的运动发展到更平稳和更有目的的动作				
		从双臂够物发展到单臂够物				
		伸手抓握玩具，抱住一个，再够第二个				
		玩具倒手				

四、0～6月龄婴儿动作学习支持

（一）环境支持

照料者对婴儿学习的支持首先要做到为他们设计出适宜的活动环境。这个环境不能仅仅用"整洁"和"安全"来衡量。0～6月龄婴儿运动能力的发展与其感知运动智能的发展密切相关。婴儿需要一切可能的空间和机会来安全地使用他们的身体。

1. 活动空间不仅限于床

婴儿床和柔软的床垫为婴儿肌肉的发展提供完全不同的支持，但在婴儿醒

学习笔记

着的时候，他们需要从婴儿床和柔软的床垫的限制中解脱出来。婴儿醒着的时候，照料者应允许婴儿在地上自由玩耍。

2. 创设有利于语言发展的环境

照料者在婴儿活动的场所摆放较为丰富的图片和色彩鲜艳的实物，引导婴儿语言的发展；同时，提前移除潜在的危险物品和限制婴儿自由活动的设施，不要引诱婴儿或是用言语禁止婴儿探索。

3. 合理设置活动保护

照料者可以在较大空间中创建各种较小的活动区域，把大箱子、合理摆放的牢固隔板、一扇门、低矮的可移动的隔离物、一堆沙发坐垫等设置成屏障来保护运动能力较弱的婴儿。

4. 选择适宜的户外活动场所

对婴儿来说，他们会把户外活动的大部分时间花费在粗大动作运动游戏上，如"肚肚时间"、爬、来回走动和攀高。干净的毯子能给婴儿提供一个安全的环境。婴儿有时喜欢坐在照料者的膝上向外看。为了更好地保护婴儿的皮肤，创造纳凉的环境是很有必要的。户外活动场所还提供了很多自然的感官刺激。

思考与练习

参观一个设有婴儿室的保育中心，根据以下内容进行记录。
1. 保障健康安全的保育措施。
2. 环境中培育信任和依恋关系、锻炼运动能力、促进感觉探索以及发展语言能力的组成部分。
3. 家长和保育人员的交流方式。
4. 婴儿户外游戏区。
5. 婴儿室中的材料和家具摆放方式。
将你的发现与本单元所讨论的观点进行对比，与参观其他中心的同学分享你们的发现。

（二）活动支持

1. 新生儿动作活动设计方案

（1）抬头训练

方法：利用给婴儿喂奶之前的时间，将其抱起，使其面对面紧贴母亲的胸腹部，而后母亲平躺或斜躺在床上，婴儿随之俯卧在母亲的肚子上，母亲此时开始哼唱儿歌来吸引婴儿抬头看自己的脸。

目的：锻炼婴儿颈椎的支撑力，为今后的坐和爬打基础。

（2）头部的转动能力

方法：在婴儿吃饱，比较清醒且情绪愉悦的时候，照料者拿着颜色鲜艳或带有响声的玩具（玩具的响声不要太大或太刺耳），先在左侧不超过 30 厘米的地方逗引婴儿，当其转头将目光投过来时，照料者拿着玩具向右侧慢慢移动，婴儿会随着玩具向右转头，这样婴儿的头部会有一个 180 度的转动。每天坚持做 2 次，上午、下午各 1 次，每次做 2 个来回即可。

目的：锻炼婴儿颈部的灵活性与视力。

注意：对新生儿来说，稍稍转动即可。

（3）抓握训练

方法：照料者用手指去触碰婴儿的手，婴儿原本紧握的手会产生"抓握反射"。照料者每天可以与婴儿进行 2 次练习，让其本能地抓握自己的手指，并轻轻地抚摸其手指，给予一定的触觉刺激。

目的：给予婴儿精细动作的初步练习。

2. 2～3月龄婴儿动作活动设计方案

（1）帮助婴儿翻身

方法：婴儿仰卧于床上，照料者将婴儿翻到侧卧状态，再回到仰卧状态，反复练习这个动作；等到婴儿自己能够翻到侧卧位时，照料者将婴儿从侧卧状态翻到俯卧状态，训练其以手臂支撑自己的上半身，让其目视前方（可以在婴儿面前放一个彩色的玩具），然后坚持数分钟，再将其翻到仰卧状态。

目的：促进婴儿熟练地完成完整的翻身动作。

（2）蹬踏舞

方法：在婴儿醒着的时候，照料者在婴儿的脚踝处系上铃铛，然后晃动婴儿的脚，让铃铛发出声响，并说，"宝宝听，你的小脚在演奏音乐呢"。婴儿对这种声音做出反应，并发现只要自己踢腿就会发出清脆的声响，这时婴儿就会开心地踢腿，使腿部肌肉得到锻炼。

目的：锻炼婴儿腿部动作的灵活性和腿部肌肉力量。

（3）抓握练习

方法：2 个月大的婴儿的小手不再紧紧握拳了，可以自由松开。这时照料者可以将玩具放入婴儿手中，让其练习抓握、感知物体。照料者每天坚持为婴儿做手指操，帮助婴儿依次屈伸每一根手指，动作一定要轻柔。

当婴儿 3 个月大时，照料者可以开始训练婴儿主动用手去接触物体，可以将色彩鲜艳、可以发声、不同材质的玩具悬挂在婴儿床上，距离其 25 厘米左右，并鼓励婴儿伸手触摸。

目的：逐步培养婴儿的抓握意识与能力。

学习笔记

3.4～6月龄婴儿动作活动设计方案

（1）连续翻身训练

方法：在婴儿自己主动从仰卧位到俯卧位的时候，照料者可以用手托住婴儿的屁股或者背部，帮助其缓缓从俯卧位再次到仰卧位，动作一定要轻柔。

在训练婴儿翻身的过程中，照料者还可以念儿歌："翻呀——翻呀——翻大山，翻过大山到那边。"

目的：连续翻身能够帮助婴儿扩大活动空间，使其躯干和四肢的动作更加灵活。

（2）蹬跳训练——跳一跳

方法：在婴儿愉快挥拳舞腿的时候，照料者将双手轻轻插到婴儿的腋下，举起之后再放到自己的腿上或床上，婴儿就会主动地顺势跳起来。照料者不断重复这个动作，婴儿会开心地反复跳跃。

同时，照料者还可以念儿歌："跳一跳呀闹一闹，叫一叫呀笑一笑，宝宝跳得好开心，蹦蹦跳跳长身体。"

目的：锻炼婴儿双腿骨骼关节的灵活性和腿部肌肉的支持力、弹跳力。

（3）坐的训练

①拉坐游戏

方法：当婴儿仰卧在床上时，照料者伸出自己的拇指让其握紧，然后顺势用双手分别握住他的双手腕部，面对婴儿，一边对其说话或者念儿歌，一边将其拉起来，动作一定要慢、轻柔，将婴儿从仰卧状态拉到与床面垂直的坐的状态，让其暂坐片刻，之后再缓缓地将其放回仰卧状态，在拉起和放倒的过程中一定要注意平衡。每次可以连续做4次这个动作，让婴儿躺着歇一会儿，之后再重复做4次。

可以念的儿歌有："拉呀拉，拉宝宝，拉起宝宝要坐好，坐起来，比躺好。宝宝倒，宝宝倒，倒下去呀要躺好，常锻炼，坐得好。"

目的：锻炼婴儿的腰肌，帮助婴儿获得坐的平衡感。

②悠一悠

请利用课余时间扫描二维码进行自学。

（4）爬行训练

①撑起来

方法：4～6月龄婴儿有的上肢力量较弱，趴在床上的时候只能将头部抬起，不能利用上肢将自己的上半身撑起来。照料者可以在婴儿的胸腹部下面铺上一

悠一悠

条宽毛巾，然后轻轻地、慢慢地提起毛巾，使婴儿的大部分重量落在手掌和膝盖上，并反复练习几次。这样，婴儿手臂、膝盖和小腿的力量就会逐渐增强。

目的：锻炼婴儿手和膝盖的力量。

②够玩具

请利用课余时间扫描二维码进行自学。

（5）抓握训练

①抓握活动

方法：当婴儿仰卧的时候，拿一个玩具放在他的前方，引起他的兴趣，再把玩具移到一边，引导他用一只胳膊支撑自己，用另一只手抓住玩具。然后在他的另一边展示玩具，这样婴儿就可以练习用单只胳膊支撑自己。

降低难度：不要把玩具放得太远，并在婴儿感到累的时候停止该活动。

增加难度：为了锻炼婴儿伸手臂的能力，逐渐增加放玩具的距离。

目的：增强婴儿上半身的力量以及伸和抓的能力。

注意：要使用不同形状、大小和颜色的玩具来吸引婴儿使劲用手抓、推，比如用能发出"嘎嘎"声的玩具。

②够拿玩具

请利用课余时间扫描二维码进行自学。

③五指抓握

请利用课余时间扫描二维码进行自学。

（6）手指灵活性训练

①抓手指

方法：照料者把自己的手指放在婴儿的掌心，让其抓握，每日进行几次。待婴儿会抓后，将手指放到婴儿掌心的边缘，让其追抓，每日进行几次。

增加难度：当婴儿学会追抓，照料者试着将手指从婴儿掌心撤离到离婴儿掌心不远处，让其抓空，看婴儿是否能够主动去抓握。

目的：锻炼婴儿手部的小肌肉活动能力。

注意：婴儿稍大些时，可将手指换成拨浪鼓。

②虫虫飞

请利用课余时间扫描二维码进行自学。

够玩具

够拿玩具

五指抓握

虫虫飞

◀ 实践与运用 ▶▶▶▶

表1-2 0～3岁婴幼儿精细动作发展月龄百分比及常模年龄[①]

项目	达到月龄百分比			常模年龄（月）
	25%	50%	75%	
握住拨浪鼓一会儿就掉			1.2	1.0
玩弄手	2.5	3.2	3.6	2.5
抓住面前的玩具	3.5	4.2	4.8	4.7
自己抱住奶瓶	3.6	4.4	5.6	5.5
将奶嘴放入口中	4.6	5.3	5.9	5.8
在手中传递积木（倒手）	5.3	5.9	6.5	6.4
能拿起面前的玩具	5.2	5.8	6.3	6.2
拇指和其他手指抓握	6.1	6.5	7.1	6.9
撕纸	6.7	8.3	9.3	9.1

注：常模年龄是以70%的婴幼儿通过某项目的年龄为该项目的标准。同时列出通过该项目25%、50%、75%的年龄。

假如参加托育机构的某位婴幼儿的母亲从杂志上看到了该信息，并且希望与你探讨某些项目的意义，你将如何回答下列问题。

1. 如果她的孩子很健康，动作发展似乎也很正常，你将如何与她进行讨论？

2. 你担心她的孩子在动作发展方面有些滞后，并想寻找机会与她探讨该问题，你将如何与她讨论？

3. 如果是孩子的父亲来找你咨询，你将如何与他进行讨论？

① 陈帼眉主编：《学前儿童发展与教育评价手册》，323页，北京，北京师范大学出版社，1994。

单元 2

0～6月龄婴儿语言发展与学习支持

情境描述

　　婴儿在这个世界上有一个特别的体验就是听爸爸的声音。刚刚出生两个多星期的润润逐渐习惯了爸爸的存在。事实上，他还在妈妈肚子里的时候就对这个声音感到熟悉了。

　　润润长到两个半月时，照料者在他醒着的时候不停地和他说话，弄出声响，这样可以促进他的语言发展和智力发育。

　　请思考：

　　1.案例中的润润在还是胎儿的时候就已经有听觉了吗？你认为他这么小能够分辨出爸爸的声音吗？

　　2.案例中的润润长到两个半月时，语言萌芽体现在哪里？

学习驿站

学习笔记

一、0～6月龄婴儿语言发展和水平

　　语言的发展是指婴儿对母语的理解和表达能力的获得，主要包括语音、语义（或词汇）和句法（或句子）三个方面。出生后的第一年，婴儿虽然不会说话，但是一直在为以后开口说话做准备。

　　出生后，婴儿就知道有关语言的一些知识，比如他们在表达饥饿、睡意、愤怒和疼痛时带有区别的哭声。当新生儿的母亲从看不见的地方呼唤他时，新生儿会转向母亲，而其他女性呼唤他时则毫无反应。新生儿对母亲声音的偏好，会鼓励母亲更多地和他交谈，从而进一步促进其语言发展。

3月龄婴儿会发出类似"咕咕唧唧"的声音，甚至与周围的人"对话"。4月龄婴儿能够分辨友好和愤怒的声音，在听到愤怒的声音时往往会做出皱眉的表情，甚至会因害怕而躲进照料者的怀中；面对友好的声音会露出微笑。这种反应与讲话的内容无关，只与语气和语调相关。5～6月龄婴儿开始注意到语气和语调的变化，并根据周围的言语环境修正自己的语音体系。

（一）新生儿的语言准备

研究发现，婴儿在刚刚出生的几天内便学会了辨别语音和其他声音。研究者通过实验不仅验证了婴儿在子宫里就开始学习语言，而且证明了婴儿出生后更偏好母语的节奏。婴儿感知语言时能够辨别不同话语声音中的音高、音量和音色的差异。出生后一周到一个月，婴儿已经能够用不同的哭声表达他们的不同需要，以吸引照料者的注意，这应该是前言语交际的第一步。

（二）1～3月龄婴儿语言发展特点

1. 与成人面对面进行"交谈"时，产生进一步交际的倾向

2月龄婴儿会在满足生理需要之后，对照料者的逗引和语言刺激报以微笑，用声音或者身体的同步动作反应给予应答，好像在和照料者"交谈"一样。如果照料者给予婴儿足够的刺激，有的婴儿还会发出咯咯的笑声。

2. 能发出一些简单的音节，多为单音节

2月龄婴儿在睡醒或吃饱穿暖之后，会发出愉快的自言自语的声音。此时，婴儿基本的韵母发音较多，声母发音还很少。韵母发音主要是 a、ai、e、ei，而声母发音主要是 h、m。

在婴儿出生2个月后，其模仿能力开始有所发展，甚至会出现与照料者咿呀对话的现象。尤其在照料者的逗引下，婴儿会发出 a、ai、e、ei、ou、ai-i、hai-i 等音，有时会持续数分钟。此时，婴儿对母语的感知又进了一步。

2～3月龄婴儿的音节发音已与情境发生联系。研究发现，当婴儿焦急或不舒服时常发出 i、e 等音，而在愉快状态下则较多地发出 a、o、u 等音。可见，这些音节已经具有信号作用，比起上一阶段的哭叫声，进一步分化。虽然这些音节信号还远远不是词的信号，但无疑是词出现的前奏。（表1-3）

表1-3 1～3月龄婴儿的发音

年龄段	音节
新生儿	ei、ou
2月龄	a、ai、e、ei
3月龄	a、ai、e、ei、ou、ai-i、hai-i

（三）4～6月龄婴儿语言发展特点

1. 经常发出连续的音节

大约从 4 个月大开始，照料者通过微笑和言语鼓励等方式增加婴儿发音的次数。婴儿的发音出现了明显的变化，发音中增加了很多重复的、连续的音节。（表 1-4）

表 1-4　4～6月龄婴儿的发音

年龄段	音节
3～4 月龄	ha、kou
4 月龄	高兴时 a 的平声，发怒时 a 的去声，满足或舒服时 a、ai 的轻声
5～6 月龄	d、g、p、n 等声母
	辅音与元音结合的 ba-ba-ba、da-da-da、na-na-na 等音节

2. 与成人交往时出现学习交际"规则"的雏形

婴儿在连续发音阶段不再只是本能地练习发音，而是开始具有社会交往的性质了。婴儿可以与照料者进行"轮流对话"，即照料者说一句，婴儿看着照料者，口中发出几个音节，甚至音节还偶尔会有音调上的变化。婴儿发完音节后，会有短暂的等待，仿佛等待照料者回应，这也出现了语言交往中对话的雏形。这一阶段，婴儿的发音在一定程度上具有了学习交际"规则"的雏形。

3. 能辨别一些语调、语气和音色的变化

这一时期的婴儿正处于辨调阶段。当父母用愉悦的语气与婴儿说话时，语调出现上扬的变化，4 月龄婴儿便能用微笑和咿呀声做出反应。当我们用 3 种不同的语调（愉悦的、冷淡的、恼怒的）分别对婴儿重复一句"宝宝，你好！我们喜欢你！"时，4 月龄婴儿对愉悦的和冷淡的语调有反应，这表明婴儿能最先从不同语调中分辨出自身具有较多经验的两种语调。

二、0～6月龄婴儿语言学习方式和学习内容

（一）学习方式

1. 模仿学习

0～6月龄婴儿在沟通领域不断发展，会模仿照料者的声音，然后试着自己说出来。照料者在婴儿醒着的时候不停地和婴儿说话，弄出声响，这样可以促进婴儿的语言发展和智力发育。婴儿与照料者（主要是母亲）共处的每一分钟，都在沟通和交流，这是婴儿在语言萌芽期最重要的学习方式。

父母应尽早逗宝宝笑，给予其模仿学习的条件。当宝宝出现第一次笑容时，须记录日期，作为宝宝成长的重要资料。宝宝经常笑，在快乐的情绪中，各感官的感受能力提高，学习效率高。

2. 倾听学习

出生前，婴儿就为自己的学习做了铺垫，通过倾听来学习。出生后，婴儿会因为听到大的声音而惊醒，会因噪声而有所反应，甚至会先看向声音的来源再转移视线。婴儿通过倾听来熟悉和适应这个世界。

（二）学习内容

1. 新生儿语言学习内容

刚刚出生的婴儿已经具备听力，在听到母亲的声音时，婴儿的身体会做出反应，出生几天之后，婴儿的听力会更加发达。婴儿通过反复地听周围的语言，促使自身的听觉不断发展。照料者可以让婴儿积累更多的发音和词汇，为其日后开口说话做准备。在这个阶段，照料者应尽可能多地和婴儿讲话，让其能够听到周围适度的声响，切记要控制音量，对话要轻柔。

2. 1～3月龄婴儿语言学习内容

2月龄左右的婴儿会在照料者的逗引下发出一些"咿咿呀呀"的声音，似乎在尝试着与照料者讲话。这一时期，照料者一定要及时地对婴儿发出的任何声响给予回应，对婴儿的发音行为进行强化，这样婴儿才会喜欢发音游戏。本阶段的重点是与婴儿亲密无间的"皮肤交流"，关注与婴儿面对面的语言交流，还可以配合使用睡前摇篮曲等音乐，训练婴儿倾听的能力。

3月龄左右的婴儿开始能够主动发出声音，并且当照料者与之"交谈"时，他们会认真地看着照料者的面孔。这时，婴儿尽管还不能模仿照料者的发音，但已经进入了学习说话的准备阶段。此阶段照料者在与婴儿交谈时，应该注意自己的表情和口型，并且使用比较规范的语言，注意控制自己的语调，语速也要尽量缓慢，音节间要有停顿，这对婴儿的记忆、分析和模仿都非常有益处。

3. 4～6月龄婴儿语言学习内容

婴儿在4个月时，照料者要对其进行有针对性的训练——将具体事情和语言结合起来。例如，每次吃奶后，照料者可以一边将婴儿扶起来拍拍后背，一边对他说："宝宝，吃饱了吗？刚刚吃得真好！"也可以在换尿布时说："宝宝尿湿了吧，不舒服吗？"开门或者开灯时，都可以说"我们去开门（灯）"等。照料者还可以将周围环境中的事物指给婴儿看，这可以帮助婴儿建立语音与实物之间的关系。

　　此阶段照料者应让婴儿睡前倾听各种形式的语言，如形象化的语言、不同风格特色的语言。这可以帮助婴儿学习语言，还有利于发掘婴儿记忆的潜能。

三、0～6月龄婴儿语言观察要点

　　0～6月龄婴儿发音器官的发育尚不完善，因此，婴儿表达需求的方式比较单一且不易被照料者理解。为了更好地了解婴儿，也为了支持其语言发展，照料者要注意观察婴儿，帮助其扩大认知范围，及时给予回应，特别注意婴儿发展的个别差异。（表1-5）

表1-5　0～6月龄婴儿语言发展水平及观察要点

观察月龄	发展水平及观察要点	观察		出现时间	评价
		是	否		
新生儿	会因大的声音而惊醒				
	会因噪声而有所反应				
	会发出声音				
	先注视环境中声音的来源再转移视线				
	在听到耳朵边的声音时，会转过头来				
1～3月龄	转头听父母或其他人说话				
	以微笑回应说话者				
	张嘴，好像模仿照料者说话				
	咿呀学语				
	似乎了解熟悉的声音				
	因照料者温柔的声音而平静				
	重复自己会发出的声音				
	倾听并专注于熟悉的照料者的声音				
4～6月龄	注意环境中的声音（如狗叫声、吸尘器声、门铃声、电脑及电视的声音等）				
	被有声音的玩具所吸引				
	模糊地发出一些语音				
	把自己的需求用声音表达出来				
	似乎能理解"不"的意思				
	以不同方式回应说话者不同的语调				

学习笔记

四、0～6月龄婴儿语言学习支持

（一）环境支持

第一，在照料和游戏时，为婴儿提供一对一交流的机会，以及一个没有过多婴儿和照料者、持续性人造声音干扰的房间。

第二，提供各种各样的有趣事物、景象等的图画，激发婴儿交谈的欲望。

第三，为婴儿唱歌，和婴儿一起做一些节奏练习和简单的动作游戏。

第四，为婴儿提供合适的书籍，如一些自制的图画书、黑白色卡等，一定要定期与婴儿一起阅读。

（二）活动支持

0～6月龄婴儿正处在语音敏感期，他们重点学习对语音的感知，在学习中慢慢发出各种音节。由于此阶段的婴儿处于掌握语言的最初期，主要通过在日常生活中模仿获得对语音的感知，因此，照料者要为婴儿创造一个良好的语言环境。照料者可以在给婴儿喂奶、换尿布、穿衣服、洗澡时，尝试与他们交谈。这样，婴儿就会时刻被语言包围着，感受语言的刺激，这对其语言能力的发展非常有帮助。

1. 新生儿语言活动设计方案——口唇模仿游戏

方法：婴儿的口唇非常敏感，而且能够做出一些模仿的动作，尤其是当照料者跟婴儿说话时，婴儿的嘴会有明显的一张一合的动作。照料者应该把握婴儿的这种特点，在其吃饱、清醒时将其抱起，同其做口唇模仿游戏，如张嘴、伸舌等，这时婴儿就会模仿照料者做出类似的动作。

目的：锻炼婴儿口唇的灵活性，为其日后开口说话做准备。

相关链接 ▶▶▶▶

在婴儿哭啼之后，照料者发出与婴儿哭声相同的声音。这时婴儿会试着再发声，几次回声对答后，婴儿喜欢上这种叫声，渐渐地，婴儿学会了叫而不是哭。这时照料者可以把嘴巴张大一点，用 a 来代替哭声诱导婴儿对答，婴儿发出的第一个元音就开始出现。随后几日，如果婴儿无意中发现另一个元音，无论是 o 还是 e，都应以肯定、赞扬的语气用回声给予巩固强化，并且应当记录。

2. 1～3月龄婴儿语言活动设计方案

（1）a、o、e 发音练习

方法：照料者将婴儿抱起来，面带笑容看着婴儿，清晰地发出 a、o、e，将婴儿的注意力吸引过来，引起婴儿的回应。如果婴儿没有马上做出反应，照料者也不要过于着急，可以停下来与婴儿玩耍一会儿，然后再重复一次，久而久之，婴儿就学会回应了。

目的：促进婴儿发音。

（2）1～3月龄婴儿语言活动设计方案——宝宝听儿歌

方法：当婴儿3个月大时，照料者可以选择在其心情愉悦的时候念一些儿歌，这对激发婴儿的语言潜能大有益处。例如，"小嘴巴，用处大，吃饭唱歌全靠它""小铃铛，我爱它，拿起铃铛笑哈哈""小金鱼，真美丽，游来游去在水里"等。如果在互动中，婴儿特别专注地听或"咯咯"笑起来，则说明训练的目的已经达到。

目的：激发婴儿的语言潜能。

3.4～6月龄婴儿语言活动设计方案

（1）我是爸爸（妈妈）

方法：照料者在抱婴儿、与婴儿玩耍时，可以用手指着妈妈或爸爸说，"这是妈妈（爸爸）"。让婴儿将发音与人联系起来。无论照料者为婴儿做什么，都可以强调这两个发音，如"妈妈来了""爸爸来了""妈妈和宝宝玩""妈妈喂宝宝吃奶""妈妈给宝宝换尿布"等。

目的：训练婴儿的发音从单音向双音发展。

（2）宝宝，我在叫你哦

方法：当照料者在婴儿身后摇铃铛时，4～6月龄婴儿会将头转向声源的方向，去寻找声源。当婴儿睡醒后或一个人玩耍时，照料者可以从不同的角度叫婴儿的名字（乳名）。当婴儿听到名字（乳名）转向照料者后，照料者可以笑着对婴儿说，"宝宝，你真棒，知道××在叫你"。及时鼓励婴儿，让其感受到照料者的爱和关心。一般情况下，婴儿在听到照料者叫自己的名字（乳名）后会对照料者微笑，或者发出o的声音。

目的：训练婴儿听懂自己的名字。

学习笔记

◀ 实践与运用 ▶▶▶▶

1.新生儿的语言发展特点和学习支持策略有哪些？

2.收集1～3月龄婴儿的图片或视频，组建一个小型的资源库，熟悉这个月龄段婴儿的特点，获得感性的直观印象。

3.4～6月龄婴儿的语言发展有哪些规律？如何有效支持这个月龄段婴儿的语言发展？

单元 3
0～6 月龄婴儿认知发展与学习支持

情境描述

琦琦 3 个月大了，她的照料者每天将她紧紧地抱在怀里，或者用婴儿背带将她背在身上。琦琦手脚不能大幅度挥舞，不能做较为剧烈的动作，这使得琦琦更专注于其他事物。例如，照料者将她抱在胸前逛商场，她看到了琳琅满目的商品；跟随照料者整理厨房里的杂物；听照料者与他人交谈等，基本上照料者做的每件事琦琦都参与其中。

请思考：

1. 案例中的教养方式会对琦琦的认知发展水平产生怎样的影响呢？

2. 婴儿是躺在摇篮里看专门为婴儿设计的玩具飞机在空中旋转，还是跟随照料者一起在房子里闲逛，并和照料者说话能够让其学到更多呢？

学习笔记

学习驿站

我们看到新生儿后，会疑惑他的小脑袋里到底在想些什么，他能看到什么，又能够听到什么。感知觉属于心理活动中较低级的形式，出现得早、发展得快。当光线和声音不再受到子宫的阻挡时，婴儿听到了来自妈妈、爸爸等照料者的声音。婴儿的许多感知觉在这一时期已达到成人水平。

一、0～6 月龄婴儿认知发展和水平

0～6 个月是婴儿适应宫外生活的重要时期。这个时期是婴儿脑细胞发育的高峰期。

（一）感知觉发展和水平

1. 感觉

（1）视觉

研究发现，胎儿的眼部肌肉在母亲怀孕早期就已经开始发育，个体视觉可能在胎儿期4～5个月时就已经形成。当摄影灯突然照向孕妇的腹部时，胎儿会立即活动起来。通过对胎儿的观察，我们发现胎儿会用手挡住眼睛。这都表明胎儿已经开始具有视觉。

新生儿出生几天后，就能够分辨距离自己30厘米以内的物体轮廓，也就是吸吮母乳时距离母亲脸庞的距离，再远一些的东西仍然很模糊。新生儿已经具备了辨别红色的能力，除此之外，还能够分辨灰黑色和白色。

出生2个月以后，婴儿的视觉集中能力增强，能够集中注视12厘米远的物体，目光能够追随移动的物体。这个阶段婴儿的颜色视觉还很弱，开始有了二色视觉，能从白色背景中辨别红色、橙色，但无法区分白色背景中的黄绿色、绿色和紫色。到了3个月大时，婴儿可以长时间注视母亲的脸，这个时期的注视是集中且持久的。此时，婴儿的头和眼已具有较好的协调性，且视听与记忆已经建立了联系，当听到声音时能用眼睛去寻找。

4月龄婴儿的颜色感知能力已接近成人，他们不但能根据明度辨别颜色，还能根据色调辨别颜色，对色彩有所偏好，喜欢看鲜艳明亮的颜色，不喜欢看暗淡的颜色。到了5个月大时，婴儿能感知颜色的深浅。婴儿在4～5月龄才开始具有接近成人的视觉调节能力，晶状体能随物体远近而相应变化。5～6月龄婴儿已经可以注视远距离的物体，并能够进行全方位的追视，如看飞机、月亮等；当6月龄婴儿手里拿着一块积木时，如果照料者再给他第二块，他能注视随后出现的这块。

（2）听觉

听觉是婴儿在出生时就发育得较为成熟的一种感知能力。它在婴儿心理发展过程中具有重要意义，是婴儿探索世界、认识世界的重要手段。

婴儿出生时，由于没有了子宫的阻隔，第一次听到了嘈杂的外界声音。当他们哭泣时，播放母亲的声音或者让他们在母亲的怀中听母亲的心跳声，会使他们内心放松，平静下来，停止哭泣。婴儿由于出生时鼓室没有空气，听力较成人弱。出生3～7天后，婴儿的听觉敏锐度便有了很大的提高。照料者在婴儿身边摇晃装有黄豆的瓶子，婴儿听到声响后会将头转向声音的来源方向，并用眼睛寻找发声物体。婴儿能够区分声音的高低、强弱，而且具有声音的定向力。

出生3～4个月后，婴儿能够像成人一样根据听觉方向来进行视觉定向，对与声、像刺激相吻合的物体注视的时间更长一些。例如，照料者将婴儿抱在怀里，在其耳侧15厘米处水平方向摇铃，婴儿能回头找到声源。5月龄婴儿具有从连续、复杂的语流中提取规律的能力。例如，他们可以从照料者的语调中推断其情绪状态并加以回应。此时，他们几乎可以分辨人类语言中的所有语音，到6个月大时，婴儿开始"过滤"自己母语中不使用的语音。

（3）触觉

婴儿出生后的无条件反射（如吸吮反射、抓握反射等）都是触觉的反应。在日常生活中，婴儿会因为皮肤受到不舒服的刺激而表现出强烈的反应。例如，尿布湿了，婴儿会哭闹。婴儿的触觉主要表现在口腔触觉和手的触觉，这是因为婴儿对这个世界最初的探索活动就是依靠口和手。

对婴儿的口腔触觉研究后，研究者发现，1月龄婴儿已经能够凭借口腔触觉辨别软硬不同的奶嘴。1～2月龄婴儿可以依靠口腔触觉建立条件反射活动，这是因为这一时期婴儿的其他探索活动尚未发展。3～5月龄婴儿能够通过口腔辨别物体的形状和质地，这说明此时婴儿已经能够通过口腔触觉区分不同物体。4月龄婴儿能够同时辨别不同形状和软硬程度的奶嘴。

随着婴儿手部动作的逐步发展，口腔探索慢慢退居次要地位。但是，在很长一段时间里，婴儿仍然以口腔探索为手部探索的重要补充。

手的触觉是在婴儿刚出生的时候就有的，当物体碰到婴儿的手心时，婴儿就会立刻把手指收紧，紧紧抓住该物体。当这种无条件反射随婴儿的成熟逐渐消失后，婴儿仍然会表现出一些无意识的触觉活动，如婴儿的手碰到被子的边缘，就会沿着边缘抚摸被子。

0～3月龄婴儿虽然能伸展手指，但大部分时间是攥紧拳头，或随同手臂和脚一起乱伸乱动，只能做一些散乱的动作。3月龄婴儿开始无意识地抚摸褓褓或被褥，抚摸母亲或其他偶然碰到的东西，也抚摸自己的手，这种抚摸动作就已经是一种认知活动了。

4～5月龄婴儿看到东西就想伸手去抓、摸，当然不一定抓得住、摸得着，因为这个阶段的婴儿对空间位置的辨别力尚差，距离知觉还不够精确，看到周围的物体，会做出本能的够物行为，但前提是自己的手不能出现在视野范围之内；只要婴儿看到了自己的手，就会停止原来的够物行为，而将目光转移到自己的手上，不能同时注意手和物体。

婴儿最初的抓握运动通常不是手指的动作，而是整个手掌一把抓的动作。

5～6个月左右，婴儿的拇指才逐渐和其他四指相对起来，这是手部动作发展的第一步。积极的触觉探索（如挤、拖、滚等）则要等双手协调动作产生之后才能出现。

2. 知觉

（1）图形知觉

婴儿很早就能够辨别不同的形状。出生2天，婴儿就可以分辨人脸和其他模型，他们看人脸的时间要比看圆盘或不规则盘的时间长。1月龄婴儿在看一张人脸图时，起点在人脸的下颌处，终点在人头发的上方，他们所注意的图形部位是分散的、没有整合的，还不能对整个人脸进行观察。2月龄婴儿在看人脸时，起点在头发的上方，经过右眼、嘴，最后在左眼结束，这就是说，他们已经能够把人的面孔的各部位加以整合，对整个面孔进行感知了。

（2）距离知觉

距离知觉是个体对同一物体的凹凸程度或不同物体的远近程度的知觉，深度知觉是距离知觉的一种。心理学家采用"视觉逼近"的方法来研究婴儿的距离知觉。研究发现，当物体在20厘米以内时，婴儿已经能对逼近的物体有某种初步的反应，2～3月龄婴儿面对迎面而来的物体时会做出保护性闭眼的动作，4～6月龄婴儿则会有明显的躲避反应。这说明婴儿很早就具备了以视觉为基础的距离知觉。

（3）时间知觉

时间知觉是个体对客观现象延续性和顺序性的知觉。婴儿主要依靠生理上的变化对事件产生知觉。研究表明，婴儿出生8天就建立了对吃奶时间的条件反射，在吃奶时间即将来临时，其消化系统血液中的白细胞数明显增多。这可能是人生最早的时间知觉的表现，是根据"生物钟"所提供的事件信息而形成的。

（二）思维发展和水平

0～1岁是人类思维发生的准备时期，这个阶段婴儿的思维处于知觉概括水平，他们主要通过感知觉来认识和探索周围的世界。皮亚杰把感知运动阶段分成了6个感觉运动发展的小阶段，其中0～6月龄婴儿将经历前两个阶段。从出生到2个月是反射图示阶段，此阶段婴儿先天就有的反射使得婴儿和外部世界形成最初的连接。从2个月到5个月的第二阶段主要是循环反应，婴儿会意外地发现身体内部的连接，比如用拇指发现了嘴，这些行动会不断地反复进行。

学习笔记

（三）记忆发展和水平

相关链接 ▶▶▶▶

人是什么时候开始有记忆的呢？婴儿有记忆吗？研究表明，人的记忆产生于胎儿期，习惯化为研究人类记忆的起源提供了一个窗口。法国研究者在对胎儿学习的习惯化研究中发现，9个月大的胎儿在听到母亲腹部前呈现的新的音节刺激时，会出现心跳的明显变化逐渐消失等情况。可见9个月大的胎儿已经能分辨不同的音节，并产生习惯化，此时胎儿已经产生了记忆。

学习笔记

0～6月龄婴儿的记忆保持时间随着月龄的增加而增长，出生2天的婴儿能够模仿成人伸舌、张口和噘嘴等表情动作。1～2月龄婴儿经过日复一日的训练，可以积累信息形成长时记忆，3月龄婴儿相隔8天以后重新学习旧"知识"时，会出现"重学节省"现象，这表明婴儿在3个月大时已具备了8天之久的长时记忆。

相关链接 ▶▶▶

人们利用操作性条件反射训练婴儿，训练效果的保持时间逐渐增长。研究者在2～6月龄婴儿的床的上方悬挂美丽、能转动的风铃，在婴儿的一条腿上系上一根带子，使带子的另一端与风铃相连。每次婴儿的腿活动时，风铃由于带子的晃动而发出悦耳的声音，并转动起来。于是，婴儿兴奋地不断踢腿，以使玩具发出响声和转动，风铃的变化引起婴儿的注意和兴趣。3月龄婴儿在训练1个星期后仍然记得如何使风铃活动起来，到6个月大时，保持的时间增长到2个星期。即使3～6月龄婴儿忘记了这一操作反应，他们也只需要一个短暂的提醒阶段就能回忆起来。照料者可以利用风铃、彩球等材料自制玩具，让婴儿通过这些活动来培养记忆力和推理能力。

（四）注意发展和水平

学习笔记

婴儿在出生时就具备了注意的能力，但他们的注意和成人不同。婴儿听到巨响或者看到强光时会对这些刺激加以注意。随着月龄的增长，婴儿的注意开始具有选择性，他们对人脸的注意多于对其他事物的注意，并对周围的环境表现出主动探索、探究的行为。

1～3月龄婴儿相对于新生儿，清醒时间更长了，与外界事物进行交流互动的机会也更多了。此时婴儿的选择性注意得到了进一步发展，他们的注意已经明显地偏向曲线、不规则的图形，对称的、集中的或者复杂的刺激物以及所有轮廓密度大的图形。

4～6月龄婴儿头部运动的自控能力增强，扫视环境的范围更加宽广，也显得更加容易，双手的触摸和抓取技能更加精确、稳定，这提升了他们的信息获取能力，以及探索和学习的驱动力。

二、0～6月龄婴儿认知学习方式和学习内容

（一）学习方式

1. 习惯化和去习惯化

习惯化在出生后的第一年里迅速发展。0～4月龄婴儿一般需要较长时间才能对刺激产生习惯化；而5～6月龄的时候，他们可能只需要注视刺激物几秒钟，当刺激物再次出现时就能够认出这是熟悉的事物，并且能够将这个记忆保持好几天，甚至几个星期。

照料者不断改变婴儿学习的环境，或者适当增加可供学习的新刺激物，这样不断进行刺激，就会不断形成牢固的条件反射，从而扩展婴儿的认知并且使婴儿保持学习兴趣。例如，让婴儿观察一个放在颠倒的容器上的玩具，婴儿将会对这种支撑关系产生习惯化，随后会很长时间盯着另一种容纳关系看——在这种关系结构中，同一个玩具被放在正向放置的相同容器上面。这种快速习惯化及对事物关系产生习惯化的发展趋势，无疑与大脑皮层感觉区域的成熟有关。随着婴儿大脑及感觉的继续成熟，婴儿加工信息的速度越来越快，并能够在这种情况下察觉到刺激物的各种特征及其与周围环境的关系。

2. 口腔触觉学习

口腔触觉学习有助于提高婴儿的学习能力。婴儿的口腔触觉学习活动是婴儿学习的一种方式。在很长一段时间里，婴儿仍然以口腔探索作为手部探索的重要补充。在婴儿具备手眼协调能力之前，他们并不具备将物体放入口中进行探索的能力。6月龄婴儿仍然会把抓到的东西放在嘴里。

（二）学习内容

1. 新生儿认知学习内容

新生儿的主要活动是吃、睡、哭，在这些活动中，他们的大脑会迅速发育。婴儿在清醒的时候使用最多的感觉是视觉、听觉和触觉。那么，听声音、吃奶期间的交流、追视和注视训练、抓握训练、学习抬头是该阶段婴儿认知学习的重点。

2. 2～3月龄婴儿认知学习内容

出生后的2～3个月是婴儿脑细胞生长的第二个高峰期，这个阶段的婴儿能竖直身体向四周张望，仰卧时能用眼及头跟随红球转动180度；他们可以侧转90度翻身，双手开始张开，并能将双手合在一起；他们开始咿呀学语，喜欢与父母交流；他们开始认识妈妈，表现出对妈妈的依恋。这个阶段婴儿认知学习的重点是认妈妈、追视训练、寻找声源等。

关键术语

习惯化

习惯化是指个体由于不断重复地受到某一刺激，而对该刺激的反应逐渐减弱的现象。如果有另一个新异的刺激出现，个体会立刻转向新异刺激，这种对新异刺激反应的增加就是去习惯化。

学习笔记

3. 4～6月龄婴儿认知学习内容

4～6月龄婴儿生长发育迅速。这个阶段婴儿的眼睛转动灵活，喜欢东瞧西望，经常笑出声，清醒的时间更长，开始明显地表现出与他人交往的意愿；能抓住近处的玩具，并寻找散落的玩具，听到自己的名字能回头，会和照料者玩躲猫猫的游戏。这个阶段婴儿认知学习的重点是认识亲人、实现手眼协调、知道自己的名字等。

三、0～6月龄婴儿认知观察要点

表1-6　0～6月龄婴儿认知发展水平及观察要点

观察月龄	发展水平及观察要点	观察		出现时间	评价
		是	否		
1月龄	观看新的图形最长____秒				
	观看熟悉的图形最短____秒				
	对抚摸有反应				
	会转过头来听声音				
	对味觉的反应				
	给婴儿小东西，婴儿的手能握住				
2月龄	会注视活动物（或人）				
	能追声寻源				
	表示最喜欢____图画				
	表示最喜欢____音乐				
3月龄	握住拨浪鼓半分钟				
	视线转移180度				
4月龄	见妈妈伸手要抱				
	见物品伸手并朝物品接近				
	能准确认识——用眼看或用手指				
5月龄	玩具掉落后，眼跟着找				
	指认物名，共____个				
6月龄	觉察玩具被人拿走				
	听到"妈妈"两个字会朝妈妈看				

四、0～6月龄婴儿认知学习支持

（一）环境支持

创设0～6月龄婴儿的学习环境，不应效仿幼儿园中丰富的墙面布置。墙壁和地板绝对不能被过多的东西填满或显得杂乱，尽可能移除该月龄阶段婴儿不能理解的东西，如卡通壁画等。

我们要重视婴儿的触觉发展。不局限于塑料玩具，我们应该更加重视地板、矮墙以及不同触感的材料，如由纱线、天鹅绒缠成的线球以及柔软的地毯、松软的缓冲垫，鼓励婴儿拉扯，从而为婴儿提供多样化的感觉刺激。

准备环境时，我们要充分考虑到婴儿的感官体验。我们可以为婴儿准备能够吸引婴儿各种感官的玩具，其中包含婴儿经常玩的一系列玩具——拨浪鼓、响音球、铃铛、柔软的方块、动物玩具、磨牙玩具及风铃等。此外，还有简单的、开放式的材料，比如可触摸的丝巾等。婴儿总是通过触觉来认识和感觉信息，我们要确保材料的安全性，不要给婴儿体积过小的物品，以防他们吞咽。

（二）活动支持

1. 新生儿认知活动设计方案

（1）视觉能力开发——看光亮

方法：用一块红布蒙住手电筒的上端，点亮手电筒。将手电筒置于距婴儿双眼约30厘米的地方，沿水平和前后方向慢慢移动几次。

目的：吸引婴儿注视灯光，进行视觉训练。

注意：最好隔天进行1次，每次1～2分钟，不可用手电筒直接照射婴儿的眼睛。

（2）听觉能力开发——响铃

方法：在婴儿头部两侧摇铃，节奏时快时慢，音量时大时小，边摇边说，"铃！铃！铃！铃儿响叮当"。先不要让婴儿看到摇铃，要观察其对摇铃有无反应（如听到铃声停止哭闹或者动作减少等），再训练婴儿根据铃声用眼睛寻找声源，每天2～3次。

目的：检验婴儿的听力，提高婴儿的视听能力。

注意：铃声不可过响，否则会影响婴儿的听力发育。

（3）触觉能力开发——触觉实验

方法：轻触婴儿手心或眼睑，观察婴儿的反应。

目的：刺激婴儿的触觉发展。

注意：让婴儿触摸的物品不可太冷或太热，以免伤到婴儿。

2.2～3月龄婴儿认知活动设计方案

（1）注意力训练——找声源

方法：拿一个拨浪鼓，在距离婴儿前方30厘米处摇动，当婴儿注意到拨浪鼓的响声时，对他说，"宝宝，看，拨浪鼓在这儿"。让婴儿的眼睛盯着拨浪鼓，引导婴儿伸手抓拨浪鼓。休息片刻，在婴儿的后方，拿着拨浪鼓摇动（不要让婴儿看到持鼓者的脸），稍停一会儿问婴儿拨浪鼓在哪里，再分别将拨浪鼓慢慢地移到婴儿能看到的左右方摇动。

目的：训练婴儿的听觉注意，并能根据声音辨别方向，从而培养其语言能力。

注意：观察婴儿的眼、口、手的动作以及婴儿对声源方向的反应。

（2）视觉能力开发——奇妙的黑白图

方法：将黑白图案贴在婴儿能看见的地方（25～30厘米的距离），如墙上、婴儿床上等，每次展示20～30秒，时间一到马上收起来。由大方格到小斜方格，让婴儿一天看一种，有机会就玩，越多越好，每隔三四天再换另一面。

3.4～6月龄婴儿认知活动设计方案

（1）记忆能力开发——听儿歌做动作

方法：和婴儿面对面坐，念儿歌——"小老鼠上灯台，偷油吃，下不来，叽叽叽，叫奶奶，奶奶不肯来，叽里咕噜滚下来。"每次念到"叽里咕噜"时把婴儿轻轻向后推一推，成为习惯后，每次当念到"叽里咕噜"时，婴儿会自己向后倒下。这说明婴儿听懂了"叽里咕噜"是动作的信号，并且记住了这个信号。

目的：锻炼将声音与动作联系起来的能力。

（2）听觉能力开发——系铃铛

方法：在婴儿的手腕系上带有一两个铃铛的缎带，举起婴儿的手臂，轻轻摇晃，铃铛会发出声响。假如婴儿注意到这个声音，他可能会开始摇动手臂再听一次。接下来再将缎带系到他的另一只手腕上，婴儿会发现这个游戏真有趣。

目的：锻炼婴儿的听力和反应能力，还可以在愉悦的氛围中进一步加深亲子情感。

注意：游戏时一定要确认铃铛被安全地固定在缎带上，不能让婴儿离开照料者的视线范围，以免铃铛脱落后婴儿误吞或发生其他危险。

（3）观察能力开发——找特点

方法：生活中，婴儿总是能找出环境中的不同之处，并加以关注。例如，婴儿在照料者的怀抱中会用手不停地摸索，感受照料者衣服上的绣花、拉链、漂亮的扣子等。婴儿也会在床上找到某个固定的部位来踢蹬。照料者可以鼓励婴儿自发地找到"新奇"的物体，用笑、拥抱等作为奖励，从而激励婴儿的观察行为和激发其好奇心。

目的：培养婴儿的观察力，保护婴儿的好奇心。

（4）思维能力开发——藏猫猫

方法：

妈妈抱着婴儿，用毛巾遮住爸爸的脸问："爸爸在哪儿？"爸爸掀开毛巾说："我在这儿，喵喵！"用毛巾遮住婴儿的脸，说："宝宝在哪儿？"帮婴儿掀开毛巾说："我在这里！就在这儿！"

目的：让婴儿感知毛巾后面有人，明白看不见的东西有可能是被挡住了，可以用手翻开去寻找，以此培养婴儿的客体永久性。

🔗 **相关链接** ▶▶▶▶

完善生育支持政策体系，是政府工作报告提出的今年工作重点之一。当前一些地方建设了一批普惠性托育机构，有效解决了部分家庭3岁以下婴幼儿托管照顾问题，但仍需加大对托育机构的政策扶持力度，降低托育机构的建设、运营成本，进一步降低托育机构的收费标准，完善相关补贴和报销政策，减轻托育机构的基金压力，提高普惠性托育机构的建设运营能力，充分利用大数据、"互联网＋"、人工智能等技术，在优化服务、加强管理、统计监测等方面发挥积极作用，确保"幼有所育"。[1]

📍 **实践与运用** ▶▶▶▶

1. 观察一名2～4月龄婴儿的视觉集中与追随特点，并记录下来。

2. 设计一个训练2月龄婴儿的视觉、听觉统合的活动方案。

---

[1] 张云：《山东艺术学院副院长、民革山东省委会副主席、山东省音乐家协会主席刘晓静代表：为实现"幼有所育"积极行动》，载《光明日报》，2023-03-13。

单元 4
0～6月龄婴儿情感与社会性发展与学习支持

情境描述

　　5个月大的安妮在很大程度上需要依赖其他人。她几乎不能随意移动自己的头和身体。她饿了，却不能自己吃东西；她尿湿了，却不能自己换尿布；她感觉害怕了，也不能躲开；她想被抱着，却不能清楚地表达自己的愿望。她就这样依赖着他人来满足自己最基本的需求。她的需求是重要的，这是我们帮助她建立自尊的最有效的时期。当婴儿希望得到某个玩具或要睡觉、要食物、要拥抱时，当婴儿害怕、惊奇、厌烦或满足时，他们都会让了解他们的照料者知道。即便他们能说的只是"啊啊"或"咿咿呀呀"。

请思考：

1.结合儿童心理学相关知识，尝试分析案例中安妮的情感与社会性发展水平。

2.在安妮有需要的时候，照料者应该怎么做呢？你认为照料者采取怎样的方式能够更好地帮助婴儿建立自尊呢？

学习笔记

学习驿站

　　情绪、情感是心理发展中的一个重要方面，更是婴儿适应生活的一个重要心理工具。我们能够看到婴儿也会出现渴望被关心和不满的表情。这往往出现在婴儿第一次感到饥饿时，婴儿通过哭等方式表达自己的需求，这是生存所必需的技能。婴儿年龄越小，在其生长发育的过程中，情绪、情感的意义越重要。

⊙ **情景案例** ▶▶▶▶

例1 一位妈妈在家中洗菜、择菜，她4个月大的女儿小轩就在旁边的摇篮里睡觉。小轩醒了，开始哭。妈妈立刻将她抱起，安慰她，接着将她背在背上。然后，这位妈妈回到厨房继续忙活。小轩安全地靠在妈妈身上，随着妈妈的动作轻轻晃动，沉沉睡去。

例2 一位妈妈刚刚给她4个月大的儿子买了一张婴儿床。她将熟睡中的儿子放到婴儿床上，就出去办事儿了。一会儿婴儿醒了，又饿又焦虑，哭喊起来，家里没人来抚慰他。即使这位妈妈回来后，也没有对儿子的哭泣做出任何回应。她想训练儿子习惯待在婴儿床里，这样她就可以做自己的事情了。

在以上两个例子中，两位妈妈不同的处理方式对婴儿的依恋会产生怎样的影响？哪位妈妈的处理方式更好？为什么？

一、0～6月龄婴儿情感与社会性发展和水平

（一）情感发展和水平

✎ 学习笔记

1. 气质

气质是人在发展过程中可以观察到的基本性情。婴儿出生时通常具有的气质会影响他们将来的人际关系和情感健康。亚历山大·托马斯和斯特拉·切斯经过长期的调查发现，婴儿的气质类型分别是容易型、困难型和慢活跃型，另外有 35% 的婴儿无法归类。[①]

2. 依恋

出生后的几个月内，婴儿会表现出对所有人都感兴趣。他们会对人微笑、咿咿呀呀地说话等，这是一个重要阶段。4～6月龄婴儿开始偏爱和特定的家庭成员互动。他们对照料者微笑，发出咕咕声，对陌生人则表现出疑惑、警惕。到了6个月大的时候，婴儿表现出只想和熟悉的照料者在一起的强烈愿望，如果他们不在，婴儿就会表现出担忧的情绪。

3. 情绪、情感

情绪、情感随着时间的不断推移而变化。从出生开始，婴儿就萌发了一系列的心理活动和情绪反应。研究发现，当缓解了强光、噪声和温度的剧变后，婴儿可以非常放松和平和，甚至会微笑。

出生后的第一周，婴儿的情绪反应依然不够明确。很小的婴儿也许哭得很厉害，但是我们很难为他们的感受贴上合适的标签。自3～4周起，婴儿开始出现无选择的社会性微笑。这最初的微笑可以说是生理需要得到满足的自然反应，称为自发性微笑。随着婴儿的成长，他们的情绪将进一步分化。

达尔文是第一个尝试科学记录婴儿情绪行为并解释其起源的人。行为主义心理学家华生认为，婴儿已经存在至少3种非习得性情绪——爱、怒和怕。

---

① 张大均主编：《教育心理学》，49～50页，北京，人民教育出版社，2015。

婴儿最初表达的情绪包括愉快和不愉快。愉快的情绪来自生理需要的满足。不愉快的情绪来自生理需要未获得满足或其他不适。有研究者通过分析 20 多个婴儿的表情照片，总结了婴儿的情绪。研究发现，婴儿第一年的基本情绪包括愉悦、兴趣、惊奇、悲伤、厌烦、生气、惧怕等。例如，在表示厌恶时，婴儿的眉毛下垂，上眼睑也下垂，以致眼睛睁得较小，鼻子变皱，脸颊上扬，下唇上扬或伸出。

相关链接 ▶▶▶▶

当你看到一个婴儿的眼、眉、唇、脸颊、手指等动作的变化，你知道他想"说"什么吗？你能否读懂他的表情语言？你知道婴儿有多少种情绪类型吗？伊扎德等人通过拍摄婴儿对不同事件的反应，研究婴儿的情绪表达。他们通过拿走婴儿的玩具，或在婴儿和妈妈分别后重逢等情境中观察婴儿的情绪反应，发现婴儿已经能够针对不同的事件，用不同的面部表情来表达较为复杂的情绪。

随着年龄的增长，婴儿的情绪会越来越复杂。心理学家对 500 个婴儿进行了观察，发现婴儿从满月到 3 个月末，已经有了欲求、喜悦、厌恶、愤怒、惊惧和烦闷等至少 6 种情绪反应。5～6 月龄婴儿的微笑也逐渐具有了社会性，甚至影响照料者。当看到妈妈的面孔时，婴儿会发出开心的笑声，吸引妈妈的注意力。这种有选择的社会性微笑会增强婴儿和照料者之间的依恋。

0～6 月龄婴儿会出现所有基本的情绪，并可以对快乐、愤怒、伤心等面部表情加以区分。当婴儿的积极情绪表达受到鼓励时，积极情绪表达将经常出现，而婴儿在出现消极情绪时，可以通过吸吮和回避等方式进行调节。

（二）社会性发展和水平

0～6 月龄婴儿通常通过哭、笑、肢体动作和一些表情对外界做出反应，这种交往技巧主要是先天遗传的。出生 2 个星期的婴儿就能区别出母亲和别人的心跳，3 月龄左右的婴儿就能发出声音、特殊的婴儿式的"迷人的微笑"，从而激发他人的好感。

此外，婴儿之间的交往也很早就建立了，看似具有很强的生物保护本能。例如，一个 2 月龄以内的婴儿哭，另一个或者另一些婴儿也会一起哭，这是一种声援、同情或者响应。5～6 个月以后，一个婴儿哭，另一个婴儿会注视甚至抚慰他。6 月龄婴儿已经会认生了，此时的婴儿能明显地区分出熟悉与不熟悉的人。婴儿和母亲的相处是很愉快的，婴儿还会通过哭闹的方式来迫使依恋对象回到自己身边。

二、0～6月龄婴儿情感与社会性学习方式和学习内容

（一）学习方式

1. 情境学习

不同的教养环境会为0～6月龄婴儿的情感与社会性学习提供大部分素材。例如，蒙台梭利认为温和、安静、温馨的环境可以帮助婴儿学习良好的情感与社会性。家庭或托育机构的环境装饰、照料者的语言与沟通环境等都在一定程度上影响着婴儿的情感与社会性发展。在氛围营造较为和谐的照料场所中，婴儿能够更好地发展其自尊、自信。因此，此阶段的婴儿通过在环境中感知与吸收来进行社会性发展。

2. 观察学习

0～6月龄婴儿在出生的最初时期开始与照料者共享一个空间。他们通过眼、耳、手、嘴来感知和认识这个世界，他们的社会性发展也在观察中持续进行。他们通过与照料者的交流和互动，观察其社会行为，拓展自身社会性发展的可能性。

（二）学习内容

1. 新生儿情感与社会性学习内容

新生儿由于还处于前依恋阶段，没有形成对特定对象的依恋，不介意与不熟悉的人在一起。早期交往中，新生儿尝试通过抓握、哭泣、凝视成人或早期微笑等信号来获得成人的关注，但是不能接收或理解成人给予的情绪信息。

当生理需要得不到满足的时候，新生儿会用哭泣来表达，以此形成初步的社会互动与交往。当生理需要得到满足时，新生儿会表现出平静、满足的情绪反应。

2. 2～3月龄婴儿情感与社会性学习内容

2～3月龄婴儿已经初步能够知觉到成人的面部表情，随着月龄的增长，可尝试做出一定的情绪反应。2～3月龄婴儿通过情绪反应进行初步的交往。

3. 4～6月龄婴儿情感与社会性学习内容

4～6月龄婴儿渐渐地具有了社会性，出现有选择性的微笑，如婴儿见到妈妈的面孔会发出开心的笑声，以吸引妈妈的注意，开始与妈妈建立较为密切的交往与依恋，而与同伴的互动还是看一眼、摸一下等几乎少有的互动。

4～6月龄婴儿开始展现对镜像的兴趣，开始注视、接近、微笑并咿咿呀呀儿语，但并没有区分出自己与镜像。

三、0～6月龄婴儿情感与社会性观察要点

表1-7　0～6月龄婴儿情感与社会性发展水平及观察要点

观察主题	观察月龄	发展水平及观察要点	观察		出现时间	评价
			是	否		
情绪感知与变化	新生儿	当看见人的面孔时，活动会减少				
		对他讲话或者抱着他时表现安静				
		当被抱着时，会表现出独特的、有特征性的姿势（如蜷曲着，像一只小猫）				
	2～3月龄	逗引时，出现动嘴巴、伸舌头、微笑和摆动身体等情绪反应				
		能辨别不同人说话的声音及同一人带有不同情感的语调				
		开始注视自己的手，出现吮指现象				
		哭声少且分化为表示不同的需求				
	4～6月龄	会对着镜子中的镜像微笑、发音，伸手试拍自己的镜像				
		能辨别陌生人，对熟悉的人有偏爱				
		开始怕羞，会害羞地转开脸和身体				
		高兴时大笑				
社会性发展	新生儿	哭闹时听到照料者的呼唤声能安静				
	2～3月龄	能忍受喂奶期间的短时间停顿				
		看见最主要照料者的脸会笑				
		会自发地微笑迎人，见人手足舞动表示高兴，笑出声				
	4～6月龄	随着照料者情绪的变化而变化自己的情绪，会伸手期望被抱				
		当让其独处或拿走他的小玩具时会表示反对				
		逐渐会用哭声、面部表情和动作与他人沟通				

四、0～6月龄婴儿情感与社会性学习支持

（一）环境支持

婴儿和照料者生活在不同的感官世界中。婴儿所需要的世界是可以触摸和"品尝"的世界，是一个用身体和行动来思考的世界，婴儿的整个身体是对世界进行回应的唯一载体。因此，我们首先要为婴儿提供适宜他们活动的环境。

1. 培育信任感的环境

第一，婴儿的每日时间表应根据每个婴儿的特殊需要、气质和自然节奏来制定。不能武断地安排统一的时间表。

第二，照料者连贯一致的反应也是培养婴儿信任感的重要因素之一。

第三，应从婴儿对舒适和安全的需要出发考虑班额，即婴儿越小，小组的规模以及婴儿周围的空间应该越小。创设许多不同的活动区域，如睡眠区、照料区和游戏区等，并进行合理布局，以便婴儿能掌控整个空间，并方便地获取材料。

第四，应创设一个安全且熟悉的环境，其中每一件物品都应很容易地从婴儿积极探索所形成的杂乱无章的环境中恢复过来。物品收纳需要有明晰的标识。设计好一个流畅易行的操作流程，如婴儿小睡前总是会听到歌声，换尿布时总是会有几分钟的嬉闹和逗笑的时间。

第五，注重美观和审美感，精心调配颜色、光线、质地和样式，确保环境的秩序。精心为婴儿准备可以自由探索的空间，避免用语言或行为限制婴儿的活动。

2. 培育依恋关系的环境

第一，照料者始终如一的回应和稳定性是依恋关系的组成部分。为了与婴儿有更多的"一对一"接触，环境中应有摇椅、吊床、带厚软垫的椅子等，可以让照料者坐下来抱着婴儿喂食或与婴儿交谈。

第二，在日常护理区应尽量将所需要的材料有序收纳，易于取放，这样能节省出更多与婴儿互动的时间，照料者的注意力也能够放在婴儿身上。

第三，照料者的面孔和言语是婴儿所需要的唯一刺激，应该尽可能减少桌面或环境中的摆件和玩具等。

（二）活动支持

1. 我是爱笑的宝宝

方法：从婴儿出生第一天起，照料者就可以有意识地抚摸婴儿的脸颊，并面带微笑与婴儿说话，尽量使婴儿嘴角上扬、面部松弛，露出笑容。婴儿经常露出笑容会使其面部的肌肉发达而丰满，更加可爱。

目的：帮助婴儿养成爱笑的习惯，成为快乐宝宝。

2. 妈妈爱宝宝

方法：新生儿大部分时间都在睡觉，但在吃奶的时候，基本处于清醒的状态。照料者要利用这个时机与其进行情感交流。照料者在喂奶的过程中，可以抚摸其小腿、小手和脸颊，同时与其进行亲切的交谈，让其熟悉照料者的声音。

目的：这个过程可以锻炼婴儿的触觉、听觉，同时也为婴儿语言的发展打下基础，更重要的是可以建立母婴间的依恋情感，建立良好的母婴关系，进行情感沟通。

3. 举高高

方法：在婴儿心情愉悦时，爸爸扶着婴儿的双腋将其高高举起，让婴儿感受到被举高时的惊险刺激，以及让婴儿产生有爸爸在身边自己很安全的感觉。爸爸举起来时说"高高"，放下来时说"低低"，使婴儿同时体会声音的意义。

目的：与婴儿进行情感沟通。

4. 人见人爱好宝宝

方法：婴儿在3个月大的时候，任何人逗引他，与他游戏，他都会感到很开心，甚至会"咯咯"地笑出声。照料者需要在这个时期经常带婴儿去人多的地方或者邀请亲戚朋友到家里来玩，让婴儿多接触其他婴儿，并尝试教婴儿与陌生人打招呼，培养婴儿开朗的性格。如果婴儿在出生3个月左右时接触的人多，那么在出生6个月之后就不容易表现得特别怕生。

目的：培养婴儿开朗乐观的性格。

5. 宝宝自己玩游戏

方法：在实际生活中，照料者与婴儿片刻不分离是不可能的，让婴儿适应适度的分离，避免出现严重的分离焦虑是十分必要的。这就需要将婴儿放在家中一个非常安全的空间，照料者逐渐远离到婴儿不容易发现的地方看着他，让婴儿独自在那里玩。

目的：让婴儿适应适度的分离，避免出现严重的分离焦虑。

实践与运用

1. 观察一位母亲（父亲）和一个陌生人与同一个婴儿交流3~4分钟的情形，并逐一进行分析。描述他们如何与婴儿互动。写下婴儿对每个人的反应。婴儿对每个人的反应和他们对婴儿的反应有什么相同和不同之处？这些反应与你的预想一致吗？

2. 在保育机构中观察2个或3个婴儿。他们会互相注视吗？他们能伸手够物吗？如果他们可以移动，他们会互相寻找、触摸或者交换玩具吗？恰当地描述发生的事情，在课堂上分享你的观察。

◈ **综合实践** ▶▶▶▶

1. 请结合某个婴儿当前月龄的发展水平，设计一套适合该婴儿身心发展的被动操。

2. 请简述4月龄婴儿的身心发展状况。（可尝试从动作、语言、认知、情感与社会性发展角度综合作答。）

3. 举出0～6月龄婴儿哭闹的例子，至少两个，记录下照料者的反应。

（1）婴儿的这些哭闹传达了怎样的信息？

（2）有时照料者很难理解婴儿的哭闹行为，在你的观察中照料者尝试了哪些回应？

（3）请记下在每种情况下婴儿对照料者行为的反应。

（4）尝试总结抚慰婴儿的技巧。

学习评价与反思

模块一
学习效果检测

学习目标

1. 掌握 7～12 月龄婴儿动作、语言、认知、情感与社会性发展的基本特点，把握该阶段婴儿的身心发展水平。

2. 了解 7～12 月龄婴儿的主要学习方式和学习内容。

3. 开展促进 7～12 月龄婴儿动作、语言、认知、情感与社会性发展的各项活动，并给予婴儿适宜的教育和支持。

4. 通过对 7～12 月龄婴儿的观察，能够分析婴儿的经验水平，并给予相应的指导，促进婴儿健康和谐发展。

5. 能够为 7～12 月龄婴儿的父母提供有针对性的指导，帮助他们了解幼儿早期发展与学习支持。

学习导航

7～12 月龄婴儿发展与学习支持

7～12 月龄婴儿动作发展与学习支持	7～12 月龄婴儿语言发展与学习支持	7～12 月龄婴儿认知发展与学习支持	7～12 月龄婴儿情感与社会性发展与学习支持
7～12 月龄婴儿动作发展和水平	7～12 月龄婴儿语言发展和水平	7～12 月龄婴儿认知发展和水平	7～12 月龄婴儿情感与社会性发展和水平
7～12 月龄婴儿动作学习方式和学习内容	7～12 月龄婴儿语言学习方式和学习内容	7～12 月龄婴儿认知学习方式和学习内容	7～12 月龄婴儿情感与社会性学习方式和学习内容
7～12 月龄婴儿动作观察要点	7～12 月龄婴儿语言观察要点	7～12 月龄婴儿认知观察要点	7～12 月龄婴儿情感与社会性观察要点
7～12 月龄婴儿动作学习支持	7～12 月龄婴儿语言学习支持	7～12 月龄婴儿认知学习支持	7～12 月龄婴儿情感与社会性学习支持

学习初体验

　　希希的妈妈不爱和别人接触，于是很少带希希去楼下和同龄的孩子一起玩。在希希 1 岁的时候，奶奶专程过来照顾希希。某天，在妈妈背起包要出门的时候，希希哭了起来。看到希希哭，妈妈便打算不去上班了。奶奶说："没事，你走吧，一会儿带她去楼下玩会儿就好了。"奶奶带着希希下楼，正巧碰到几位同样带孩子的老人，于是就带着希希和同龄的孩子一起玩。希希在婴儿车里坐着，看到一个小朋友手里拿着的玩具是自己也想玩的，就指着那个玩具，并发出 e、e 的声音，奶奶就问："你是不是想玩那个玩具？"希希还用 e 来表示确定。

根据希希的发展情况，你发现了哪些问题？你会如何建议？

学习交流

学习导入

　　从婴儿会坐时起，他们就开始了对外界事物的主动探索，他们的活动范围也不再局限于婴儿床。和 0～6 月龄婴儿相比，7～12 月龄婴儿的各方面能力都在快速发展，且发展的个体差异性也显现出来。父母一边惊诧于婴儿身上的变化，一边对婴儿的某些行为表示不理解。通过本模块的学习，你将能够针对婴儿的行为给家长提供一些合理的建议。

单元 1
7～12月龄婴儿动作发展与学习支持

情境描述

　　丁丁是妈妈口中的"调皮捣蛋"的小男孩，他在8个月大的时候就已经可以在地板上爬得很熟练了，而且在家里爬行的时候总是无所顾忌。因为家里空间比较小，再加上东西比较多，所以妈妈在丁丁爬行的时候总是很担心，害怕他受伤。于是，不管丁丁爬到哪里，妈妈都一直跟着他，并且一直担心着他。有一次，丁丁爬行的时候不小心撞到了门框，就哇哇大哭，妈妈连忙把他抱了起来。因为有了这次经历，妈妈一看到他"乱爬"就会直接抱起他，不让他继续爬行。

　　请思考：

　　1. 你认可丁丁妈妈的做法吗？ "爬行"对丁丁来说意味着什么？

　　2. 如果请你给丁丁妈妈一些关于爬行环境创设方面的建议，你会怎样建议？

学习驿站

学习笔记

一、7～12月龄婴儿动作发展和水平

（一）粗大动作发展和水平

1. 肢体动作

　　婴儿的动作是从上到下发展起来的，即从头部动作开始，然后是躯干动作，最后是下肢动作及全身动作。7月龄婴儿在俯卧时能以腹部为中心做旋转运动，可以独立坐1分钟左右；8月龄婴儿可以独立坐稳，左右转动自如，且扶着栏杆能站立，在学会了翻身和坐起的动作之后，几乎是自然而然就学会了爬行。9月龄婴儿会爬行，并会拉物站立；10月龄婴儿会扶着栏杆横走，扶着栏杆坐下；

11 月龄婴儿能够拉着照料者的一只手走，并且能够独站片刻；12 月龄婴儿能从一个物体旁独立走向另外一个物体，会爬上台阶。

2. 爬行动作

爬行是婴儿最早出现的自主运动形式。当婴儿能够从仰卧位翻转成俯卧位时，两手能撑起胸腹部，开始试着爬行动作。并不是所有的婴儿都能够在 8 个月时就学会爬行，有的是 7 个月左右就已经会爬了，有的是不会爬但直接会走，这都是正常的情况。每个婴儿的爬行姿势不尽相同，开始时，由于婴儿双腿向后蹬的力量不够，再加上其双手向后推的力量大于双腿向后蹬的力量，就会出现"后退爬"，这是学爬行的最初阶段，但"后退爬"一般仅维持一段短暂的时间。

随着手臂和腿部力量的增加，婴儿的双肩和胸部能够自如地离开地面。在照料者的帮助下，婴儿可以以腹部为支点爬行。在神经系统的调节下，婴儿利用两腿向后蹬的力量，以膝盖为支撑点，到 1 岁时就可以用手与膝配合爬行了。

婴儿爬行动作的发展，不仅扩大了婴儿接触和探索环境的范围，而且在爬行的过程中锻炼了全身的协调能力，促进了大脑的发育和发展了小脑的平衡功能，进而提高了婴儿的感觉统合和协调能力，为以后行走、跑跳的灵活性创造了条件。

3. 走的动作

每个婴儿学会独立行走的时间不尽相同，早的在 10 月龄时就会行走，而晚的要到 18 月龄时才会行走。学会行走是一个渐进的过程，婴儿先要学会独自站立，能够从站位转换成蹲位，并能够捡起地面上的玩具，再将身体直立起来，接着很快就能够独立向前行走了。

（二）精细动作发展和水平

在出生六七个月后，婴儿手指的握力、灵活性和控制物品的能力开始发展起来。7～8 个月时，婴儿开始学会使用手指的力量抓握玩具，随后他们开始用拇指和其余手指共同抓握物体。这一阶段的婴儿会用传、摇、敲等多种方法玩一个玩具，抓握方式为桡掌或指抓握。

9～10 个月时，婴儿可以用拇指和食指相对捏取想要的东西。这一阶段的婴儿会根据自己手掌的大小以及被抓握物体的大小，主动调节自己的抓握方式。

11～12 个月时，婴儿能够灵巧地钳式捏起小丸，一手能同时抓握 2～3 个小物品，会轻轻地抛球。12 月龄左右的婴儿会自己用手拿着小勺摇摇晃晃地往自己或别人的嘴里送饭，但这并不是真正意义上的独立吃饭，这一阶段婴儿的生活自理能力开始显现。

二、7～12月龄婴儿动作学习方式和学习内容

（一）学习方式

1. 主动学习

7～12月龄婴儿已经有了初步的自主活动能力，能自主转动头部，自己翻身，独坐片刻，双下肢已能负重，并上下跳动。在该阶段，婴儿能够在照料者的适当帮助下，主动学习，完成相应动作。例如，照料者可以和婴儿一起进行主被动操训练，为爬行、站立和行走奠定基础。

2. 模仿学习

模仿学习是婴儿动作发展的重要方式之一，一般婴儿在10～11个月大时就能模仿照料者的动作。例如，婴儿会模仿照料者挥手的动作表示"再见"，模仿拍手的动作表示"欢迎"等。在进行精细动作练习时，婴儿会模仿照料者的简单动作，发展手指的灵活性。

（二）学习内容

1. 7～9月龄婴儿动作学习内容

7～9月龄婴儿的粗大动作发展有坐、爬、站等，婴儿能够独坐自如、手膝爬行、扶杆站立。在婴儿练习坐的动作时，照料者应注重训练婴儿侧向坐起的能力。在练习爬行时，照料者要注意观察婴儿爬行的速度和四肢交替向前的配合度。在练习站立时，照料者应注重培养婴儿用脚掌站立，以保持身体平衡。

7～9月龄婴儿的精细动作有玩具换手对击、捏取细小物品等。照料者应注重培养婴儿的手眼协调能力和手指间动作的协调性。

2. 10～12月龄婴儿动作学习内容

10～12月龄婴儿的粗大动作发展侧重独自站立、爬行及扶走迈步。在进行站立训练时，照料者可以拿玩具逗引婴儿，让其延长站立的时间和增强站立的平衡性和稳定性。照料者还可以在爬行场地增加障碍物的高度和宽度，训练婴儿的爬行速度和动作灵活性。在婴儿练习走路时，照料者要给予保护和鼓励，帮助婴儿克服对距离的恐惧。

10～12月龄婴儿的精细动作发展包括手指灵活对捏、手眼协调能力。照料者可以给婴儿提供语言提示和动作示范，鼓励婴儿尝试模仿。照料者也可以鼓励婴儿用手指轮流捏取，并训练其快速准确地做出各种动作，以锻炼婴儿手眼协调能力。

三、7～12月龄婴儿动作观察要点

7月龄以上婴儿的坐和爬的动作给其生活带来了巨大变化，坐视物体对于形成物体的主体像有很大好处，对知觉的发展更为有利。随着婴儿动作的逐渐灵活，婴儿开始把兴趣从自身的动作转移到动作对象上来，通过动作来了解自己动作的对象，了解动作所带来的结果，这对婴儿的智力发展是非常重要的。（表2-1）

表2-1　7～12月龄婴儿动作发展水平及观察要点

观察主题	观察月龄	观察动作	发展水平及观察要点	观察是	观察否	出现时间	评价
粗大动作	7～9月龄	独坐	开始能够坐起，逐渐独坐稳定，不需要外力支持				
		爬行	开始匍匐移动，逐渐向四肢着地、手脚并用的爬行发展				
		扶站	喜欢被照料者扶腋窝抱着蹬腿、着地				
			逐渐可依靠物体尝试自己站起，时间短				
		扶起	以爬行为主，少数爬行能力强的婴儿会自己扶物站起，慢慢移步				
	10～12月龄	独坐	独坐自如，从坐位随意切换至爬或扶站、扶走				
		爬行	可以轻松完成四肢着地爬行，逐渐会膝盖离地爬行				
		扶站	可以依靠物体站立并迈步行走，自己扶物能蹲下取物，从不会复位逐渐过渡到会复位或自己坐下				
		扶起	从尝试独自站立、扶着行走逐渐到能独自走几步，后扑向照料者怀里				

续表

观察主题	观察月龄	观察动作	发展水平及观察要点	观察		出现时间	评价
				是	否		
精细动作	7～9月龄	抓握	能将第一块积木传递给另一只手再拿第二块积木				
			能用拇指与其他手指把小物品拿起				
			能拨弄桌上的小东西（小积木、葡萄干等），难以做到自己放开手中的物品				
		捏放	能用拇指、食指捏取小物品				
		敲击	能用一只手中的积木，明确打另一只手中的积木两次以上				
			特别喜欢乱扔东西				
	10～12月龄	抓握	能用手抓笔，点点涂涂				
			能抓握糖果，尝试打开包糖的纸				
			可以左右交替叠放手中物品				
			能将手中物品放入容器或递给他人				
		捏放	出现将物品放入容器内的内向调整动作				
			可以用拇指及食指抓住斜上方的某件物品				
			能将物品集中放入某一容器中				
			尝试堆起1～2个积木				
		敲击	双手拿物对敲较稳定、准确				
			能用手抓住小棒尝试敲鼓				

四、7～12月龄婴儿动作学习支持

（一）环境支持

爬行练习需要舒展四肢，照料者需要给婴儿提供宽敞的空间。营造爬行环境时，可以提供摩擦力小且不易摔伤的接触面，如大块厚泡沫垫、爬行垫等，有助于婴儿用手膝爬行。

10月龄婴儿开始练习扶站、扶走，需要较稳固、安全的物体支撑，如茶几、

学习笔记

沙发等，但照料者要注意把尖角用海绵包起来，以满足婴儿站起和移步的需要。

（二）活动支持

1.7～8月龄婴儿动作活动设计方案

（1）粗大动作

①独坐平衡

方法：照料者让婴儿独坐在地毯上，一手扶住婴儿，另一手用玩具吸引婴儿转头、转身寻找玩具，用玩具左右方向交替逗引，引导婴儿坐位时头部向两侧转动寻找物品。

目的：训练婴儿独坐的平衡能力。

注意：训练时间应选择在婴儿精神好且空腹时，每次1～2分钟。

②手膝爬行

方法：照料者用双手托住婴儿腹部，把婴儿腹部提起，帮助其保持正确的手和膝盖着地的姿势，再利用双手和双膝练习爬行。

目的：训练婴儿的爬行动作。

注意：婴儿刚进食后不宜立刻爬行。

③扶物站起

方法：刚开始时，照料者可用双手扶着婴儿腋下让其练习站立。在站得比较稳后，照料者可让婴儿扶着小车栏杆、沙发及床栏杆等站立，还可用玩具或小食品吸引其注意力，延长站立时间。

目的：训练婴儿站立，为走的动作做准备。

注意：照料者要时刻关注婴儿，注意保护婴儿。

④移步行走

方法：婴儿面对照料者，握住照料者的双手或由照料者扶着腋下，双脚踩在照料者的脚背上，左右交替向前迈步。

目的：婴儿开始学习走路。

注意：只适合爬行能力强的婴儿。

（2）精细动作

①抓握玩具

方法：照料者把不同质地的玩具放在婴儿手中，让其抓握，每日数次，每次30秒。

目的：锻炼婴儿用左右手握物的能力。

注意：如果婴儿还不会抓握，照料者可以轻轻地抚摸其手背，婴儿的手就会张开，此时再把玩具放到婴儿手中，照料者的手半握住婴儿的手，帮助婴儿学习抓握动作。

②双手对敲

方法：照料者鼓励婴儿拍手、双手拿物体对敲。

目的：训练婴儿的敲击动作。

注意：婴儿成功敲击出声音后，照料者要给予鼓励。

2.9～10月龄婴儿动作活动设计方案

（1）粗大动作

①手足爬行

方法：照料者把家里的小席子的大部分卷成圆柱状，让婴儿趴在未卷起的一边。照料者将卷起的那部分席子缓慢推开，婴儿随着推开的席子利用双手和双脚支撑身体向前爬行。

目的：调动婴儿爬行的兴趣。

注意：婴儿的爬行时间不宜过长。

②座椅站起

方法：照料者在婴儿坐的地方放一张椅子，椅子上放一个玩具，逗引婴儿去拿玩具，鼓励其先爬到椅子旁边，再扶着椅子站起来。

目的：为婴儿的独立站起做准备。

注意：照料者站在婴儿旁边，注意保护婴儿。

③扶东西走

方法：婴儿扶床沿、围栏或家具移步。

目的：加强婴儿的平衡训练。

注意：照料者要在一旁鼓励和保护。

（2）精细动作

①剥糖果纸

方法：照料者在桌上给婴儿准备一些用糖果纸包好的奶片、小方木，和婴儿面对面坐好，示范剥糖果纸的动作，让婴儿模仿。

目的：训练婴儿双手的协调性。

注意：婴儿会不厌其烦地反复打开和合上糖果纸，这是其对事物的初步感知。

②对捏撕纸

方法：照料者给婴儿准备一些软硬不同的纸张，先撕开一两个小口子，再教婴儿分别握着纸张的两边学习用拇指、食指对捏撕纸。

目的：训练婴儿拇指、食指的配合。

注意：照料者应创造条件，多给婴儿练习的机会。

3. 11～12月龄婴儿动作活动设计方案

（1）粗大动作

①翻越障碍

方法：照料者在婴儿面前放一个枕头或靠垫等障碍物，设计一些简单的情节，在前方放一些色彩鲜艳、能够发出声音的玩具，增加婴儿的爬行兴趣。

目的：提高婴儿的钻爬能力。

注意：照料者应注意婴儿的衣着，不要穿得过多、过紧或过长。

②独站

方法：照料者让婴儿双手拿着玩具或举起双手练习独站。

目的：训练婴儿独站的平衡能力。

注意：照料者要时刻关注婴儿站的动作，做好保护，防止婴儿摔伤。

③推小车走

方法：婴儿双手扶着学步用的推车学走。

目的：帮助婴儿克服对走路的恐惧。

注意：婴儿会走以后，照料者应带着婴儿到户外练习自如行走。

（2）精细动作

①玩套碗

方法：照料者在桌子上给婴儿准备套碗或套塔，逗引其把大的碗放在下面，小的碗放在上面，玩垒高的游戏。

目的：锻炼婴儿手部动作的准确性和手眼协调能力。

注意：照料者可以适当帮忙，让婴儿体验成功的快乐。

②垒积木

方法：照料者在桌子上给婴儿准备一些积木，示范一个一个地往上搭高楼，让其模仿，可搭2～5层高，也可以玩搭长积木。

目的：训练婴儿双手的灵活性，提升其空间感知能力。

注意：照料者可以先示范玩法，再让婴儿自己玩。

婴幼儿发展
引导员

实践与运用 ▶▶▶▶

1. 7～9月龄是婴儿爬行的关键期，请你根据所学知识，设计一个提升该年龄阶段婴儿爬行能力的活动方案。

2. 1岁以内的婴儿站立行走是否越早越好？如何看待婴儿不爬就走的现象？

3. 请你根据7～12月龄婴儿动作发展的特点，设计一个主被动操。

单元 2
7～12月龄婴儿语言发展与学习支持

情境描述

这天早上，兜兜妈妈很兴奋地在朋友圈发了一个视频，并配文："世界上最美妙的声音就是孩子喊妈妈的声音。"原来，7个月大的兜兜在早上突然发出了"mama"的声音，妈妈就以为兜兜是在喊她，于是为了多听到孩子喊妈妈，兜兜妈妈就继续发出"mama"的声音，让兜兜跟着说。在妈妈的反复引导下，兜兜又说出了一连串的"mama"，而且在玩自己玩具的时候也会边玩边叫"mama"，兜兜妈妈就记录下了孩子"真正"叫妈妈的瞬间。但是，隔了一会儿妈妈教他说"爸爸"时，兜兜只是将上下嘴唇抿在一起，却不能发出"baba"的音。

请思考：

1. 7个月大的兜兜是在叫"妈妈"吗？

2. 妈妈引导兜兜说话的方式给了你什么启发？

学习驿站

学习笔记

一、7～12月龄婴儿语言发展和水平

出生6个月以后，婴儿的语言发展更加迅速，他们开始说只有自己才能够听懂的"小儿语"。这一时期，婴儿不再只依靠哭闹来引起照料者的注意或表达自己的意愿，而是会利用自己的"小儿语"来吸引照料者的注意。长到7个月时，婴儿的咿呀学语开始包括许多口语。8～12个月时，婴儿开始理解某些词。

（一）7～9月龄婴儿语言发展特点

1. 能辨别更多的语调、语气和音色

婴儿在整体感知注意时能分辨出不同的语调、语气和音色。6个月以后的

婴儿已经能感知3种不同的语调（愉悦的、冷淡的、恼怒的），会用微笑和平淡的态度回应愉悦、冷淡的语调。听到恼怒的语调时，无论实际的语义内容是什么，他们都会愣住，或紧张害怕地躲入照料者的怀抱，或号啕大哭。

此外，婴儿对熟悉和陌生的声音也会做出不同的反应。当听到熟悉的声音时，会报以微笑；当听到陌生的声音时，会瞪大眼睛仔细听，表现出好奇心。在这一阶段，婴儿"理解"语言的水平又提高了一步。

2. 懂得简单的词、手势和命令，但理解具有情境性

通过照料者对婴儿进行不断的语言刺激，婴儿已经能听懂日常生活中的很多词，而且能辨别家里人的称谓，会辨认一些日常的物品。但是，婴儿在该阶段的理解并不是真正意义上听懂照料者说的话，而是在情境中，根据照料者在说某些词时的语调和手势判断出来的。由此可见，7~9月龄婴儿对语言的理解具有情境性。

3. 出现更多"小儿语"，会用语音来吸引照料者的注意

这一阶段婴儿的咿呀学语变成一种形式相当复杂而又独特、令照料者难以听懂的"小儿语"，其中包括许多口语。比如，"小儿语"听起来似乎是婴儿在提出问题、发出命令或是表达愿望等，但具体是什么，照料者听不懂。不过，如果把同月龄的婴儿放在一起，他们又能够通过"小儿语"愉快地交谈。"小儿语"的出现是婴儿语言真正产生之前的最后的准备性练习。

4. 能初步分辨出在故事中听过的、熟悉的词

实验研究证明，婴儿可以记得出现在故事里的词。婴儿在开始咿呀学语时，就已经开始分析自己听到的语言，这项技能是在为他们将来的语言学习铺路。

相关链接 ▶▶▶▶

"小儿语"应该说多久

在婴儿0~6个月时，父母可以与婴儿用"小儿语"对话，那么随着年龄的增长，婴儿开始会说一些简单的话后，还要继续使用"小儿语"吗？

其实，在不同的语言发展阶段，婴儿的语言偏好也有所不同，父母可以根据婴儿的语言发展特点和偏好，及时调整与其相匹配的语言模式。如何与婴儿谈话是与婴儿的个人喜好有关的。

当婴儿的语言能力已经超过"小儿语"时，即婴儿已经学会说整句话，能明确表达自己的意思后，"小儿语"的积极作用就会大打折扣，甚至会产生负面效果，这时，父母就要改变和婴儿沟通的方式。

（二）10~12月龄婴儿语言发展特点

1. 不同的连续音节明显增加，近似词的发音增加

9~12月龄婴儿所发出的音节不再是简单的音节重复，这个阶段的婴儿进

入了一个更为复杂的时期，能够发出一连串不同的辅音加元音的音节，语调也开始明显多样化，还能模仿一些非语言的声音或照料者发出的新语言。这是婴儿说话的萌芽。

2. 开始真正理解照料者的语言

婴儿大约在6个月大时，话语理解能力已萌芽。研究表明，婴儿大约从9个月开始真正理解照料者的语言；到9个月之后，其理解反应迅速发展；到1岁时，发生理解反应的祈使句和疑问句约有10个。

"话语反应判定法"可以判定婴儿是否理解照料者的语言，即在自然语境中，如果婴儿对语言刺激能做出合适而又恰当的反应，则可判定婴儿对该话语已经理解，比如说"看妈妈"，婴儿能看向妈妈或指向妈妈。

如果把婴儿能理解的最小话语单位称为"语元"，如"走""看"等，那么婴儿在10～12月龄阶段可以理解230多个不同的"语元"。这说明婴儿的听觉分析器已经相当敏锐，他们的大脑已经建立起了相当复杂的语言表象。这似乎可以表明，虽然婴儿在该阶段还不能说话，但是他们的听觉已经开始语言化了。

3. 开始扩展语言交际功能

10～12月龄婴儿虽然还不能仅用语言来清楚地表达自己的意见，但已经能够组合一定的语言、动作和表情来表达自己的意见，换言之，他们的前言语交际在此阶段具有了语言交际功能。具体表现在以下两个方面。

（1）能理解照料者的简单命令，并建立相应的动作练习

这是婴儿真正理解语言的一种表现。当照料者直接对婴儿说："跟××再见！"婴儿就会挥挥小手；听到父母和别人说"我们的宝宝已经会和××说再见了"时，婴儿也会立即挥挥小手，做"再见"的动作。婴儿能对照料者的命令或在相应的情境中，对不是和他说的某些词也做出反应，表明婴儿对某种"交际信号"具有相当稳定的印象。

（2）能把一定的语言和实体相联系，但缺少概括性

不同的婴儿会用各自经常重复的音来表达某种意思。例如，他们会说"呜呜"，并且手指着一辆汽车，告诉照料者这是汽车。和7～9月龄婴儿不同的是，这一时期的婴儿逐步会用语音、语调、动作、表情来达到交际的各种目的，婴儿正是在这样的交往过程中，发展起真正的语言交际能力。

4. 开口说话，出现第一个有意义的词

大约10个月后，婴儿能说出第一个有意义的词，这是婴儿语言发展过程中最为重要的里程碑，也是前一阶段照料者辛勤培育的结果。婴儿最先掌握的都是事物的具体名称，这些词具有"专指"性质。例如，"狗狗"就是指玩具狗。这和婴儿每日所感知、接受的语言有着必然的联系。

二、7～12月龄婴儿语言学习方式和学习内容

（一）学习方式

此阶段以模仿学习为主。婴儿在这一阶段虽然还不会说话，但是很喜欢模仿，即婴儿在为说话做准备。这一阶段，照料者一定要多和婴儿说话，给婴儿创造模仿学习的机会。另外，对于婴儿的咿呀学语，照料者虽然不能理解，但要及时回应、关注。通过照料者的回应、关注，婴儿能够体验到被回应、被关注，能够感受到温馨，会更自信地表达。

相关链接 ▶▶▶

如何看待孩子说话晚的问题？

婴儿的语言发展水平和发展速度存在一定的差异，有的孩子说话早，有的孩子说话稍晚。家长要以平常心来看待孩子说话晚的问题，不要过于着急、不按规律地强迫孩子学习说话，更不能因为觉得在同月龄孩子的家长面前没面子而不愿意带孩子与同伴交流。家长应更加注重给孩子提供模仿学习的环境，创造让孩子说话的机会。

（二）学习内容

1. 7～9月龄婴儿语言学习内容

7～9个月是婴儿出生第一年中最善于模仿的时期。从9个月开始，婴儿才真正能理解照料者的语言。照料者在对婴儿说话时可以配合相应的动作、实物，从而建立语音和实体之间的联系。当婴儿会坐以后，照料者可以将婴儿抱坐在自己的膝盖上，和婴儿进行"平行式"的亲子阅读，并对书中的文字和画面采取"点读"的方法，以训练婴儿的手眼协调能力和有意注意的能力，初步培养婴儿良好的阅读习惯。

在家里时，照料者可以用与婴儿生活有密切关系的词教他们，如婴儿认识的亲人、婴儿的玩具等。当婴儿在说"小儿语"时，照料者要尽量避免因为好玩而重复婴儿的话，而是应当适时用正确的词引导婴儿。当婴儿指着想要的东西时，照料者不要急于拿给婴儿，而是要鼓励其一边指着东西一边发出声音，教其把手势与声音结合起来，逐渐用词代替手势。另外，在其他条件相同的情况下，心情愉悦的婴儿比心情不愉悦的婴儿语言发展得更快。

2. 10～12月龄婴儿语言学习内容

研究表明，如果婴儿的家庭语言环境较好，那么他们开始说话的时间一般比较早，语言能力也更强。婴儿学习语言，需要与周围的人、物、大自然、社会现象紧密联系，要通过各种感官直接感知，如听、看、触摸、尝等，获得对

周围一切事物的认识，进而发展语言。

当婴儿尝试学习一种新语音时，照料者一定要及时给予鼓励，如亲亲他们。婴儿第一次尝试发出的新语音也许不准确，照料者可以用多种形式示范发音，让他们及时调整发音，反复练习正确的发音。

在婴儿活动时，照料者要不断地主动和婴儿进行语言交流，增加对婴儿的语音输入，使婴儿能将眼前的事和语言联系起来。

照料者应给婴儿提供阅读的空间和时间，培养婴儿良好的阅读习惯，如教会他们拿书的方法、阅读时的正确姿势等，也要允许婴儿独立地看书，把书拿颠倒、连翻好几页等表明婴儿正在"研究"和"探索"书，照料者千万不要制止。

三、7～12月龄婴儿语言观察要点

这一阶段，婴儿的语言知觉能力、发音能力和对语言的理解能力逐步发展起来，出现了咿呀学语的现象。（表2-2）

表2-2 7～12月龄婴儿语言发展水平及观察要点

观察主题	观察月龄	发展水平及观察点	观察		出现时间	评价
			是	否		
语言发音	7～9月龄	能反复发出 "mama" "baba" 等元音和辅音，但无所指				
	10～12月龄	能说出最常用的词汇，如"爸爸""妈妈"				
语意理解	7～9月龄	试着模仿听到的声音，发音越来越标准				
	10～12月龄	说出照料者难懂的话，自创一些词来指称事物				

四、7～12月龄婴儿语言学习支持

（一）环境支持

照料者在日常生活环节中创设语言环境。照料者在日常生活中对婴儿的喂哺等环节，是婴儿语言发展的重要途径之一。照料者通过在日常生活环节中输入有意义的内容，如"宝宝肚子饿啦，要吃奶啦"等，给婴儿营造一个轻松、自然的语言环境，婴儿会更加积极关注与照料者之间的交流内容，并以特有的方式做出回应。

照料者也可利用亲子游戏营造轻松的语言环境。婴儿通过亲子游戏感知语言、体验情绪情感，最后获得互动、模仿和认知。例如，"躲猫猫"游戏，照料者用毛巾遮住自己的面孔，然后突然出现，并配以夸张的面部表情、有趣的象声词或简单的语言，给婴儿一种快乐的交流互动的体验。在游戏中，婴儿逐渐会期待和模仿，甚至会用特有的语言或肢体动作做出回应。

（二）活动支持

1.7～9月龄婴儿语言活动设计方案

（1）镜子游戏

方法：照料者抱着婴儿或让婴儿坐在镜子前面，告诉婴儿镜子里的人是谁，让婴儿摸摸鼻子、眼睛等。照料者引导婴儿观察镜子里的影像有什么相应的变化。几次游戏之后，婴儿就能学会独自跟镜子中的自己说"悄悄话"了。

目的：婴儿与自己在镜中的影像交流，发展"小儿语"。

（2）指认物体

方法：照料者把一些玩具和物品放在婴儿面前，边拿取物品边指认物品，并发出"指令"，如"把玩具熊拿过来"等。开始时，照料者可以自己拿取或帮助婴儿拿取，渐渐地可以让婴儿独自拿取。

目的：增加对婴儿的语言输入，有助于婴儿将事物与语言相联系。

2.10～12月龄婴儿语言活动设计方案

（1）打电话

方法：让婴儿拿着玩具电话学打电话，照料者在旁边配合婴儿一起说"喂，宝宝吗？""喂，宝宝，你在给谁打电话呢？"等话语，婴儿会跟着照料者的语言说话，会发出"嗯""哦""唉"的声音。

目的：让婴儿在趣味互动中进行模仿学习。

（2）听声音找图片

方法：当婴儿认识了一些物品后，照料者把这些物品的图片都放在婴儿面前，在婴儿的身边念出图片中物品的名称，让婴儿把图片找出来。当婴儿找出正确的图片后，照料者要及时给予鼓励。

目的：帮助婴儿建立语言自信。

（3）妈妈的小帮手

方法：在日常生活中，照料者要注意观察婴儿的需求，如婴儿想拿一个物品时，不会直接伸手去拿，而是会先注视物品和照料者，以此表达想要的愿望。这时如果照料者把物品拿给婴儿，或者示意婴儿自己拿，然后告诉他物品的名称，重复几次后，婴儿就能理解这个物品的名称了。

目的：培养婴儿的语言理解能力。

思考与练习

如果你是婴幼儿发展引导员，请你指导照料者结合实物和动作，引导7～12月龄婴儿倾听和理解语言。

指导建议：

1. 注意反应式倾听与及时回应。

2. 亲子共读环境创设及婴儿阅读材料选择。

3. 借助语言互动游戏。

实践与运用 ▶▶▶

1. 请根据所学内容，设计一个适合7～12月龄婴儿家庭开展的亲子语言游戏方案。

2. 美美8个月大了，但是一直没有叫过爸爸或妈妈。看着别的同龄孩子都已经会叫爸爸或妈妈了，美美的爸爸妈妈羡慕不已。尤其是听说"孩子说话越早越聪明"后，还不会说话的美美更让爸爸妈妈着急了。

如果你是婴幼儿发展引导员，你会如何向美美的爸爸妈妈解释这一现象呢？针对美美的情况，你会给他们怎样的建议？

单元 3
7～12 月龄婴儿认知发展与学习支持

情境描述

　　朵朵 8 个月大的时候，已经开始能够独立坐在床上摇晃自己手里的玩具了，于是妈妈就准备了许多能拿在手里玩的玩具给朵朵。但是，最近一段时间，妈妈发现无论朵朵拿到什么玩具，总是直接把玩具放到嘴巴里，并且吃得津津有味。妈妈觉得朵朵的行为很异常，也很担心。于是，每次妈妈看到朵朵把玩具放到嘴巴里时，都会制止朵朵，并用动作和语言告诉朵朵：不能把玩具放到嘴巴里，会生病。虽然妈妈会制止朵朵的行为，但朵朵依然喜欢将玩具放到嘴巴里。

　　请思考：

　　1. 你认可朵朵妈妈的做法吗？
　　2. 请你尝试给朵朵妈妈一个合理的解释。

学习笔记

学习驿站

一、7～12 月龄婴儿认知发展和水平

　　从出生到 6 个月，婴儿还不能认识到外界事物是永恒存在的。譬如，婴儿手中的玩具掉了以后，妈妈用毛巾盖住，婴儿就会认为玩具没有了，转而注意其他的东西。9～12 个月大时，婴儿才会逐渐认识到客体的永久性。

（一）感知觉发展和水平

1. 感觉

（1）视觉

7 个月大时，婴儿能通过改变自己的体位协调视觉。8 个月大时，婴儿已经

具备判断距离的能力，能辨别物体的远近和空间，还可以辨别色彩、距离、体积等，此时婴儿的视力约为成人的 2/3。出生 9 个月后，婴儿能看到一些较为细微的事物，如照料者的头发丝等。此时，婴儿的视线能追随落下的物体，寻找掉落的物体。

　　4～8 月龄婴儿喜欢暖色调，不喜欢冷色调；喜欢明亮的颜色，不喜欢暗淡的颜色。较常用的测定婴儿辨别颜色的方法是视觉偏爱法。此外，记录脑电活动、去习惯化、配色法也是测定婴儿辨别颜色的方法。

🔗 相关链接 ▶▶▶▶

视觉偏爱法

　　视觉偏爱法是心理学家范茨创立的一种研究婴儿知觉的方法，他用此方法考察婴儿能否在视觉上区分两种刺激，即是否具有视觉分辨能力。

　　在实验过程中，婴儿平卧于小床上，并可以注视呈现在空间中有一定距离的两种刺激，只有稍偏动头部，婴儿才能看到某个完整的刺激。研究者通过这个特别的装置从上方向下观察婴儿眼中的刺激物影像，一旦发现婴儿注视某侧的刺激即按动相应侧的按钮来记录婴儿注视该刺激的时间。此方法的假设在于，如果婴儿能够在某个刺激物上注视更长的时间，说明他对该刺激物有所"偏爱"。

　　（2）听觉

　　根据心理学的研究，出生 6 个月后，婴儿对高频音的分辨能力能达到成人的水平。6～18 月龄婴儿对音强感知的敏感度提升最快。其中，7 月龄婴儿能较为快速地追踪声音。9 月龄婴儿会模仿动物的叫声，开始理解"不行""放下""再见"等指令。11 月龄婴儿能模仿照料者的发音，听懂较为复杂的指令，如"把……给我"等，能随着音乐的节拍摆动身体。

　　（3）触觉

　　0～1 岁的婴儿，口腔触觉和手的触觉是他们探索世界的主要手段。

　　口腔触觉是 0～1 岁婴儿探索世界的主要手段之一。人们在对 8～9 月龄婴儿的探索行为进行实验时发现，在婴儿面前呈现某个新物体时，他们会有 3 种反应：摆动手中物体并观看、口腔活动（嘴动）、用物体去敲击桌面或在桌面上滑动，其中，口腔活动最多。

　　婴儿手的触觉会经历手的本能性触觉反应阶段和视触协调阶段。7～12 月龄婴儿处于第二个阶段。赫恩特研究发现，7 月龄婴儿在看见新物体时，会用手抓，然后半转动手腕，使物体转动。哈里斯发现，6～14 月龄婴儿的视觉和触觉是同步的，他们总是会用手去摸看见的东西。相对于仅仅用眼睛看东西，他们对同时用视觉和触觉探索东西更感兴趣。

🖋 学习笔记

🖋 学习笔记

2. 知觉

有研究者认为，婴儿深度知觉的发展与其爬行经验有关。坎波斯和兰格的"视崖实验"将 9 月龄婴儿放在"悬崖"一侧时，发现婴儿的心率不是减慢了而是加快了。研究者推测婴儿因已具有爬行经验，而产生恐惧的情绪，从而导致心率加快。

（二）思维发展和水平

皮亚杰认为，7～12 月龄婴儿处于次级循环反应的协调阶段，该阶段的婴儿开始将先前习得的图式进行协调、整合成新的更复杂的行动序列。

6 月龄婴儿能够在照料者的启发下初步理解两个相关事物之间的因果关系，如按动开关—电灯会亮等。根据照料者的经验，婴儿在不久后就能自己动手验证类似的因果关系。9 月龄婴儿手部的动作发展进一步复杂化，他们开始借助工具达到目的。10 月龄婴儿能说出简单的词，并能够在运用简单词的基础上建立对事物的概念。11 月龄婴儿的推理能力不断提高，他们能够通过观察照料者的动作、行为等来推测照料者的意图，并做出相应的反应。1 岁时，婴儿开始产生顺序的概念，并且能够很快发现顺序是可以随着自己的意愿改变的。在这个阶段，照料者应鼓励婴儿表达自己的想法。

（三）记忆发展和水平

1. 记忆保持的时间不断延长、牢固性不断增强

科利和海恩的研究发现，9 月龄婴儿在 24 小时到 5 个星期的延迟后仍能记住单独的动作。10～11 月龄婴儿，记忆保持的时间可以达到 3 个月。和 6 月龄婴儿相比较，9～12 月龄婴儿对实验事件的保持时间有了明显的、本质的飞跃。

巴尔等学者的研究发现，6 月龄婴儿需要 6 次演示才能在 24 小时内记住事件，而 9 月龄婴儿只需要 3 次演示就能记住 24 小时之前发生的事件，即他们为了记住事件所需要的经验次数会发生改变。这表明，婴儿记忆的牢固性不断增强。

该阶段，随着学习能力的增强，婴儿能更轻松地进行图片记忆、识物、早期阅读等活动。此外，婴儿的社会认知能力也得到了加强，即便亲人离开半个多月再回来，婴儿依然能够很快地识别出来，并与他们亲近起来。

2. 婴儿的记忆对情境的依赖性逐渐降低

随着婴儿自己的运动以及体验情境的频繁变化，他们的记忆对情境的依赖性逐渐降低。例如，月龄小的婴儿记忆提取是高度依赖情境的，但 9 个月以后，婴儿的记忆对情境的依赖性明显降低，大一些的婴儿和学步儿在玩具特征改变或测验地点改变的情况下，依然能记住怎样操作这个玩具。

3. 客体永久性持续发展

客体永久性的建立是个体心理表征萌芽的标志。皮亚杰认为，7～12月龄婴儿，其客体永久性概念的获得大多处于二级协调反应阶段，即视线追随着在视线内消失的物体，但寻找时仍在原来的地方搜索。当某件物品被藏起来后，即使婴儿亲眼看到该物品被人拿到其他地方，他们还是会到第一次见到该物品的地方去寻找。皮亚杰称这种行为是 A 非 B 的错误。

（四）注意发展和水平

出生 6 个月以后的婴儿，由于睡眠时间较少，生活作息规律稳定，且白天经常处于兴奋和警觉的状态，因而注意不只通过视觉表现，而是通过多种感知渠道以更广泛、更复杂的形式表现出来。

1. 偶然注意多于专注注意

劳森等学者将婴儿的注意分为偶然注意和专注注意。其中，专注注意是婴儿集中注意力主动观察和探索外界事物的学习行为。冉霓等学者的研究发现，让 7～12 月龄婴儿玩耍"车""球""书"各 90 秒，婴儿的平均注意总时间为 28.8 ± 12.9 秒，其中专注注意时间为 11.4 ± 7.4 秒，偶然注意时间为 17.4 ± 8.4 秒，专注注意时间短于偶然注意时间，差异有统计学意义（$t=4.7$，$p=0.001$）。[①] 国外诸多学者的研究也表明，这一时期婴儿的注意以偶然注意为主。

鲁夫等学者的研究表明，一次获得单个玩具的婴儿，其专注注意时间更长，而一次获得多个玩具的婴儿偶然注意时间更长。鲍秀兰等学者也指出，婴儿的身心发展水平还很低，容易集中注意玩 1～2 件玩具，给予太多则容易分心，不适宜培养较持久的兴趣和注意力。

2. 注意的选择性受经验的支配

这一方面是指婴儿的永久性客体概念的发展会影响婴儿的选择性行为。7～12 月龄婴儿的客体永久性概念发展大多处于二级协调反应阶段，因此，他们会选择那些观察得到的物体作为注意的对象。另一方面是指婴儿在社会交往中出现了对熟人和陌生人在整体上的辨别能力，表现为对熟人愉悦的关注和对陌生人警觉的选择性反应。当陌生人出现在婴儿身边时，婴儿会时刻保持高度的警惕，并密切注意对方的言行，对陌生人的接近表示反抗和恐惧。

关键术语

客体永久性
客体永久性是指当物体不在直接感知范围内，儿童仍认为该物体持续存在的意识。

想一想
7～12 月龄婴儿的注意以偶然注意为主，专注注意是否需要培养？

学习笔记

[①]　冉霓、田新新、秦伟等：《7～12月婴儿注意的特点及气质相关性的研究》，载《中国儿童保健杂志》，2011（7）。

二、7～12月龄婴儿认知学习方式和学习内容

（一）学习方式

1. 习惯化和去习惯化

习惯化和去习惯化是婴儿时期经常出现且有密切联系的学习现象。在刺激物呈现一段时间以后，婴儿的注视时间明显少于开始时注视的时间，并下降至原来注视时间的 50% 时，可认为婴儿对该刺激物形成了习惯化；这时呈现新的刺激物，如果注视时间与前一时刻相比突然上升，且上升的幅度显著，则可认为此时去习惯化发生了。但是，单调的、不断作用的刺激物容易让幼儿厌烦，失去兴趣，这不利于婴儿学习经验的及时增长，也不利于婴儿提高对外界刺激的选择性和接受的灵活性。

习惯化与新异反应性的适当运用是促进婴儿学习的有效手段。照料者应经常更换环境刺激物和玩具，这样可以保持婴儿的活跃、兴趣状态。此外，较长时间以前就已经熟悉的刺激物，在间隔一段时间以后再出现时，也能起到一定的新异性作用。

2. 触觉学习

出生的第一年，婴儿利用口腔触觉和手的触觉探索世界。其中，0～6月龄婴儿手的触觉敏锐度远不如口腔触觉敏锐度。7～12月龄婴儿开始"手口并用"探索周围的世界，他们经常抓到东西就往嘴里塞。此时，口腔触觉仍然是婴儿探索世界的主要方式之一。

（二）学习内容

1. 7～9月龄婴儿认知学习内容

7～9月龄婴儿的运动能力和智力发育非常迅速。此时，他们能通过坐、翻身、爬行、主动找照料者玩等方式探索周围的事物。该阶段，婴儿的大运动神经开始发育，照料者可通过训练来促进婴儿神经运动的协调性。

这个阶段婴儿认知提升的重点是：听懂照料者的指令，分辨大小，培养记忆力和推理能力等。

2. 10～12月龄婴儿认知学习内容

10～12月龄婴儿能理解日常用语，并能按照照料者的指令完成简单的任务；愿意与其他婴儿亲近；能用表情、手势和少数词与人交流；能用全手掌握笔并在纸上画，留下痕迹；喜欢听儿歌、听故事。

这个阶段婴儿认知提升的重点是：培养延迟满足感，鼓励出声表达行为，学会认识颜色，会看图画书，能跟着背数字 1～5 等。

三、7～12月龄婴儿认知观察要点

表2-3　7～12月龄婴儿认知发展水平及观察要点

观察主题	观察月龄	发展水平及观察要点	观察		出现时间	评价
			是	否		
视觉注意	7～9月龄	会用较长的时间来审视物体				
		注意观察照料者的行动，喜欢模仿照料者的动作				
	10～12月龄	故意把东西扔掉再捡起，把球滚向别人				
		喜欢凝视图画				
		会用手指向自己感兴趣的东西				
听觉反应	7～9月龄	会试着翻书，喜欢以前听过的故事				
	10～12月龄	能理解一些词的意义，如照料者问"灯在哪儿呢"，会看灯				
		照料者索要东西，知道给				
动作意图	7～9月龄	尝试通过一系列的有意图的行为来完成一件事，如从椅子上起来，再爬向玩具，挑出彩球				
	10～12月龄	手眼逐渐协调，会将大圆圈套在木棍上，从杯子中取物放物				
		尝试使用工具解决问题，如用一根棍子拨回物体				
辨别指认	7～9月龄	能分辨地点				
		会寻找隐藏起来的东西，如拿掉盖在玩具上的布				
	10～12月龄	感知分辨能力进一步提高，如区分动物和车，把红色的物体归为一类				
		用动作表示同意或不同意（点头、摇头）				
		能按要求指向自己的耳朵、眼睛和鼻子				

学习笔记

四、7～12月龄婴儿认知学习支持

（一）环境支持

照料者应提供丰富、安全的户外环境体验。婴儿学习的一个重要条件是有机会使用感官去接受体验和刺激，其中包括用眼观看有变化的事物，用手操作各种物体，用耳倾听各种变化的声音。丰富的环境能引发婴儿与之互动，从而发展认知能力。

照料者应充分利用阳光、空气、水等自然因素，提供较大的、安全的活动空间，选择空气清新的户外场所，开展适合婴儿的户外游戏。此外，照料者应尽可能满足婴儿的好奇心，支持其探索行为。对婴儿看一看、摸一摸、闻一闻等行为，照料者要有一定的耐心。

（二）活动支持

1. 7～9月龄婴儿认知活动设计方案

（1）协助穿衣

方法：照料者给婴儿穿衣时，让婴儿听从指令，主动协助。例如，让婴儿伸手到袖子里等。婴儿会做某一种穿衣动作时，照料者要称赞一下，让婴儿感到自己做得不错，愿意很好地配合，为以后自己穿衣做准备。

目的：提高婴儿对照料者语言的理解力，引导婴儿学会配合照料者的指令完成任务。

（2）小蜜蜂来了

方法：照料者将一只手高举在婴儿头上，然后一边用手朝着婴儿的方向以螺旋状缓慢落下，一边唱儿歌——"小蜜蜂，嗡嗡嗡，小蜜蜂来了，它就要抓到宝宝了！"当唱到"宝宝"两个字时，在婴儿的肋骨处或者肚子上轻轻挠痒。

目的：培养婴儿的记忆技巧及预知事情的能力。

（3）抓苹果

方法：照料者准备两个苹果，一个大，一个小，并说，"宝宝拿大苹果"。看婴儿的反应，如果反应正确，就加以表扬和鼓励；如果拿错了，应该及时纠正，帮助婴儿明确大小的概念。照料者可以连续几次都要求婴儿拿大苹果或者小苹果，观察婴儿的反应。

目的：让婴儿通过取物来区别东西的大小，发展分辨大小的能力。

2. 10～12月龄婴儿认知活动设计方案

（1）寻找小球

方法：照料者在一个边长30厘米左右的正方体包装纸箱上面开一个边长为10厘米的正方形出口，在纸箱的右下角另剪一个边长为5厘米的等边三角形出口，让婴儿从大洞投入一个小球，并摇动纸箱使小球从边角出口处漏出。照料者告诉婴儿往大洞里看，哪一头亮就向哪边摇。

目的：培养婴儿解决问题的能力。

注意：婴儿起初会乱摇，照料者要适当引导，但不要全部代替。洞的边缘要光滑，以免磨伤婴儿。

（2）盖盖子

方法：准备一个杯子和大、中、小3个盖子，其中只有一个盖子是正好适合杯子的。照料者先教婴儿用盖子盖杯子的动作，然后再把3个盖子都给他，让他尝试着把适合的盖子盖到杯子上去。当婴儿选择正确时，照料者应该给予鼓励。

目的：使婴儿掌握物体之间以及物体特性之间的简单联系，激发婴儿的思维活动。

（3）宝宝的四方盒

方法：第一步，照料者准备一个形状为正方体的空纸盒，在盒子的6个面贴上6张婴儿熟悉且好看的彩色图片。

第二步，照料者把盒子拿给婴儿，让婴儿随意转动、欣赏。每当婴儿转到一个画面时，照料者就告诉婴儿："这是爸爸""这是一棵树"……让婴儿熟悉6个画面。

第三步，婴儿熟悉画面后，照料者就可以训练婴儿听指令找画面了。比如问："爸爸在哪儿？"并要求婴儿把有爸爸的那一面转过来。

第四步，如果婴儿能很快地按照要求将画面转过来，照料者应及时对婴儿进行表扬和鼓励，之后逐渐提高速度。

目的：培养婴儿的短时记忆、长时记忆能力以及形象思维能力，锻炼手眼协调能力。

相关链接 ▶▶▶▶

设计学习支持活动时应注意的问题

设计活动要以婴儿为主体，充分挖掘活动的多方面教育价值。此外，还须考虑到婴儿之间的发展差异性及"最近发展区"，做到以严谨、科学的态度在已给出的参考性活动设计的基础上进行创新。

实践与运用 ▶▶▶▶

1.根据所学内容，设计一个培养10～12月龄婴儿客体永久性概念的活动方案。

2.7个月大的天天有很多玩具，因为妈妈认为要想给孩子提供丰富的生长环境，促进孩子各方面认知能力的发展，就得在孩子周围摆满各种各样的玩具，而且越多越好。

你是否认同天天妈妈的育儿观点？为什么？

学习笔记

单元 4

7～12 月龄婴儿情感与社会性发展与学习支持

情境描述

优优 8 个月大了，优优妈妈每周都要带着优优去早教中心上课。每次去的时候，优优和老师的互动都比较好，见到其他人时会对着别人笑，早教中心的老师和其他家长都很喜欢她。最近的一次早教活动，虽然优优和之前一样能够自己在垫子上进行活动，比如在垫子上爬行、抓玩具等，但是面对老师和其他人时却没有了笑容，也不想回应，而且不管进行什么活动，她总是努力往妈妈的方向伸手，有时会直接爬向妈妈，想让妈妈抱。当妈妈抱起优优时，她的表情立刻有了变化，在妈妈怀里笑了起来。

请思考：

1. 优优在情感与社会性方面有了哪些变化？
2. 请你试着分析优优在情感与社会性方面产生变化的原因。

学习笔记

学习驿站

一、7～12 月龄婴儿情感与社会性发展和水平

（一）情感发展和水平

1. 气质

气质是个体生来就具有的，在情绪反应、情绪控制、活动水平和注意力等方面表现出来的稳定的质与量方面的个体差异。

气质在很大程度上是由遗传素质决定的。气质在个体刚刚出生时就有所表现，这可以从婴儿身上显现出来。林崇德在研究类似环境中长大的 24 对同卵

双生子和异卵双生子时发现，遗传素质对气质有重要影响，双生子的遗传素质越接近，在气质表现上也越接近，即同卵双生子比异卵双生子在气质上要相似得多。

虽然气质是不易改变的稳定的个性心理特征，但它并不是绝对不变的。在一定的教育影响下，人原来的气质特征会发生变化。研究发现，随着年龄的增长，个人的气质有其年龄的典型特点，并且随年龄的增长，各气质类型所发生的改变是不同的。

2. 依恋

当婴儿的依恋对象离开自己时，婴儿会开始大声哭闹，这正是婴儿的依恋反应，同时也表明婴儿的信任在逐渐发展。

依恋形成的主要阶段是 6 个月至 3 岁。鲍尔比将婴儿依恋产生与发展过程分为四个阶段，7～12 月龄婴儿处于四个阶段中的"清晰的"依恋阶段。6～8 月龄婴儿已经出现了对母亲的明显的依恋，形成了专门对母亲的情感联结；8～10 个月大时，他们开始对陌生人产生恐惧；10～12 个月大时，婴儿通常能够准确区分出母亲和其他照料者，此月龄段的婴儿总是会担心失去母亲，即婴儿已经产生"分离焦虑"。婴儿因母亲的离开而产生的哭闹等行为是可以理解的，因为他们还不能理解从视线中消失的事物依然存在。在婴儿的理解中，母亲的离开就是再也不回来了。

🔗 相关链接 ▶▶▶▶

分离焦虑的表现

婴儿期的分离焦虑是比较常见的，有以下几种表现。

第一种，如果婴儿没有熟悉的照料者陪伴，会拒绝上床睡觉，也可能会玩到很晚也不睡觉。

第二种，晚上经常做噩梦。

第三种，当照料者离开后，婴儿会表现出反复的头痛、呕吐、恶心等，可能会引发发热、感冒、腹泻。

第四种，一旦父母或其他照料者离开婴儿视线，婴儿会哭闹，不容易被安抚。

在日常生活中，父母要正确对待婴儿的分离焦虑，妥善处理分离焦虑时出现的问题。在生活中或游戏中，有意识的锻炼能帮助婴儿克服分离焦虑，并且要多陪伴婴儿，给婴儿足够的安全感。

3. 情绪、情感

研究显示，婴儿快满 12 月龄时，能将他人的情绪信息与环境线索联系起来。

7～12 月龄婴儿会出现几种明显的害怕情绪，最典型的就是对陌生人的恐

🖊 学习笔记

惧，即怯生。研究表明，怯生与依恋不同，它既不是不可避免的，也不是普遍存在的。对陌生人的害怕取决于多种因素，如陌生人的行为特点、婴儿所在的环境等。研究还发现，不可预期的事件比可以预期的事件更能让婴儿害怕。

10～12月龄婴儿会用哭泣表达更多复杂的情绪，如同情、恐惧等。

相关链接 ▶▶▶▶

党的二十大报告指出："我们深入贯彻以人民为中心的发展思想，在幼有所育、学有所教、劳有所得、病有所医、老有所养、住有所居、弱有所扶上持续用力，人民生活全方位改善。"

"幼有所育"，即让所有0～6岁的适龄儿童得到更好的养育、教育。"幼有所育"的要求，促使学前教育从3～6岁拓展到0～6岁，以实现所有幼儿的平衡发展。

0～3岁婴幼儿的托育问题是困扰很多家长的痛点。如今，普惠托育供给持续扩大，这个"最柔软的群体"正越来越被重视，托育、学前教育质量也在不断提高，人民群众幼有所育、幼有优育的美好愿景正在照进现实。

（二）社会性发展和水平

幼儿通过交往获得思想、感情、语言、基本的行为方式和行为规范等人类最重要的特征。0～3岁婴幼儿的社会性发展经历了3个阶段：单纯的社会反应阶段、建立与抚养者依恋关系的阶段和发展伙伴关系的阶段。其中，7～12月龄婴儿处于建立与抚养者依恋关系的阶段，该阶段的婴儿在和母亲相处时很愉快，还会用哭闹来迫使依恋对象回到自己身边。同时，婴儿的爬行能力也使他们有了主动与人交往的能力。1岁左右的婴儿开始理解成人的情感和意志，初步具有朋友关系的意识，不仅有了交往需求，而且产生了交往行动。

婴儿在出生后半年才开始出现真正意义上的同伴社交行为。通过对个体认知发展（关注中心的发展）的大量观察和研究证实，婴儿早期的同伴交往以一种固定的程序展开，分为3个阶段：以客体为中心的阶段、简单交往阶段和互补性交往阶段。研究表明，6～8月龄婴儿通常与同伴只有极短暂的接触，如看一看、笑一笑或碰一下同伴，基本处于互不理睬的情况。1岁内的婴儿与同伴的交往大部分是单方面发起的，往往不能引发另一个婴儿的反应。这种单方面的社交是同伴社交的第一步，一旦一个婴儿的社交行为引起了另一个婴儿的反应，婴儿之间最简单的相互影响也就发生了。该阶段的婴儿同伴社交处在以客体为中心的阶段。

二、7～12月龄婴儿情感与社会性学习方式和学习内容

（一）学习方式

1. 情境学习

情境学习是一种在知识、技能的应用情境中进行学习的方式，简单地说就是"在哪里用，就在哪里学"。例如，婴儿要学习与同伴握手打招呼，照料者可以在见到其他婴儿时，握握其他婴儿的手或引导婴儿与其他婴儿握手，婴儿就能够在这种情境中习得同伴交往的行为。此外，在婴儿期，照料者为婴儿提供积极稳定的情感支持，营造积极应答的环境，关注婴儿的情绪和需求，并经常给予微笑、拥抱等积极回应，能够让婴儿的情感与社会性得到发展。

2. 观察学习

班杜拉认为，社会性行为的获得只要通过观察他人在一定环境中的行为，并观察该行为结束后产生的结果，就能完成学习。婴儿的很多社会性行为是通过观察周围环境中的照料者或其他婴儿的行为来获得的，如母亲用亲吻表达对婴儿的喜爱，婴儿也会用同样的方式去表达对同伴的喜爱。

（二）学习内容

7～12月龄婴儿情感与社会性发展的里程碑事件有以下几件。

第一，见到陌生人感到不安或焦虑。

第二，当父母离开时会哭泣。

第三，玩耍时喜欢模仿别人。

第四，偏爱某些人或某种事物。

第五，试探父母对自己行为的反应。

第六，更喜欢和母亲或其他家庭成员待在一起。

第七，用声音和动作引起别人的注意。

婴儿的体质、气质、语言能力、所接触的人群以及环境因素等都会影响婴儿自主能力的发展，进而会影响亲子关系、社交及情感。随着婴儿不断地学习和进步，父母也要用适应婴儿各阶段成长的方式，积极参与婴儿的成长，促进其逐渐形成良好的社交关系与情感。

高级育婴员的技能要求

学习笔记

三、7 ～ 12 月龄婴儿情感与社会性观察要点

表 2-4　7 ～ 12 月龄婴儿情感与社会性发展水平及观察要点

观察主题	观察月龄	发展水平及观察要点	观察是	否	出现时间	评价
情感理解和表达	7 ～ 9 月龄	能看懂照料者的面部表情，对照料者说"不"有反应，受责骂、不高兴时会哭				
		喜爱家庭成员，对喜欢的照料者伸出手臂要求抱				
		当从他那里拿走东西时，会遭到强烈的反抗				
		见到陌生人会表现出异常行为，如盯看、躲避、哭等				
	10 ～ 12 月龄	准确地表现出高兴、生气和难过				
		显示出一定的独立性，如不喜欢被照料者搀扶和抱着				
		更喜欢情感交流活动，还懂得采取不同的方式进行交流				
		用哭闹的方式引起他人的注意				
		对主要照料者表现出明显的喜爱，开始听从其劝阻				
		对同龄人表现出极大的兴趣，会互相凝视或彼此触摸				
游戏重复和模仿	7 ～ 9 月龄	喜欢玩躲猫猫一类的交际游戏，而且会笑得非常高兴				
		喜欢和照料者玩重复的游戏，如拍手、再见、躲猫猫等游戏，以此交流感情				
	10 ～ 12 月龄	会模仿他人的手势，同时面部伴有表情				
		喜欢重复的游戏				
		能玩简单的游戏				
		惊讶时会笑				

四、7～12月龄婴儿情感与社会性学习支持

（一）环境支持

婴儿的人际交往关系，是一个发生、发展和变化的过程，首先是亲子关系，其次是同伴关系，最后是逐渐发展起来的群体关系。

1. 满足口唇期需要，建立安全感

根据弗洛伊德的心理发展阶段理论，7～12月龄婴儿处于口唇期的第二时期。从出生6个月开始，婴儿开始形成关于他人的概念，特别是母亲，当母亲离开时，婴儿就会焦虑不安。婴儿通过吃奶活动和母亲互动，因此吮吸成为快乐的来源。当父母对婴儿要求哺乳的信号不敏感时，就会导致婴儿丧失安全感，长大后会对其他人失去信任，影响正常人际关系的建立。但是，如果父母总是给婴儿一个奶嘴哄着他，婴儿长大后会出现依赖、缠人等性格。

2. 形成对环境的信任，建立信任感

根据埃里克森的心理社会发展理论，7～12月龄婴儿正处于第一阶段（基本信任和不信任的心理冲突）。婴儿需要通过与父母建立良好的关系，产生对环境的基本信任。如果没有解决第一个冲突，就难以进入第二个阶段，即自主与害羞的冲突阶段。因此，照料者应为婴儿提供日常所需的食物和具有温暖情感的身体接触。在照料者的精心呵护下，婴儿就会产生信任感。

3. 正确看待怕生现象，建立稳定的依恋关系

7～12月龄婴儿出现怕生现象，即对不熟悉的人感到害怕。怕生不是缺点，一般会随着年龄的增长而减轻。个别怕生的婴儿长大后可能会成为一个腼腆的人。照料者要经常带婴儿接触外面的世界，让婴儿不断适应陌生的环境和人，不断探索周围的新鲜事物。

（二）活动支持

1. 共同分享

方法：照料者可以带着婴儿去公园里玩，不时和他说所看到的人和事，如"你看，那是一只小狗"，让婴儿接触更多的外界事物。

目的：培养婴儿的社会性，增强婴儿对社会的认知。

2. 躲猫猫

方法：照料者遮住脸，对婴儿说不见了，再露出脸，告诉婴儿自己回来了，重复几次，婴儿再次看到照料者的脸时，就会很开心。

目的：有助于婴儿体会情绪的变化。

3. 与人打招呼

方法：照料者带着婴儿外出，路上碰到熟悉的人时，可以举起婴儿的手，让其和熟悉的人打招呼。

? 想一想

有的婴儿在两三岁时，看到别的婴儿吃东西就抢，有时还捡起地上的食物就往嘴巴里塞，这是为什么？

学习笔记

目的：促进婴儿的社交行为，帮助婴儿克服"怕生"现象。

4. 带着宝宝去做客

方法：照料者可以挑选一些和婴儿年龄相仿的小朋友，去他们家里做客，为婴儿创造与同伴交往的机会。

目的：为婴儿提供更多学习和调整自己社交行为的机会，从而使婴儿获得同伴更多的肯定。

实践与运用 ▶▶▶▶

1. 观察 7～12 月龄婴儿与同伴的交往活动，并记录下来。

2. 小组讨论：如何形成安全的亲子依恋关系。

综合实践 ▶▶▶▶

1. 请简述 10 月龄婴儿有哪些正常发育的情况。（可以从动作、语言、认知和社会性发展各个方面综合作答。）

2. 请为 7～12 月龄婴儿设计一个各领域发展的教学方案，包括长期目标、短期目标以及游戏策略。

学习评价与反思

模块二
学习效果检测

学习目标

1. 掌握13～18月龄幼儿动作、语言、认知、情感与社会性发展的基本特点，把握该阶段幼儿的身心发展水平。

2. 了解13～18月龄幼儿的主要学习方式和学习内容。

3. 开展促进13～18月龄幼儿动作、语言、认知、情感与社会性发展的各项活动，并给予幼儿适宜的教育和支持。

4. 通过对13～18月龄幼儿的观察，能够分析幼儿的经验水平，并给予相应的指导，促进幼儿健康和谐发展。

5. 能够为13～18月龄幼儿的父母提供有针对性的指导，帮助他们了解幼儿早期发展与学习支持。

学习导航

13～18月龄幼儿发展与学习支持

13～18月龄幼儿动作发展与学习支持	13～18月龄幼儿语言发展与学习支持	13～18月龄幼儿认知发展与学习支持	13～18月龄幼儿情感与社会性发展与学习支持
13～18月龄幼儿动作发展和水平	13～18月龄幼儿语言发展和水平	13～18月龄幼儿认知发展和水平	13～18月龄幼儿情感与社会性发展和水平
13～18月龄幼儿动作学习方式和学习内容	13～18月龄幼儿语言学习方式和学习内容	13～18月龄幼儿认知学习方式和学习内容	13～18月龄幼儿情感与社会性学习方式和学习内容
13～18月龄幼儿动作观察要点	13～18月龄幼儿语言观察要点	13～18月龄幼儿认知观察要点	13～18月龄幼儿情感与社会性观察要点
13～18月龄幼儿动作学习支持	13～18月龄幼儿语言学习支持	13～18月龄幼儿认知学习支持	13～18月龄幼儿情感与社会性学习支持

学习初体验

　　露露 15 个月大了，由于露露的父母忙于工作，所以露露经常由奶奶送到早教中心参加活动。来园几次后，老师发现两个问题。第一，与同龄孩子相比，露露在动作发展方面相对较差：不会用杯子喝水，不会扔球，不会抓笔涂鸦，走路时经常摔倒，下蹲后不能站起。第二，在活动中，奶奶经常包办代替：入园时她帮露露从柜子里拿鞋、换鞋；露露搭的积木掉下来，她赶紧帮忙搭好；露露穿项链剩下的珠子，她帮忙捡到碗里；餐点时露露想自己动手剥鸡蛋、剥橘子，她担心弄脏衣服、弄脏手，都不让露露自己动手；等等。

　　针对露露的发展表现和奶奶的教养行为，早教中心的老师在设计亲子活动时应如何满足露露的个别化需求？活动中如何对奶奶进行有效指导？

学习交流

_____

_____

_____

_____

_____

学习导入

　　13~18 月龄幼儿进入了人生的第二个年头，幼儿 1 岁以后的发展表现与 1 岁前有显著差异，集中体现在身体位移能力——走，以及语言表达能力的初步发展上。这个阶段，大多数幼儿已经会走路了，他们的自由活动能力增强，活动空间扩大，与人互动的行为增多，有了初步的社交，探索外部世界的欲望表现明显。照料者要全面了解这个阶段幼儿在各方面的发展特点，为其发展提供适宜的环境，实施富有价值的亲子活动。

单元 1
13～18月龄幼儿动作发展与学习支持

情境描述

　　运动是幼儿学习成长的重要方式和手段，大多数幼儿都喜欢四处活动。当能够自由地四处活动时，即使幼儿年龄再小也能独立探索周围的事物。幼儿的运动技能看似有限，但只要细心观察就不难发现，幼儿已经具备了一定的运动技能。在1岁半以前，大多数幼儿已经掌握了许多基本的运动技能，如胳膊和手的协调能力、学会走路等。

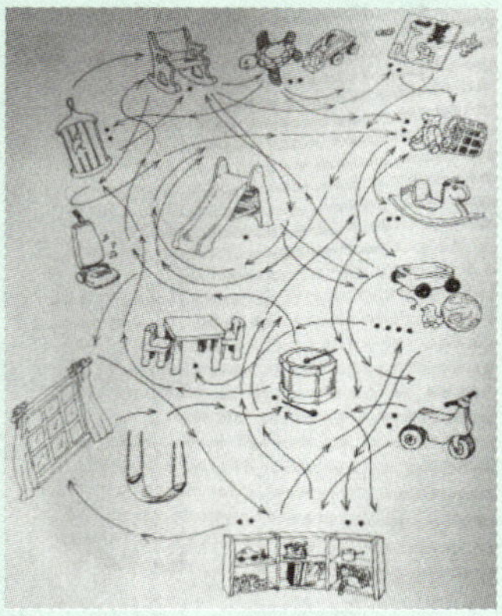

请思考：

1. 图3-1描绘了一个1岁半的幼儿在20分钟内的活动路线。玩具下的黑点代表幼儿放下和捡起这个物品的次数。从图中我们可以看出什么？

2. 13～18月龄幼儿动作发展的特点有哪些？

图3-1

学习驿站

学习笔记

一、13～18月龄幼儿动作发展和水平

　　13～18月龄幼儿的身体各方面成长的速度较之前缓慢下来，但这个时期幼儿的各种能力却在飞速发展。幼儿神经系统逐步发育完善，自主活动的时间每天可达3～5小时。随着活动量的增加，幼儿身上的脂肪逐渐减少，肌肉逐步发育，上下肢肌肉力量增强，幼儿具备了独立行走的能力，能主动接触各种事物，感知觉和思维得到发展，知识范围扩大。行走、奔跑、投掷、攀爬……幼

儿的活动能力和好奇心都大大增强，粗大动作发展较快，精细动作也有所发展。13～18月龄幼儿，从全身动作的发展来看，已经能够从初期的站立到自如地独立走路；就手部的动作来看，从能够堆几块积木到能够拿勺子吃饭。

（一）粗大动作发展和水平

相比于1岁前，13～18月龄幼儿已经学会独立行走了，从扶着东西蹒跚学步到摇晃着短距离独立行走。其中，13～14月龄幼儿已经可以独立行走了，虽然有时还会走不稳，但是已经能够独立站立较长时间；随着上下肢肌肉力量的增强，这个月龄的幼儿已经可以爬上、爬下台阶，还可以过肩抛小球。15～16月龄幼儿不再需要扶物行走，能够自如地独立行走，独立蹲下并站起来；还能够走20厘米宽的窄路，以及定向投球。17～18月龄幼儿可以做到扶栏两足踏，可以一级一级地上矮台阶，能够从台阶上跳下来。有些动作发展较快的幼儿可以做到跑几步，但不稳；还可以做到不扶栏上下较矮的台阶。

（二）精细动作发展和水平

13～18月龄幼儿的精细动作有关键性的发展，他们已经可以将拇指和食指并拢，这一时期幼儿的精细动作发展重点是灵活运用拇指和食指。其中，13～14月龄幼儿可以在照料者的指导下叠高2～3块积木，能用3根指头捏住物体准确投入瓶中，可以做到握笔涂鸦，用手臂带动手腕完成涂鸦，还能够逐页翻硬纸板大书。15～16月龄幼儿已经学会用勺子吃饭，但常会撒出来；会拉拉链，能够用粗线穿大珠子，会剥糖纸等。17～18月龄幼儿能堆3～5块积木，能够熟练地用勺子舀起乒乓球，并用勺子托球走。

二、13～18月龄幼儿动作学习方式和学习内容

（一）学习方式

1. 观察、模仿学习

观察和模仿是幼儿主要的学习方式。一般来说，此阶段幼儿观察、模仿学习的主要对象是照料者和其他幼儿。13～18月龄幼儿会因为好玩、好奇等原因模仿他人的言行、形态、表情等。这个时期幼儿动作的学习除了受到内驱力的影响，主要还是通过观察他人的动作来学习，观察学习常常与模仿学习相联系。

2. 操作学习

操作学习在幼儿期主要体现在幼儿有意识地运用手的动作对物体施加作用和影响方面。它是通过操作控制物体，锻炼手的一种学习方式。13～18月龄幼儿处于前运算阶段，照料者可以通过直接感知、实际操作、亲身体验的方式，

促进其精细动作的发展。

（二）学习内容

1. 粗大动作

13～18月龄幼儿闲逛①、搬运东西和乱扔东西等，并不是"调皮捣蛋"的表现，幼儿通过这些活动锻炼了自身大肌肉运动的技能。这个时期照料者就需要专门为幼儿准备扔着玩的玩具，让他们扔完后再放回原处。

13～15月龄幼儿处在蹒跚学步的初期。这个时期幼儿粗大动作学习的重点是上下肢力量的训练。幼儿学走路时双腿会叉开，并且两只胳膊高高举起以保持身体的平衡。随着能力的不断提高，幼儿的双腿就会很自然地向内并拢，像成人一样正常行走。

16～18月龄幼儿粗大动作学习的重点是熟练运用上下肢。通过一段时间的练习，幼儿就可以独自站立、行走了。这时候，幼儿的腿部已经有足够的力量，可以自如地蹲起，运动起来也更加灵活。这个时期的幼儿可以开始扶物或扶着照料者练习上楼梯了。幼儿随着运动能力的不断增强，上楼的方式由两只脚踩在同一台阶上，转为两脚交替着前进。当站立、走得平稳了以后，幼儿可以开始尝试踢球、拍球。

思考与练习

观察幼儿练习爬楼梯的过程，留意每个幼儿爬楼梯方式的细微差别。

问题：

1. 这些幼儿在上下楼梯时运用了多少种方式？请你描述每一种方式。
2. 如何保证幼儿练习时的安全？

2. 精细动作

随着幼儿手部精细运动能力的发展，这个时期的幼儿已经将手指抓物的技巧运用得更加熟练了。学习的重点从指尖捏物转移到需要运用手指、手腕和手臂的综合活动。

13～18月龄幼儿可以在照料者的帮助下给书翻页，尤其是由较厚的硬纸板制作的纸板书。这可以锻炼手指抓物的技巧，还可以强化幼儿对"物体恒存性"的认识。玩插拼玩具（把不同形状的插片插进对应形状的孔内）也是幼儿锻炼双手灵活性的有效途径之一。通过练习，幼儿很快就可以独自玩这类玩具。此外，玩拼装积木也可以让幼儿锻炼精细动作，学习堆叠物品。大部分18月龄左右的

_____

① 闲逛通常包括从地上捡起某些物品，并把它们运到另一个地方，然后放下。

学习笔记

学习笔记

幼儿可以搭建一些简单的物体，如用 3 块积木搭成一座小塔。幼儿都很喜欢鲜艳的色彩，会使用蜡笔、彩笔等在纸上乱涂。他们涂画的方式是用手臂带动手腕在纸上涂鸦。"作画"是幼儿学习写字的开端，照料者应该注意鼓励和培养幼儿涂鸦的兴趣。

三、13 ～ 18 月龄幼儿动作观察要点

13～14 月龄幼儿一般都能在平地上行走了，不过这时候还走得摇摇晃晃，一不小心就会摔倒。15 个月大时，幼儿就走得稳了，很少跌倒，开始能"僵硬"地向前跑，拉着照料者的一只手能走上楼梯，还会投掷。16～18 个月大时，幼儿能拉着玩具或抱着球走，能倒着走几步，扶着栏杆能自己走上楼梯，拉着照料者的一只手能走下楼梯，还会爬上大椅子并伸手够东西。幼儿手部的动作也更灵活，能熟练、准确地运用物体，能用勺吃饭，用蜡笔乱涂，会把瓶盖打开又盖上。18 个月大时，幼儿能叠 3～5 块方积木，能控制涂画的速度，能两三页地翻书。这个时期的幼儿虽然会走了，但照料者还需要锻炼其走得好、走得稳，能蹲下去再站起来，能起步走，能随时停下。（表 3-1）

表 3-1 13 ～ 18 月龄幼儿动作发展水平及观察要点

观察主题	观察目标	发展水平及观察要点	观察是	观察否	出现时间	评价
粗大动作	站	独自稳当地站立				
		独自蹲下和站起来				
		站立时会把一只脚抬起，做出踢的动作				
	走	走起路来显得不稳，肢体稍不协调就会绊跤				
		较稳当地独自行走，身体不会失去平衡				
		独走自如				
		能迈过高度不超过 5 厘米的障碍物				
		抱玩具走				
	上下楼梯	独自爬上楼梯				
		扶栏一阶一阶上楼梯				
		扶栏上下楼梯				
	投掷	身体直立、举起手臂将皮球抛出				

续表

观察主题	观察目标	发展水平及观察要点	观察		出现时间	评价
			是	否		
精细动作	手部动作	用手扔出物品				
		把2～5块积木搭在一起				
		用手握笔乱画				
		用勺子进食				
		有握笔姿势但是不准确				
		一页一页地把图书翻开，但没有顺序				
综合运动能力	协调性	双手能协作摆弄物品和玩具				
		倒着走几步，不会摔倒				

四、13～18月龄幼儿动作学习支持

（一）环境支持

1. 粗大动作

为幼儿提供充足的时间和空间，自由地练习爬行和站立。例如，重新布置室内外的环境，合理摆放家具，让幼儿可以扶着家具练习站立和行走。如果幼儿没有学习走路的意愿，先不要强迫他。

如果幼儿已经会走了，那照料者就需要重新布置室内的摆设，并做好各种相应的防护措施。例如，在楼梯口安装防护门，在电源处安装安全插座。幼儿的精明劲儿常常超出照料者的意料，无论家里的防护措施多么严密，幼儿总是会想方设法地拿到他想要的东西。因此，一定要密切注意幼儿的一举一动，千万不能有任何疏忽。

照料者可以让幼儿光着小脚丫练习走路，幼儿能更直接地感受到不同质地的地面所带来的不同脚感，如柔软的地毯、冰凉的瓷砖，或是带着幼儿去户外踩踩细软的土和泥。

以游戏的方式帮助幼儿练习走路，提升幼儿的兴趣。例如，幼儿会走以后，照料者可以在他的面前摆放两只整理箱，距离不要太远，然后让幼儿从其中一只箱子里拿出一个玩具，走到另一只箱子前并投进去。作为奖励，在幼儿的动作完成之后，照料者应该回报给幼儿一个欢快的笑脸，并适当地鼓励和夸奖幼儿，这样会让幼儿对学步更有信心和动力。

🔗 相关链接 ▶▶▶▶

这些做法能促进幼儿所有运动技能的发展，但是照料者无须刻意推动这些技能的发展。在幼儿的发展过程中，"及时"比"按时"更具有指导意义。每个幼儿都有自己的发展时间表，照料者没有理由对某个幼儿强加影响。需要关注的问题是，幼儿是否能很好地运用自己已有的技能，以及在运用这些技能的过程中是否在不断取得进步。

🖋 学习笔记

2. 精细动作

多为幼儿提供手指抓物的机会，帮助幼儿练习手部的精细运动技巧。例如，竖起书页上的插画、翻书页，或是捡一些小东西。虽然抓食体积比较小的食物会延长幼儿用餐的时间，但对幼儿发展手指的灵活性却有着很好的效果。

鼓励幼儿以多种多样的方式进行涂鸦，无论是用手指画还是用蜡笔乱涂，都是可以的。照料者需要关注的不仅是幼儿画了些什么，而且是幼儿画画的行为和意愿。照料者应为幼儿提供不同材质的玩具和物品，让幼儿体验不同的触感。

（二）活动支持

1. 粗大动作活动设计方案——柔软的隧道（15月龄）

方法：首先，两人拿着长条布的两端，在幼儿的上方慢慢地上下摇晃。接着，照料者先说"变小、变小"，再降低长条布的高度，同时让幼儿在长条布的下面蹲下。然后再抬高长条布，如此反复做几次。

多样变化——可以让幼儿以一会儿钻入布条下，一会儿从布条下钻出的方式玩耍。比如，第一次掀起布条的时候，让幼儿钻入布条下；当布条的高度降低后，让幼儿蹲下；第二次掀起布条时，让幼儿从布条下钻出。

目的：享受一会儿出去一会儿进来的乐趣，学会如何做下蹲的动作。

2. 精细动作活动设计方案——画画（18月龄）

方法：将蜡笔、彩笔、画纸放在桌子上，让幼儿享受自由画画的乐趣。

第一，请准备与幼儿的月龄相符的画笔，最好购买幼儿容易握住的画笔。推荐使用比较粗、容易握住的水性毛毡笔，呈圆形的蜡笔等。第二，不过度表扬——不要过度赞美幼儿画的画，也不可以让幼儿照着范本画。否则随着月龄的增长，幼儿画画的动机可能会由"画画很开心"变为"想得到表扬"。在表扬幼儿的画时，请不要说"真厉害"，而应说"妈妈看见了，你画得肯定很开心"这类话。

目的：喜欢蜡笔等画画工具，享受活动手指的乐趣，练习连续画圈。

☑ 实践与运用 ▶▶▶▶

1. 请为13～18月龄中任一月龄的幼儿设计一个粗大动作和精细动作的活动方案。
2. 请为13～18月龄幼儿设计一种练习"投"动作的玩教具，并注明玩教具的材料构成及玩法。

单元 2
13～18月龄幼儿语言发展与学习支持

情境描述

　　13个月大的糖糖被妈妈抱着，着急地往柜子的方向挣扎，嘴里叫着 ta、ta，妈妈先给她拿出奶粉，她摇头还摆手，说 xi、xi。于是，妈妈又给她拿了柜子上的棒棒糖，问她："是要这个吗？"糖糖用力喊 xi、xi，妈妈把棒棒糖放在糖糖嘴里，糖糖的脸上才露出了笑容。

　　看了这段文字，你是不是觉得13～18月龄幼儿的语言与1岁前有很大的区别？那么13～18月龄幼儿语言发展的特点、内容以及语言教育中的问题又有哪些？我们如何支持这个阶段幼儿语言的发展呢？

请思考：

1.请你说一说，糖糖发出的 ta、ta 和 xi、xi 分别是什么意思。

2.小组讨论：这个年龄段幼儿语言发展的特点。

学习驿站

学习笔记

　　13～18月龄幼儿主要处于理解语言的阶段，他们理解的词比说出的词要多得多。在照料者的教导下，他们逐渐能理解更多的词和简单的句子，如听到"把妈妈的拖鞋拿来"，幼儿就会照办。这个时期他们说出的词很少，许多幼儿只用手势和行动示意，甚至会出现短暂的相对沉默期。

一、13～18月龄幼儿语言发展和水平

　　从1岁开始，幼儿正式进入学习语言的阶段。学习语言是输入输出的过程，幼儿首先要能听懂，然后才能会说。13～18月龄是言语发生阶段，幼儿理解语言的能力发展得很快，在此基础上，幼儿开始主动地说出一些词。

（一）单词句阶段

幼儿往往用一个词表示一个句子，我们称之为单词句。13～18月龄幼儿的口语发展主要处于单词句阶段。幼儿说出的单词句往往和动作紧密相连。当幼儿用单词表达某个意思时，常常伴随着相应的动作和表情。例如，当幼儿想要喝水时，在说出"喝喝"的同时，会用手指着嘴或用手指着装水的瓶子。此外，照料者除了根据幼儿说话时的表情和动作，还必须根据幼儿说话的情境来推断其含义。例如，当幼儿说"妈妈"这个词时，既可能代表要妈妈抱，也可能代表请求妈妈帮他拾起某个东西，还可能代表要妈妈给他吃某个东西等。

这个阶段幼儿的发音常常不够准确。鉴于幼儿发音不准的特点，照料者和幼儿说话的时候一定要注意语言精练、发音清晰。这里需要注意的是，照料者不要用娃娃腔与幼儿说话，不要故意学习幼儿错误的发音，一旦错误被巩固，以后纠正起来就难了。照料者一旦发现语病要及时纠正，帮助幼儿慢慢说完，不要着急替幼儿说话，我们需要为幼儿创造更多的语言交流的机会。

（二）理解语言的能力迅速发展

这一阶段的幼儿所能理解的名词和动词很多。其中，名词主要是幼儿生活中所熟悉的家用物品、动物的名称及特征较明显的身体器官的名称等。幼儿能理解的动词主要是表示身体动作的，其次是表示事件和活动意愿的动作的。

13～18月龄幼儿已经能理解一些标志物体名称的词所代表的事物。例如，当照料者说苹果、橘子、香蕉时，幼儿能将它们指出来。这个年龄段幼儿能指出的事物主要是幼儿日常生活中常见的事物，有以下几类：生活用品（脸盆、毛巾、牙刷、被子、枕头、梳子、镜子等）、餐具（碗、筷子、勺子、盘子等）、家具（沙发、床、椅子、桌子等）、水果（苹果、橘子、香蕉、梨等）、蔬菜（黄瓜、番茄、白菜）、食品（米饭、蛋、肉等）。

一般来说，1岁左右的幼儿已经可以说几个简单的词了。他们知道"妈妈""爸爸"的含义，并不是像先前那样只懂得懵懂地发音了。不过，除了这些少数的发音，幼儿大部分时间还是要凭借身体语言与爸爸妈妈交流的。例如，幼儿有时候会发出"啊啊"或"噢噢"的声音表示开心或是需要帮助，用挥手表示再见，以及用点头或摇头的方式来表达自己的意愿。

（三）继续讲"小儿语"

这一时期幼儿说话的特点是单音重复，如"抱抱""拿拿"等。一词多义或以词代句，如"娃娃"，可以表示"拿娃娃给我玩"或"把娃娃拿走"等，这种以词代句的语言常常只有熟悉幼儿的人结合当时的情境才能理解。以音代物，如叫汽车为"笛笛"。

这个年龄段的幼儿发音有明显的主旋律和抑扬顿挫的音调变化，说话出现特殊的"小儿语"式发音，常用省略音、替代音和重叠音，如把舅舅叫"嘟嘟"。幼儿的发音器官也在不断地发育，幼儿会逐步改用标准音。照料者应该正确看待"发音错误"，给予正确示范即可。

🔗 相关链接 ▶▶▶▶

有人会认为："一岁多的孩子压根坐不下来看书呀，还没看两页他就跑了。"其实，如果我们能在读书时配合动作和声音，效果会更好。比如，一只小猫在玩毛线的图画，你可以这样做：握住幼儿的手指头，先点向小猫的图片（说"这个白色的小猫"），再点毛线球（说"喜欢玩毛线球"），然后握住幼儿的手模仿挠毛线球的动作，一边做动作，一边发出"喵喵"的声音；然后就可以放开幼儿的手，只给他展示书页，看幼儿的后续反应是什么；如果他感兴趣，自己一边用手点，一边说"喵喵"，你就配合他，在复述他所说词语的基础上，适当添加一点点额外的内容，比如"小猫好喜欢毛线球"，或者"小猫和毛线球都是毛茸茸的"；如果家里有毛线球的话，还可以拿出来让幼儿感受一下。

二、13～18月龄幼儿语言学习方式和学习内容

（一）学习方式

1. 模仿学习

模仿是幼儿学习语言的重要途径。比如，和幼儿玩"躲猫猫"，一边玩一边重复某个词语，可以是"喵"，也可以是"看到你啦"；可以和幼儿一起模仿各种小动物的声音；还可以和幼儿一起听音乐，就音乐内容进行模仿。

这个时期的幼儿很善于模仿父母和周围人的说话方式，咿呀学语的声音听起来已经很接近大人的语音语调了。到了18月龄左右，幼儿会说的虽然不是很多，基本上只有几个简单的词，但是理解能力却进步神速。

2. 听故事和绘本学习

幼儿在1岁前后，就喜欢听照料者讲故事。因此，照料者一定要满足幼儿的要求，促使他学说话。照料者给幼儿讲故事时，开始要讲得慢而简单，发音清晰，最好伴有动作和表情，以激起幼儿的兴趣。慢慢地，照料者可以一边指导幼儿看图画书，一边给他讲书里的故事。为了培养幼儿的语言能力，一个故事最好重复讲几遍，而且一次要比一次讲得好。幼儿大多爱听讲过的故事。照料者还可以根据幼儿的特点自编故事。

3. 在"游戏"过程中学习

幼儿会走路时，照料者可以教他一些简单的游戏，如踢彩球、爬梯子、堆积木等。照料者边玩边做说明，并在游戏过程中有意识地说出一些概念，如"高点""低点""快点""慢点"等。

🖊 学习笔记

💡 温馨提示

本书中所介绍的幼儿各阶段发展水平都是平均水平。不同幼儿的成长速度存在差异，而且某一方面发育迅速通常会导致另一方面的发育暂时落后。所以，即使幼儿在某一阶段某方面的能力没有达到本书中的相应水平，也不用担心和沮丧。

🖊 学习笔记

幼儿在 18 月龄的时候，照料者可以常常带幼儿到户外、公园去玩，引导幼儿仔细观察遇到的事物，并一一告诉幼儿它们的名称和特点。回家后，照料者要引导幼儿回忆在外面看到的东西，并尽量帮幼儿用比较完整的话叙述出来。这样，不但丰富了幼儿的词汇量，而且巩固了他们的记忆，增长了他们的知识。

（二）学习内容

13～18 月龄幼儿会说出的词还比较少，主要是名词，其次是动词、形容词。幼儿既用自己所说出的单个词代表某个事物，也用它们代表某件事、某个要求。这个年龄段的幼儿能说出的词语有：熟悉的人的称呼（爸爸、妈妈、爷爷等），一些人体部位的名称（头、手、脚、眼、鼻、嘴等），食物的名称（饭、饼等），生活用具的名称（桌、椅、碗等），常见的动物名称（狗、猫等）；表示生理需要的词（吃、睡、喝等）；表示自己愿望的词（是、不、行等）；表示事物状态的词（没、大、小等）。幼儿最初说出这些单个词，往往是事物或动作的一般标志，随后不久，就开始用这些单个词表示更广泛、更复杂的意思。

三、13 ～ 18 月龄幼儿语言观察要点

13～18 月龄是幼儿语言发展的一个转折点。1 岁以后是幼儿正式开始学习语言的阶段，也是幼儿的第一个语言发展敏感期。他们开始用语言来取代手势，语言成为幼儿主要的表达方式。幼儿学习语言仍然需要用到语音、具体事物、语义三者相结合的学习方式，需要反复耐心地练习。（表 3–2）

（一）喜欢听照料者重复地说话并模仿

研究表明，幼儿所掌握的新词约有 2/3 是通过日常生活中有意或无意的交谈而获得的。语言心理学理论也认为，幼儿最初所掌握的语言主要是通过对周围语言环境的模仿而获得的。

照料者语言的规范性、内容的丰富性，都给幼儿树立了榜样。照料者与幼儿的语言交流对幼儿的语言学习起着十分重要的作用。照料者要主动地告诉幼儿周围的一切，告诉幼儿大家正在做的事情。每当幼儿接触新事物、体验新情感时，照料者都要和幼儿说有关的词语，跟幼儿谈谈他们看到、听到和做的事情。

（二）第一个真正意义上的字词出现大约在 1 岁

虽然幼儿对语言的理解力通常在 8 月龄左右就快速地发展起来，但这和幼儿说话的欲望是分开的。幼儿说出的第一个字词通常是和他们最熟悉的物品或经验有关的——最喜欢的人（爸爸妈妈）或东西（玩具熊或车子等），也包括常用的语言，如"不要""还要"。一般来讲，幼儿早期会说的字词都是比较容易发音的字，有些字词是幼儿已经知道的，只是还不会用。

（三）会给经常见到的物体命名

幼儿会用拟声词来给日常生活中常见的物体命名，这是因为声音是物体或活动的鲜明特征，容易记住。在词汇方面，以音代物是18月龄前幼儿说话的一个明显特点。

表3-2 13～18月龄幼儿语言发展水平及观察要点

观察主题	发展水平及观察要点	观察 是	观察 否	出现时间	评价
语言理解能力	理解照料者说出的绝大多数话语				
	理解并执行照料者一次发出的两个指令				
	听完故事能讲出是什么人、什么事				
	会背诵简单的儿歌，且发音基本正确				
语言表达能力	会用词语或其他语言请求照料者的帮助				
	对照料者提出的要求会经常提出"为什么"等问题				
	能说出常见物品的用途、动物的名称				
	能够用简单句与人交谈，偶尔出现复合句				
	知道自己的名字、性别和年龄				
语言运用能力	能够使用否定句				
	能够说出300个以上的单个词				
	会用连词"和""跟"，会用副词"很""最"等				
	会使用一些介词和代词，如"你""我""他""在下面""在旁边"等				

🖉 **相关链接** ▶▶▶▶

1. 幼儿试着模仿某个词时，要及时给予夸奖。

2. 用语言描述幼儿正在做的事情及其感受等。

3. 幼儿和你说话时，要看着他，认真地听。

4. 多教幼儿儿歌，最好配合相应的动作。

5. 多给幼儿讲故事，一边讲，一边指图片。

6. 和幼儿一起去不同的地方或做不同的事情，如野餐、做卫生等，使幼儿模仿的词汇范围扩大。

7. 不建议使用"猫猫""饭饭"等重叠词，但是可以模仿幼儿的语气，放缓语速和幼儿使用短句交流。

学习笔记

学习笔记

四、13～18月龄幼儿语言学习支持

幼儿1岁后是正式开始学说话的阶段，这时照料者要根据幼儿的语言发育特点，结合具体事物和场景、动作使幼儿进行反复练习，要有意识地引导幼儿说完整的话。

（一）延迟满足法

实际上，幼儿要说出一个新词，从大脑的指挥到发声器官的运动是需要一定反应时间的。为了鼓励幼儿开口讲话，让幼儿主动地表达需求，照料者就要给幼儿时间反应，这时需要采用延迟满足法。例如，当幼儿要喝水时，照料者应先鼓励幼儿说出"水"字来，然后再给他递水。

（二）激发幼儿说话的兴趣

对比较腼腆的幼儿，照料者要积极引导，激发幼儿的兴趣，鼓励幼儿开口说话。例如，跟幼儿一起做游戏时，爸爸妈妈可以在一旁不停地说："兔子跑，小马跑，宝宝跑不跑？"当幼儿反反复复听到"跑"字后，慢慢地就会开口说"跑"字了。

（三）让幼儿多接触，多听，扩大词汇量

这一阶段幼儿学习语言的主要任务就是学习新词，扩大词汇量。让幼儿掌握新词时，照料者要尽量使用简短的话语，不要让大量多余的语言湮没了所要强调的新词，可以变换句中的其他成分，但一定要突出新词。例如，"球"这个词。照料者可以带幼儿到海洋球馆去玩，并告诉他"这是球，海洋球馆里到处是球，有红色的球、白色的球、蓝色的球……宝宝快接住这个球"。在说"球"这个词时，照料者要加重语气，予以强调，这种频繁、夸张的刺激，可以使幼儿较快地掌握这个词。对于幼儿的每一次尝试，无论正确与否，照料者都要予以鼓励。

照料者要通过图片、实物等，用心反复地指导幼儿认识事物。照料者应多讲故事，故事既能够给幼儿带来欢乐，也能激发幼儿学习的兴趣。

（四）鼓励幼儿多开口用词组表达意图

在幼儿学会用单个词表达自己的需求的基础上，进一步训练幼儿用词组表达需求。例如，妈妈先问幼儿"到哪儿玩去"，然后引导幼儿回答说"下楼玩去"，说对了，就带着幼儿到楼下玩一会儿，让幼儿提高表达能力。

鼓励幼儿多开口，照料者要耐心地倾听，并予以应答。研究表明，幼儿经常开口好处多。因为幼儿开口说话需要脑神经指挥，"说话"会给大脑皮层以刺激，使大脑血流量增加，改善大脑的供氧，从而产生益智健脑的功效。照料者

要主动提问或创设情境引导幼儿开口说话，并耐心地倾听幼儿难以听懂或啰唆的话语，适时地在幼儿词不达意或表述欠准确之时，巧妙地予以纠正，以使幼儿的口语日趋成熟与完善，能说出更为完整的话语。

（五）开展多种形式的语言游戏

游戏是幼儿喜爱的活动，它的活动性和广泛性的特点符合幼儿的兴趣，可以比较容易地把幼儿吸引到学习活动中来。游戏还可以为胆怯和寡言的幼儿提供说话练习的机会。

1. 猜猜看

照料者把玩具放进一个口袋里或箱子里，也可以藏在手掌或衣服里，让幼儿猜是什么物品，并引导幼儿大声地说出来。无论幼儿猜得对不对，照料者都要告诉幼儿物品的名称。

2. 打电话

这个游戏能有效地促进幼儿语言交际能力的发展。"电话"现在已经相当普及，当照料者在家打电话时，可以让幼儿在一边观察怎样接电话、怎样与人谈话、怎样与人告别等。有了这些生活经验之后，照料者可以用玩具电话与幼儿练习打电话。照料者的用语要简单明了，结合幼儿所熟悉的事情来说，并耐心地听幼儿说话，鼓励幼儿多说话。

◀ 实践与运用 ▶▶▶▶

1. 请为一名13～18月龄幼儿拍摄其与家人对话的视频，分析其语言发展水平，并提供语言支持策略。

2. 请说一说13～18月龄幼儿语言发展的特点。

3. 请为13～18月龄幼儿设计一个支持语言发展的亲子游戏方案。

学习笔记

单元 3
13～18月龄幼儿认知发展与学习支持

情境描述

　　18个月大的冲冲，最近很喜欢看妈妈买的布书，睡觉前会主动把布书找出来，拿给妈妈，然后对上面的图画指指点点，嘴里还不停地嘟囔着"猫猫，花花，妈妈"，像是在给妈妈讲故事。更让妈妈惊奇的是，他能分辨出不同形状、颜色的图案，甚至连小狗身上不同的斑点这些细小的地方都能找出来。妈妈怀里那个只会傻笑的小宝宝，已经跨出婴儿期，大步向前迈向他的认知时代！

请思考：

1.请说一说，冲冲能在布书上指指点点，嘴里还不停地嘟囔，这说明冲冲哪方面能力发展迅速。

2.小组讨论：这个年龄段幼儿认知发展的特点。

学习驿站

学习笔记

　　18月龄幼儿在认知能力方面，有一个飞跃的提升。此时，幼儿的想象力很丰富。如果你给幼儿一个空盒子，12月龄幼儿想到的可能会是用嘴咬，想看看这个盒子里有什么东西，18月龄幼儿则已经能明显地知道盒子的作用，会将一些小东西放到盒子里。

一、13～18月龄幼儿认知发展和水平

（一）感知觉发展和水平

　　12月龄以后，幼儿认知方面的发展以感知觉为主，其发展速度非常快，尤其是知觉的发展。13～18月龄幼儿的视觉、听觉、触觉发展得越来越成熟，幼儿能把它们协调统一起来，在同一时间内可以用耳朵听、用眼睛看、用手摸。

1. 感觉

幼儿的视觉一直处在发展中。对于颜色视觉的发展来说，有关研究发现，13 月龄幼儿能够准确指出红色、绿色、蓝色、黄色、黑色、白色 6 种颜色，能听懂它们的名称；16 月龄幼儿能说出这 6 种颜色的名称；18 月龄幼儿开始能够认识紫色、橙色、粉红色、浅绿色、浅黄色、灰色。适当的早期教育和干预，还可以提前促进幼儿颜色认知能力的发展。

幼儿的听觉也是在不断发展中的。新生儿具有最初级的原始的视听协调能力。在此基础上，幼儿的听觉协调能力进一步发展。这种能力是幼儿其他感知能力发展所必需的基础和前提。幼儿的听觉同时受环境刺激和经验的影响，主要是后天学习的结果，因此和视觉一样，也需要早期教育。

12 月龄后，幼儿的味觉、嗅觉和触觉也不断地发展起来，并且触觉和视觉的协调能力逐渐发展成熟。

2. 知觉

12 月龄后，幼儿的知觉发展主要呈以下趋势：第一，形状辨别能力逐渐增强，不仅能区分形状明显不同的物体，而且开始区分形状相同或仅有细微差别的物体；第二，开始认识基本的几何图形，并逐渐掌握几何图形的名称。

（二）记忆发展和水平

12 月龄左右的幼儿，记忆力与日俱增，而且记忆力的增强还促进很多重要技能的发展，如交谈、模仿以及参加一些情境游戏等。美国儿童研究学会的专家解释，这个年龄段的幼儿可以在大脑里长时间储存记忆，还可以将大脑中闪过的画面用图画表现出来。这时候幼儿的抽象思维能力正在逐步发展，而且这些抽象思维能力将大大加强幼儿对周围事物的认知能力。照料者应该经常读书给幼儿听，或是教幼儿唱歌，最好能形成规律，且多重复几遍，不断地重复有助于增强幼儿的记忆力。

（三）注意发展和水平

幼儿获取知识、开发智力，离不开注意力的参与。这个阶段的幼儿以无意注意为主。因而那些形象鲜明、新奇有趣、生动活泼的事物最容易成为他们关注的对象。这个阶段的幼儿，已经可以区分出多和少，但仅仅是开始明白量的概念，而不是具体的数字。到了 2 岁左右，幼儿才会理解数字的含义，如"1"就是指一个事物，而其他的数字所指的要比"1"多。

（四）开始了解空间关系

如果你把两块积木给一个 12 月龄幼儿，他很可能会用它们互相敲打，而

学习笔记

12月龄以后，他更愿意用这两块积木摆出不同的造型，或是把它们放在一个容器里。12月龄幼儿开始喜欢探索，想找到事物之间更深一层的关系，比如两块积木之间是如何联系的，幼儿会通过各种方式找到答案。这时幼儿的认知能力和理解能力更为复杂。

二、13～18月龄幼儿认知学习方式和学习内容

（一）学习方式

1. 模仿学习

模仿是13～18月龄幼儿进行学习的主要方式之一。比如，幼儿会通过模仿照料者的行为来打扮自己和去洗手间。

2. 实践学习

我们应该鼓励幼儿不断探索他们周围的环境，这样幼儿才能够提升自身的认知水平。需要注意的是，18月龄幼儿可能会对扣扣子、拉拉链、开锁以及其他自己能够做到的事情更感兴趣。照料者应给幼儿提供足够安全的实践学习的机会。这有助于幼儿形成空间的概念。

（二）学习内容

1. 发展幼儿的感知觉

幼儿到了1岁左右，经过出生后第一年的成长，已经能够初步认识周围的世界，包括对空间的认识、对物体的认识、对时间的认识等。幼儿是依靠感知觉来探索世界、了解自我、形成最初的客体概念和自我概念的。皮亚杰把0～2岁这个阶段称为"感知运动阶段"。在这个阶段，幼儿依靠感知到的信息对外在世界做出适当的反应。如果幼儿不能通过感官看到、听到、嗅到或触到某个物体，那么就很难认识和了解这个物体。

2. 开发幼儿的表象能力

1岁以后，由于语言能力的发展，幼儿得以用符号进行表征，从而产生了符号表象和回忆。符号表象就是运用语言、文字所形成的事物的象征性形象。经过训练的幼儿，其表象能力要明显优于没有经过训练的幼儿。

3. 让幼儿的记忆力有飞跃的发展

1～2岁是培养幼儿记忆力的黄金时期，照料者要把握这个时期，对幼儿进行各方面的培养，以促进幼儿记忆力的快速提升，并帮助幼儿养成良好的记忆习惯。有的幼儿背诵唐诗，越背越多，越背越有劲；而有的幼儿背了一次，没有成功背出，就不愿意再背了。这就需要照料者注意培养和保护幼儿的记忆习惯和热情。

情境案例 ▶▶▶

　　18月龄的阿紫长得虎头虎脑，很是可爱，人见人夸。可是，妈妈却为一件事担忧——眼见隔壁家同岁的小姑娘凡凡，12月龄就会说话，现在已经能背很多首唐诗了。可是，阿紫到现在连一句话也说不清楚，更要命的是，阿紫背诗的速度很慢，别人能背两首，阿紫只能背一首，一首《咏鹅》就背了很多天。大人没事的时候喜欢拿小孩子逗乐，每当阿紫和凡凡被要求站在一起比赛背诗的时候，看着阿紫张口结舌、慢慢腾腾的样子，妈妈就非常焦急。爸爸担心孩子智商有问题，带阿紫到儿童医院做能力鉴定，医生说阿紫的各项能力很正常，不需要治疗。妈妈很纳闷，为什么别的孩子表现得比阿紫聪明？为什么阿紫就不能像凡凡那样会背很多诗歌呢？

　　阿紫妈妈的烦恼涉及幼儿的记忆力问题。幼儿背不出唐诗，表面上是"记忆力不好"，也可能是其他原因，比如有的幼儿说话晚，限制了口语表达能力。阿紫可能就是因为说话较晚，所以才限制了其背诗的速度。有的幼儿也可能是表象能力发展得不是很好，不善于转化，所以记东西慢。

4. 让幼儿学会集中注意力

　　1岁以后，幼儿开始逐步掌握语言，表象能力也开始发展，客体永久性概念逐渐形成，记忆和模仿能力迅速发展。这一系列认知方面的飞速发展使幼儿的注意能力继续发展，并在3岁左右产生有意注意。

　　语言发展对幼儿注意力的影响非常大，这一时期幼儿注意活动的一个非常明显的特点就是当听到照料者说出某个物体的名称时，幼儿便会相应地注意那个物体，而不管是什么物体、是否具有新奇性、是否能够满足他的需要。

情境案例 ▶▶▶

　　14月龄的露露，已经能够蹒跚走路了。妈妈最近发现，露露每天早晨起床后必到院子里的小菜地里玩一圈才回来。她蹲在那里，拿着小树枝拨弄着一棵正在开花的番茄，一副非常认真的样子。她在看什么呢？妈妈很好奇。走过去一看，原来露露在专心致志地观察番茄叶子上的露珠。太阳刚出来，露珠在阳光的照射下，圆滚滚的，晶莹剔透，在叶子上滚来滚去，煞是有趣。露露边看边用小树枝把一颗颗小露珠弄到地上去，每掉一颗，露露就高兴得"咯咯咯"笑起来，直到把番茄叶子上的露珠全弄到地上去。妈妈也忍不住笑起来，女儿已经学会如何专心地注意和观察事物了！随着幼儿慢慢长大，您发现幼儿注意力的变化了吗？

三、13～18月龄幼儿认知观察要点

（一）物体知觉能力

　　随着时间的推移，幼儿比以前更爱活动，更爱探索周围的世界，尤其喜欢这儿摸摸那儿碰碰，把玩具扔得到处都是，常常令人哭笑不得。事实上，1岁以后的幼儿，由于动作能力的发展以及生活经验的增加，其知觉能力和认识事物的能力在逐步提高，对身边的事物充满了好奇心。这也正是对幼儿进行教育的好时机。

学习笔记

（二）空间知觉能力

新生儿主要是利用听觉来进行空间定位，但随着幼儿的成长，空间定位中视觉的作用越来越明显。在这个年龄段，照料者可以利用视觉刺激来发展幼儿的方位知觉能力。

（三）观察力

随着幼儿会走跑跳，13～18月龄幼儿的活动范围和生活经验相比之前丰富多了。他们一直满怀好奇心地观察和理解着身边的事物。不过幼儿的观察大部分还是无意识的、没有目标的，所以照料者要耐心地逐步引导幼儿。在幼儿学习辨别事物时，照料者应选用的学习辨认的事物以外形特征明显的动物和水果为主，学习内容以辨认外形特征为主，再辅以一些简单的常识性知识。

（四）记忆力

幼儿比较善于机械记忆，多让他们背一些儿歌、短诗、短文是有益处的。幼儿在识记时，照料者不仅要让他们听，还要让他们看、动手摸、动脑想，这样容易背得完整、准确。幼儿记忆的效果主要受具体事物形象的影响，照料者应尽可能利用幼儿读物、挂图、模型、玩具等让幼儿看，使幼儿从中学到知识并在有意无意中培养记忆力。照料者还应有意识地向幼儿提出一些具体、简单、明确的识记任务，以提高其记忆的积极性。

（五）注意力

幼儿的注意力常因无关刺激而分散，所以幼儿在看图书、唱儿歌、背诗词时，不要一会儿给他倒水，一会儿给他递苹果，一会儿又拿出玩具来。在日常生活中，照料者要不断丰富幼儿的知识经验，培养幼儿对各种事物的兴趣，扩大幼儿的注意范围，同时还应教育幼儿遵守纪律，向幼儿提出明确具体的活动任务，增强其自控能力，以促进幼儿从无意注意向有意注意发展。

四、13～18月龄幼儿认知学习支持

（一）提升幼儿感知能力的方法

1. 训练幼儿的物体知觉能力

物体知觉包括形状知觉和大小知觉，二者是紧密联系的。照料者在训练幼儿物体知觉能力的时候，往往都要涉及形状知觉和大小知觉。

照料者在与幼儿出去玩的时候，可以引导幼儿说出所看到事物的具体形状。这会大大激发幼儿学习的积极性，也会不断丰富幼儿的形状知觉经验，进而提高幼儿的形状知觉能力。

照料者还可以给幼儿看一些图片，图片上画着两个物体，要选用形状、颜色相同，大小不同的物品做道具，如大碗、小碗、大皮球、小皮球等。道具的比例

悬殊要大一些，便于幼儿初学时加深印象。幼儿有了初步的大小概念以后，照料者再逐步增加比较的难度：形状相同，颜色和大小不同；形状、颜色、大小都不同；等等。

思考与练习

准备一个带盖的纸盒，在盒内的一侧开个洞，选择一些幼儿熟悉和偏好的小玩具，如小球、积木等。将这些小玩具放入纸盒，然后告诉幼儿纸盒里有许多好东西。照料者先摸，边摸边说："我摸到了一个小球。"然后照料者拿出摸到的东西给幼儿看，再让幼儿自己摸。接着照料者问幼儿摸到了什么、是大是小等问题。等幼儿回答后，照料者要让幼儿把摸到的东西拿出来，看看摸的和说的是否一致。

2. 训练幼儿空间知觉能力

从1岁开始，随着年龄的增长，幼儿的距离知觉能力受经验的影响程度越来越大，所以要更好地发展幼儿的距离知觉能力，必须不断丰富幼儿的知识经验。例如，多让幼儿自由地爬动或走动，多让幼儿自由地玩玩具，多让幼儿自由地伸够物品等。

3. 增强幼儿的观察力

照料者要多带幼儿去环境复杂的地方，引导他仔细观察，并要求他对事物进行简单的描述。例如，走在公园里，到处都是漂亮的花草树木，此时照料者可以要求幼儿进行观察，然后问他看见了什么，并引导他如何观察。

（二）训练幼儿记忆力的方法

由于幼儿记得快，忘得也快，所以照料者要帮助他们及时复习。

1. 多听儿歌是培养幼儿记忆力的好方法

照料者可以充分利用儿歌来发展幼儿的语言能力。儿歌的用途非常多，照料者可以先要求幼儿记忆儿歌的内容。此外，儿歌所涉及的常识对发展幼儿的记忆力也非常有好处。同时，幼儿在练习儿歌的过程中也提高了语言能力，而语言能力的提高可进一步提高幼儿的记忆力。

例如，"大苹果，圆又圆，红红苹果甜又甜"，这首儿歌适合18月龄幼儿学习。在学习这首儿歌之前，照料者最好先通过实物让幼儿认识苹果。照料者先让幼儿拿着苹果玩一会儿，再切开让幼儿尝尝，使其知道苹果的味道是甜的，然后引导幼儿认识苹果的特性并重复这首儿歌。面对不同阶段的幼儿，照料者需要选择适合该阶段幼儿的儿歌。

2. 通过拼图游戏开发幼儿的记忆力

照料者可以利用一些逐渐复杂的拼图游戏来开发幼儿的记忆力。例如，准备几幅幼儿熟悉的动物或生活用品的图片，把图片分割成若干等份，打散后，引导幼儿把图片复原。

3. 让幼儿多认识周围的事物

在这个时期，照料者要多对幼儿进行实物教育，并结合表象和语言来发展幼儿的记忆力。例如，在动物园中，照料者指着一只猴子对幼儿说："这是猴子，长长的尾巴，大大的眼睛，毛茸茸的，多可爱呀。"也可以拿着幼儿的手抚摸小动物的毛，让幼儿有视觉和触觉的感性认识，这有助于幼儿记忆得更加深刻和持久。

（三）训练幼儿注意力的方法

1岁以后，幼儿的语言、动作、表象和操作能力已全部有了质的发展，这些能力的发展对幼儿注意力的发展有很大的影响。照料者在培养幼儿的注意力时，要注意以下几点。

1. 在思想上要重视对幼儿注意力的培养

有些父母对幼儿早期教育知识了解甚少，不重视幼儿各项能力的开发和培养，以为自然成长就足够了，事实上这种认识是不正确的。注意力应该从小培养。

2. 多和幼儿玩动手游戏

幼儿长到1岁以后开始有了主动性，照料者要和幼儿多玩动手游戏，以培养其注意力，比如叠积木。准备一组积木，照料者先进行示范，将积木一块一块搭起来，鼓励幼儿搭得整齐，然后由幼儿自己搭着玩，这时的幼儿大约可搭4块积木。这种游戏需要幼儿的注意力有很强的集中性和持久性，是一种很好的培养注意力的方法。

3. 多让幼儿听儿歌、听故事、听音乐

声音刺激对幼儿注意力的培养很重要。此时，幼儿语言能力的发展和经验的增加需要照料者多给幼儿讲儿歌、讲故事、听古典音乐。这样不仅可以增进幼儿的知识经验，也可以防止其注意力涣散。另外，照料者可以突然说出某个指令，使幼儿的注意力在游戏的全过程中保持高度集中。比如，照料者和幼儿玩指五官的游戏。

4. 创造新颖的环境，不强迫幼儿

在游戏时，照料者应该让幼儿处在愉快和自愿的情况下，切忌强迫，否则会让幼儿形成厌烦和反感的情绪，幼儿不仅不配合，还会刻意排斥。所以，照料者应当创造能够吸引幼儿的环境，吸引幼儿去注意和观察，比如在物品的形状、颜色、大小等特征上，做到鲜艳、可爱、有趣，吸引幼儿主动集中注意力去观察。

⊙ 实践与运用 ▶▶▶▶

1. 请在13～18月龄中任选一个月龄幼儿，为其设计一个发展幼儿记忆力的活动方案。

2. 请在13～18月龄中任选一个月龄幼儿，为其设计一个发展幼儿注意力的活动方案。

单元 4

13～18月龄幼儿情感与社会性发展与学习支持

情境描述

　　17月龄的博文，活泼可爱。有一天，小姨给博文买了一袋好吃的零食。博文在袋子里找自己喜欢吃的东西。随后，他找到了一盒咖啡色的零食，也不知道是什么，就翻过来倒过去地拿在手里看着。小姨看到后笑起来说："那是巧克力，是不是还没吃过？"这时候博文脸上突然出现害羞的表情，他很不好意思地把巧克力递过去，让小姨把包装纸撕开。小姨感到非常惊讶和有趣：这么小的孩子也会害羞？事实上确是如此，这个阶段的幼儿已经很在乎别人对自己的看法了，希望别人对自己多加赞扬，害怕别人嘲笑自己。

　　请思考：

　　1.13～18月龄幼儿会害羞吗？

　　2.多大的幼儿会产生自我意识？

学习驿站

学习笔记

一、13～18月龄幼儿情感与社会性发展和水平

（一）自我的觉醒

1.幼儿开始认识自己的身体

　　随着认知能力的发展和照料者的教育，13～18月龄幼儿开始逐渐认识自己身体的各个部分。比如，幼儿开始学说话时，照料者常常指着他身体的各部分教他，幼儿通过自己的触觉和动作，逐渐认识到身体的各个部分。

相关链接 ▶▶▶▶

点红实验

在关于幼儿对自己身体的认识的研究中，有人做了镜子实验。实验方法为，将幼儿放在镜子前，观察他是否能够认清镜中人与自己是同一个人。研究表明，4～6 月龄幼儿认为镜中的人在模仿自己，12～15 月龄幼儿知道镜中人就是自己。如何能知道他可以在镜中看到自己呢？方法是这样的：在幼儿的额头上贴一个红色的标记，15 月龄以后的幼儿看到镜中的自己时，会用手触摸自己的额头，而小一些的幼儿会触摸镜中幼儿的额头或根本没有反应。

2. 幼儿开始具有自我行动意识

随着动作能力的不断发展，1 岁以后的幼儿独立活动的愿望越来越强烈，逐步产生自我行动意识，自我意识也随之萌芽。13～18 月龄幼儿通过偶然性的动作逐渐能够把自己的动作和动作的对象区分开来，并且体会到自己的动作和物体的关系。

3. 幼儿对自己心理活动的意识

掌握"我"字是自我意识形成的主要标志。幼儿从知道自己的名字发展到知道"我"，意味着从行动中实际地成为主体，发展为意识到自己是从事各种行动和心理活动的主体。大约 1 岁以后，幼儿开始知道自己的名字。

（二）人际交往的发展

在一定的教育和引导下，这个时期的幼儿可以逐步学会请求和利用照料者的帮助，以及力所能及地帮助照料者。比如，会告诉照料者自己要大小便，能够用表情和手势表达自己的愿望，能执行简单的指令。

（三）情绪的发展

1. 分离焦虑更加严重

13～18 月龄幼儿的依恋处于"依恋关系明确期"，此阶段的幼儿不但形成了分离焦虑，而且形成了陌生人焦虑。他们以反抗、紧握等消极的方式对待与亲人的分离。在此阶段，由于认知的发展，幼儿已能认识到主要照料者和其他人都是和自己分开而独立存在的，也能清楚地分辨出母亲是生活中最重要的人。因而在这个阶段，幼儿第一次体验到了对母亲真正的情感和社会的依恋，也把母亲作为一个分开而独立存在的个人来反应，并根据从母亲那里得来的反馈改变自己的反应。

2. 幼儿的情绪表达——哭

哭仍然是 13～18 月龄幼儿表达情绪的重要方式之一，尤其是表达不高兴的情绪。新生儿哭泣通常是为了表达身体的不舒适，后来的哭泣增加了分离焦虑和恐惧等因素。到了 1 岁以后，幼儿的哭更多是表达分离焦虑、生气等与社会性联系较密切的情绪。值得注意的是，这一时期的幼儿已经学会通过撒娇、哭闹来获得照料者的注意或者实现自己的愿望，因此照料者面对幼儿的哭闹时也要有所区别。

二、13～18月龄幼儿情感与社会性学习方式和学习内容

（一）学习方式

1. 模仿学习

13～18月龄幼儿的学习主要是在日常生活和游戏中通过观察和模仿潜移默化地发展起来的。可模仿的行为模式可以是行动类的，也可以是态度类的；可模仿的榜样可以是现实生活中的真人真事，也可以是故事中的虚构形象。

2. 体验学习

体验学习是13～18月龄幼儿学习和发展情感与社会性的重要方式。体验是主体亲历某件事并在此过程中对事物产生真切的感受，从而形成某种态度和认识的过程。这种感受和领悟是直接的，往往也是深刻的。例如，在社会规则的学习中，模仿、同化和强化都可能让幼儿表现出符合规则的行为，但"只知其然而不知其所以然"不利于幼儿形成自觉性和主动性。因此，理解规则是必要的。

（二）学习内容

1. 不断加深对自己的了解，促进自我认知的发生

幼儿认识自我的过程是可以促进的，这在很大程度上取决于外界对幼儿的刺激。幼儿对自己的认识来自环境，照料者要有意识地引导幼儿认识自己，用多种方式让幼儿了解自己的变化，使其意识到自己的成长。

2. 运用语言增强自我情绪体验，促进自我概念的形成

1岁以后，幼儿的自主性开始发展，他们开始要求自己做事，如自己拿勺子吃饭、自己洗手等。虽然他们做得不好，却总是在做。照料者应该支持幼儿的这种独立意识，保护他们的主动性，多给幼儿提供自己做决定的机会，鼓励幼儿做力所能及的事情。

3. 接触丰富的社会环境，促进自我意识的发生

幼儿在出生后的头两年里，虽然主要与其照料者交往，但事实上也已经开始与同伴交流了。同伴带给幼儿的影响和照料者带给幼儿的影响是完全不同的，在与同伴的友好相处中，幼儿会学习体验他人的感受，理解他人的想法，从别人的角度想问题，学会考虑自己的举动对别人的影响，正确认识自己、评价自己，从而实现自我调节。

4. 保持愉悦的情绪

如果说1岁前幼儿的愉悦情绪大部分还是因为逗乐之类的小游戏所表现出

来的情绪，那么 1 岁后的幼儿已经可以恰当地表达真正积极的情感了，这种长期的乐观情绪就是通常所说的"得意扬扬"。

三、13 ～ 18 月龄幼儿情感与社会性观察要点

表 3-3　13 ～ 18 月龄幼儿情感与社会性发展水平及观察要点

观察主题	观察月龄	发展水平及观察要点	观察		出现时间	评价
			是	否		
情感发展	13 ～ 14 月龄	对想要的东西会用手指或发音				
		能辨认出镜中的自己，并能对着镜子叫出自己的名字				
		能够保持愉悦的情绪				
	15 ～ 16 月龄	选择玩具有偏爱				
		对陌生人表示新奇				
		在短时间内表现出丰富的情绪变化				
	17 ～ 18 月龄	会和照料者表达个人需求				
		会用"我"字来表达				
		对常规的改变和突然的改变，表现出情绪不稳定				
社会性发展	13 ～ 14 月龄	看到别的幼儿哭时，表现出痛苦的表情或跟着哭等				
		能够单独玩游戏或观看别人玩游戏				
		能够和同伴接触				
	15 ～ 16 月龄	会根据照料者的表情行事				
		主动把玩具给别人（放手）				
		看到别的幼儿哭时，会主动安慰				
	17 ～ 18 月龄	开始能理解并遵从照料者简单的要求				
		会和照料者演示你好、谢谢、再见等动作和语言				

四、13 ～ 18 月龄幼儿情感与社会性学习支持

（一）支持幼儿发展自我认识

1. 帮助幼儿不断加深对自己的了解，促进自我认知的发生

照料者经常带领幼儿做"认识我自己"的游戏，在与幼儿游戏的过程中，

帮助幼儿了解自己的身体。照料者也可以通过问开放性的问题，让幼儿表达自己的情绪、体验，从而帮助幼儿探索自己的个性特征。避免问封闭式的问题，如"你看到一只小猫受伤了会伤心吗"，相反，"什么事情让你伤心呢"或"当我伤心的时候，我会……"等问题有助于培养幼儿的自我意识。

2. 注意语言的运用，促进自我概念的形成

1岁以后，幼儿的自主性开始发展，照料者应该支持这种独立意识，保护其主动性，多给幼儿提供自己做决定的机会，鼓励幼儿做力所能及的事情。照料者一定要有耐心，要相信幼儿有能力学会并完成事情。在培养幼儿独立自主的能力时，照料者要经常运用有效表扬的方式来强化幼儿的行为。

相关链接 ▶▶▶▶

这个阶段的幼儿喜好明显，比较任性。当看到自己感兴趣的东西时会立刻面带微笑，当听到喜好的音乐时会立刻手舞足蹈，当遇到困难或者不顺心时就会不开心，当遭到拒绝时就会摔东西、发脾气……照料者这时候千万别用"贿赂"的方式满足幼儿的不当需求，换取幼儿的笑容，这会导致幼儿的脾气越来越坏。照料者应尽量把幼儿从发脾气的事情中吸引出来，或者用一些事物转移幼儿的注意力，等幼儿平静的时候再跟幼儿讲道理，因为这个阶段的幼儿已经能够尝试接受照料者的说理与劝阻了。倘若照料者能够有效利用游戏、故事中的道理去培养幼儿的一些良好情感与行为习惯，帮助幼儿养成理智的性格、情绪情感与行为，将使幼儿一生的成长受益匪浅。

（二）支持幼儿发展良好的社会交往行为

1. 移情训练

移情是对他人情绪情感状态的识别和接受。通过移情，13～18月龄幼儿可以体验他人的情感，感受他人的需要，想象某一行为给他人带来的结果，从而有效地培养友爱行为，并抑制可能对别人造成伤害的攻击性行为。

训练的方法有：听故事，引导理解，续编故事，角色扮演等。

2. 交际能力和行为训练

所谓交际能力，是指采用恰当的方式解决交往中所遇到问题的策略和技巧。许多幼儿之所以在交往中表现出不恰当的交往行为，往往是因为缺乏相应的技能。交际能力和行为训练首先要使幼儿学会正确识别交往中问题的原因和特点，其次使幼儿认识到，解决某个问题可以采用很多种方式，而我们要选择其中最合适的。

（三）支持幼儿培养良好情绪

幼儿的情绪具有多变性和不稳定性的特征。要培养幼儿愉快轻松的情绪，照料者要注意以下几点。

1. 要有充足的耐心

有些照料者虽然日日和幼儿相处，但对幼儿情绪的年龄特点并不了解，面对 13～18 月龄幼儿有时候看似"无理取闹"的行为缺乏耐心，若加之工作繁忙或生活烦恼等因素，就基本无法对幼儿进行良好情绪的培养。其实这些都是不妥当的，对幼儿的成长是不利的。

2. 及时对幼儿的情绪给予反应

13～18 月龄幼儿的不良情绪是因为自己的需求没有得到满足而故意引起照料者注意的一种方法。了解到这一点，照料者应该对幼儿的不适反应及时回应，让幼儿感到随时处在照料者的关怀中，从而产生对环境的安全感和对他人的信赖感，也较容易培养幼儿的良好情绪。

3. 了解幼儿产生不良情绪的原因

有时候幼儿的哭闹是有很多原因的，并不是无理取闹，也可能是受到了挫折。13～18 月龄幼儿语言能力的发展还处在萌芽阶段，很多重要的日常话语还不会表达，口齿发音也不清晰，因而还不能流畅地表达内心的想法，所以当幼儿感觉受到了挫折时就只能通过哭闹、发脾气的方式来表达。

4. 及时抚慰幼儿

照料者面对幼儿的哭闹一定要冷静，可以尝试用不同的方法来满足幼儿的需求。由于 13～18 月龄幼儿的注意力容易被新奇事物所吸引，因此当幼儿哭闹又找不出原因时，照料者可以带幼儿玩平时爱玩的游戏，这样幼儿很快就会高兴起来，甚至会忘掉原先想要的东西。

（四）支持幼儿情感与社会性发展的活动案例

1. 训练自我意识的活动案例

【培养目标】

理解"我""你""他"等代词。

【月龄】

16 个月。

【学习内容】

经常在话语中让幼儿使用常用代词"我""你""他"等，使幼儿逐渐理解各个代词的指代关系。

【学习程序】

水平一：理解单数代词。

妈妈指着自己对幼儿说"我"，让幼儿模仿。父母互相指着说"你"，让幼儿在一旁观察，然后妈妈指着幼儿说"你"，让幼儿模仿。妈妈指着爸爸对幼儿说"他"，让幼儿也指着爸爸说"他"。

水平二：理解复数代词。

妈妈在日常对话中教幼儿理解复数代词"我们""你们""他们"，比如带幼儿散步前，妈妈可以用手指着幼儿和自己，对幼儿说："我们散步去！"语气重点突出"我们"两个字。

水平三：鼓励幼儿使用代词组句。

幼儿没学会代词之前，习惯用没有主语的电报句，比如幼儿吃苹果时可能只说："吃苹果。"后来，幼儿学会说自己的名字，学着像父母称呼自己一样说："楠楠吃苹果。"幼儿学习代词后，父母引导幼儿使用"我"组句："我吃苹果。"

2. 学习人际交往的活动案例

【培养目标】
学会分享。

【月龄】
15个月。

【学习内容】
照料者要经常给幼儿讲小动物如何分享物品的故事，让幼儿知道食物和玩具是要与大家分享的。这样有助于培养幼儿的合作精神。

【学习程序】
水平一：在幼儿情绪好的时候，给他两块糖，告诉他拿一块给奶奶（或爷爷、妈妈、爸爸），另一块留给自己。若按要求做了，照料者要夸奖他。

水平二：照料者在带幼儿到外面和小朋友一同玩的时候，也给他带上两块糖，告诉他将一块糖分给小朋友，他做到了就及时给予表扬。照料者慢慢地引导幼儿把自己的玩具拿出来给好朋友看看，并且和小朋友一起玩，使幼儿与其他小朋友分享快乐时光。

3. 学习良好情绪的活动案例

【培养目标】
感情交流。

学习笔记

【月龄】

14 个月。

【学习内容】

与幼儿进行语言和情感交流，可以促进幼儿积极情绪的萌发。

【学习程序】

拿影集和幼儿对话，让幼儿识别照片上的人物等，并讲述拍照时候的情境。然后，照料者根据讲述的内容向幼儿提问，如"爸爸在哪里？在干什么？"等。

实践与运用 ▶▶▶▶

1.观察 13～18 月龄幼儿的交往活动并记录下来。

2.小组讨论：如何提高 13～18 月龄幼儿的交往能力。

综合实践 ▶▶▶▶

1.请结合 13～18 月龄幼儿的发展水平，设计一套适合该幼儿动作发展的韵律操。

2.请简述 18 月龄幼儿有哪些正常发育的情况？（可尝试从动作、语言、认知、情感与社会性发展各个角度综合作答。）

模块三
学习效果检测

学习评价与反思

学习目标

1. 掌握19～24月龄幼儿动作、语言、认知、情感与社会性发展的基本特点，把握该阶段幼儿的身心发展水平。

2. 了解19～24月龄幼儿的主要学习方式和学习内容。

3. 开展促进19～24月龄幼儿动作、语言、认知、情感与社会性发展的各项活动，并给予幼儿适宜的教育和支持。

4. 通过对19～24月龄幼儿的观察，能够分析幼儿的经验水平，并给予相应的指导，促进幼儿健康和谐发展。

5. 能够为19～24月龄幼儿的父母提供有针对性的指导，帮助他们了解幼儿早期发展与学习支持。

学习导航

19～24月龄幼儿发展与学习支持

19～24月龄幼儿动作发展与学习支持	19～24月龄幼儿语言发展与学习支持	19～24月龄幼儿认知发展与学习支持	19～24月龄幼儿情感与社会性发展与学习支持
19～24月龄幼儿动作发展和水平	19～24月龄幼儿语言发展和水平	19～24月龄幼儿认知发展和水平	19～24月龄幼儿情感与社会性发展和水平
19～24月龄幼儿动作学习方式和学习内容	19～24月龄幼儿语言学习方式和学习内容	19～24月龄幼儿认知学习方式和学习内容	19～24月龄幼儿情感与社会性学习方式和学习内容
19～24月龄幼儿动作观察要点	19～24月龄幼儿语言观察要点	19～24月龄幼儿认知观察要点	19～24月龄幼儿情感与社会性观察要点
19～24月龄幼儿动作学习支持	19～24月龄幼儿语言学习支持	19～24月龄幼儿认知学习支持	19～24月龄幼儿情感与社会性学习支持

学习初体验

毛毛已经 24 个月大了，通过观察我们发现，毛毛在开心的时候可以双腿同时离开地面蹦起来。在玩穿绳子的游戏时，毛毛可以在妈妈的引导下，成功将绳子穿过扣眼，然后用另一只手将绳子拉出。毛毛对身边的事物越来越好奇，喜欢观察奇怪的事物，也很喜欢指着不认识的东西问妈妈，并且开始学会用语言拒绝等行为。

对于上述现象，你将如何在动作、语言、认知、情感与社会性方面提供有效的支持？照料者如何帮助这个年龄段的幼儿进一步发展？

学习交流

学习导入

19～24 月龄是幼儿生长发育速度相对较快的时期。动作方面，幼儿会试着爬台阶，并且慢慢练习蹦起来和跳起来。到 2 岁左右，幼儿便能够双脚离地。精细动作发展方面也会有明显的进步，幼儿能够有目标地扔小皮球或者小玩具，同时手的灵活性增强，可以开始练习拿勺子、吃饭等，也就是手、口的协调能力有所提高。此外，这个年龄阶段的幼儿能够认识自己身体的各个部位，比如耳朵、眼睛、脚等。同时，幼儿的语言发育也比较快，能够说出 2～3 个字构成的词，且对于大小便或是害怕等都能够明确地向家长表达。

单元 1
19～24 月龄幼儿动作发展与学习支持

情境描述

不到 18 个月大，欣欣就很喜欢画笔，不管是用磁铁笔在涂鸦板上涂鸦，还是用蜡笔在纸上涂鸦，她都乐此不疲。

看到欣欣对画画有那么大的兴趣，妈妈就想好好培养一下。妈妈从纠正握笔姿势开始对欣欣进行具体的培养。本来欣欣是全掌抓握式的，每次画画，妈妈都要把她的握笔姿势改为三指夹握，即成人握笔写字的姿势。几次下来，欣欣对握笔画画有了心理负担。

现在欣欣 23 个月大了，变得不爱画画了，所有和笔有关的东西她都不会轻易触碰了。这其实和妈妈对她握笔姿势的要求高有关。幼儿在涂鸦中感受到的是控制笔的乐趣，但在妈妈的指导下，欣欣已经失去了这一乐趣，同时妈妈的握笔要求也超出了欣欣目前的精细动作发展水平，这让欣欣知难而退，放弃了执笔涂鸦的行为。

请思考：

1. 欣欣的动作发展水平如何？

2. 在欣欣的动作发展过程中，妈妈是怎么做的？妈妈采取的方式是否合适？为什么？如果给这位妈妈提出建议，你会说什么？

3. 结合党的二十大报告，谈一谈你如何看待欣欣妈妈的做法。

学习笔记

学习驿站

19～24 月龄可能是幼儿出生头 3 年中最有趣、最困难，也最激动人心的时期之一。

一、19～24月龄幼儿动作发展和水平

🔗 相关链接 ▶▶▶

1岁半以后，幼儿行走得更稳健了，甚至有的幼儿学会了小碎步奔跑。幼儿动作的发展遵循由上到下、由近到远、由粗到细、由简单到复杂、由低级到高级的规律。例如，幼儿先抬头、后抬胸，再会坐、立、行（从上到下）；从臂到手，从腿到脚的活动（由近到远）；从全掌抓握到手指拾取（由粗到细）；先画直线后画圈、图形（由简单到复杂）；先依靠看、听等方式感觉事物，认识事物，发展到记忆、思维、分析、判断（由低级到高级）。

🍃 学习笔记

19～24月龄幼儿的动作发展从移动运动技能向基本运动技能过渡。基本动作技能可分为位移技能（如跑步）、非位移技能（如扭转）、操作技能（如投掷）。2岁的幼儿已经基本掌握大肌肉运动。这一阶段幼儿的粗大动作发展主要表现为站和走的技能进一步完善，开始会跑、双腿蹦等。这一阶段幼儿的精细动作主要表现为手眼协调能力不断提高，能够将绳子穿过扣眼、搭积木，握笔能力不断提高等。

（一）粗大动作发展和水平

19～24月龄幼儿站和走的技能进一步完善。这归功于幼儿的四肢协调和平衡能力的发展。如前所述，当幼儿刚会走路时，他们常常用脚尖行走或倒退行走，经常摔倒，这说明其平衡功能尚不健全。经过反复练习，19～24月龄幼儿就能适应这种运动形式，会单脚站立几秒，以及在照料者的帮助下走平衡木和斜坡。

19～24月龄幼儿开始会跑。刚开始跑步时，幼儿动作比较僵硬，速度也比较慢，经过不断练习，逐渐稳当起来，上下肢开始协调，速度也越来越快。到2岁时，幼儿已经能够跑出很长一段距离，能够较好地控制跑的速度。幼儿喜欢在外面跑，喜欢自由玩耍，这能充分发挥幼儿的运动才能，培养他们各种各样的运动能力。

19～24月龄幼儿除了能跑，还会双腿蹦。19～24月龄幼儿经过反复行走和跑跳，开始能用双腿同时跳离地面蹦起来。19～24月龄幼儿的攀登技能也有所发展，能够扶物上下楼梯以及攀登一定高度的攀登架。

（二）精细动作发展和水平

18个月以后，幼儿双手开始协调，能做一些日常生活中的精细动作。他们搭积木的能力不断提高，能够搭6块以上的积木。他们握笔及画线的能力也有所提高，能够用拇指及食指和中指来抓握铅笔并画出直线等。幼儿各种体现生活自理能力的动作技能也随之发展，如会穿袜子和鞋子、会关门和开门等。

二、19 ～ 24 月龄幼儿动作学习方式和学习内容

（一）学习方式

照料者应多鼓励幼儿思考问题及解决问题，例如，如何把积木从大排到小、如何把瓶子盖好或打开等。平常也能和幼儿玩一些扮演或模仿的游戏，如学讲电话、浇花，让幼儿观察照料者的行为，转化为自己的能力。

1. 全感官学习

全感官学习是指将七大感官系统（视觉、听觉、触觉、嗅觉、味觉、本体觉、前庭觉）全部运用在学习上。例如，当照料者对幼儿说故事时，可以说："有一个长头发的小女孩，身上穿了一件很舒服的红色大衣，她先小心走过一座独木桥，到了森林里，她想去摘草莓，结果她发现了好多草莓，那些草莓酸酸甜甜的。摘完草莓后，她躺在草地上，闻到青草的香味，听到小鸟在唱歌，还有风吹过脸上舒服的感觉。"

2. 操作条件学习

幼儿的许多习惯和行为都是幼儿自身操作获得的，是生命体自发的、随意的、主动的行为，这与人类的学习特征更相符合。它弥补了经典性条件作用的被动性，幼儿能通过更多主动地参与来获得经验，这些行为使随后的反应再次出现的可能性增加，这称为工具性条件反射。

3. 模仿学习

新生儿早期的模仿能力，不过是不随意的自动化反应，随着大脑皮层的发展，它变成随意的有意识模仿。

（二）学习内容

1. 粗大动作学习重点

表 4-1　19 ～ 24 月龄幼儿粗大动作能力水平

年龄段	粗大动作能力水平
19 ～ 20 月龄	倒退走 5 步以上
	能自己脱去已经脱了一半的衣服
21 ～ 22 月龄	单脚站立 2 秒以上
	用脚尖走 10 步以上
23 ～ 24 月龄	原地双脚跳 2 次以上
	一手扶栏杆自己上下楼梯（5 ～ 8 级）
	不扶物向 2 ～ 3 个方向踢球（180 度以内）
	连续跑 3 ～ 4 米，较稳
	会骑四轮车

2. 精细动作学习重点

表 4-2　19 ～ 24 月龄幼儿精细动作能力水平

年龄段	精细动作能力水平
19 ～ 20 月龄	穿 2 颗珠子
	搭 10 层以上的积木
21 ～ 22 月龄	会写汉字"一""二""三"
	把瓶中的水倒入碗中，不洒出来
23 ～ 24 月龄	会模仿画封口的圆
	能一页一页翻书，翻 3 页以上
	能将玩具摆放整齐
	用 6 块积木造塔
	用纸绳穿 1 ～ 3 颗珠子

三、19 ～ 24 月龄幼儿动作观察要点

表 4-3　19 ～ 24 月龄幼儿动作发展水平及观察要点

观察主题	发展水平及观察要点	稳定呈现	呈现，但不稳定	极少或从未呈现
粗大动作	能用脚后跟走路			
	能倒退走			
	可以扶物一阶、一阶上楼梯			
	双脚同时离地跳起 2 次以上			
	向不同方向抛球			
精细动作	垒高积木五六块			
	拇指、食指和中指握笔			
	连续翻书 3 页以上			
	穿袜子和鞋			
	会开门关窗			

四、19～24月龄幼儿动作学习支持

（一）理论支持

1. 粗大动作

（1）幼儿体操

幼儿体操是幼儿动作锻炼中常用的一种方法和手段。幼儿体操不仅可以促进幼儿的全身发育，还可以增进亲子关系。每天坚持做幼儿体操进行体能锻炼，能促进幼儿正常的生长发育和身体机能水平的提高，促进幼儿基本动作的适时产生和发展，建立良好的亲子关系，激发幼儿愉快的情绪，增进幼儿身心的健康。幼儿体操大致可以分为幼儿主被动操、模仿操、轻器械体操等类型。

（2）粗大动作游戏

游戏是幼儿进行的一项自主、自发、自由的具有愉悦性的活动。比如，要发展幼儿向前跳跃的动作能力。单纯让幼儿模仿跳跃是不够的，这样的活动缺乏趣味性，不能让幼儿主动积极地参与活动。因此，照料者应设计游戏化的活动，让幼儿乐于参与游戏、愿意参与游戏、能够参与游戏，从而在游戏中促进幼儿动作能力的发展。

（3）生活教育

动作指导活动的目的就是要让幼儿能够在生活中具有自主行动、自我服务的能力。因此，在选择动作指导的内容时，要注意选择那些与幼儿的日常生活密切相关的动作，比如走的动作、上下楼梯的动作等。在选择指导方法时也要考虑到与生活紧密联系起来，这样才能使幼儿的学习内容能够还原到生活中去，能够在生活中得到利用，同时，也能使动作教育不再局限于室内进行。

2. 精细动作

（1）手指操

手指操是指利用手指做的精细动作活动。做手指操可以循序渐进地锻炼手部的小肌肉群，提高幼儿动作的灵活性、准确性和控制能力。手指操不受时间、条件、年龄的限制，随时可以开展，可以根据幼儿的接受能力、教育内容的需要来选择相应的手指操，使他们在轻松愉快的气氛中，在由浅入深、循序渐进的学习过程中，手部肌肉得到锻炼，心灵得到培养，能力得到提高，智力得到开发。

（2）精细动作游戏

在幼儿时期，要充分利用游戏活动，开展促进幼儿精细动作发展的活动。在活动中加入游戏元素，既能激发幼儿参与活动的兴趣，也能将枯燥的动作训练融入游戏。

（3）生活教育

在选择动作指导的内容时，要注意选择那些与幼儿的日常生活密切相关的动作，比如，使用剪刀的动作、翻书的动作、握手的动作等；在选择指导方法时，也要考虑到与生活紧密联系的方法。生活中的大多数活动，都包含一定的精细动作技能操作，要善于观察，充分利用生活中的机会对幼儿进行指导和教育。

思考与练习

请你选择粗大动作、精细动作中的某一个方法并尝试用这个方法对 19～24 月龄的幼儿进行动作发展的训练。

将你的发现与本单元所讨论的观点进行对比，并分享你的发现。

19～24 月龄幼儿动作发展活动指导

（二）活动支持

1. 粗大动作

（1）小鸡啄虫

方法：几个幼儿一起玩。给每个幼儿都戴上小鸡的头饰，照料者戴一个鸡妈妈的头饰，鸡妈妈带着小鸡走来走去找虫吃，口里念着"小鸡小鸡，叽叽叽叽，青草地里啄小虫吃"的儿歌，走着走着鸡妈妈蹲下去，头一点一点地吃虫子，让幼儿蹲下模仿。可反复几次。

目的：练习走、蹲、点头的动作。

（2）砖上走

方法：照料者带幼儿到户外，找几块平稳的砖放在地上，每块砖的间隔适合幼儿的步子，让幼儿练习踩在砖块上行走。训练幼儿的平衡能力，熟练后照料者可把砖块距离拉大，也可增加砖块数量。（此练习可根据环境随机调整，还可增加高度。）

目的：锻炼幼儿的平衡能力。

注意：

第一，幼儿动作发展有一个循序渐进的过程，在训练中，照料者要配合幼儿动作发展的步调开展训练。

第二，应给幼儿留出充分的时间，尽量鼓励幼儿完成动作训练。可以伴随语言、音乐等刺激进行练习。要注意动静交替、繁简搭配。

2. 精细动作

（1）捏小球

方法：准备一只空碗和一些彩色珠子等，让幼儿用手捏起这些小东西，一个一个放到碗中。可以帮助幼儿用拇指和食指做捏的动作，让幼儿慢慢掌握捏的动作。

目的：锻炼幼儿手的灵活性，为更精细的动作做准备。

（2）套杯子

方法：找几个大小不同的塑料杯，杯口朝下，让幼儿依大小次序把大杯子套在小杯子上。然后将杯口朝上，再让幼儿把小杯子从大杯中拿出，可反复游戏。

目的：锻炼幼儿手指动作和手部灵活性。

注意：

第一，珠子等东西不要太小，时刻注意不要让幼儿吞食。幼儿做之前，照料者应先示范。如果幼儿总是失败，照料者可以手把手地教幼儿，直到幼儿自己能完成。一定要注意保护幼儿的自信心，让幼儿体会到手指游戏的乐趣。

第二，最好用塑料杯子。还可以选择不同颜色的杯子，每种颜色至少2个，让幼儿将同颜色的杯套在一起，这样玩起来会更有趣。

⊘ **实践与运用** ▶▶▶▶

1.如何观察并记录19～24月龄幼儿动作发展的行为？

2.如何设计并开展19～24月龄幼儿动作发展的活动？

3.如何对19～24月龄幼儿动作发展水平做出科学、合理的评价？

4.结合党的二十大报告，谈一谈关注19～24月龄幼儿动作发展水平的意义。

学习笔记

单元 2
19～24 月龄幼儿语言发展与学习支持

情境描述

贝贝 24 个月大了，周围的同月龄幼儿都能和爸爸妈妈进行简单对话了，可是贝贝只会用肢体语言或是用"嗯嗯""啊啊"的声音来表达自己的想法。贝贝妈妈非常着急，打算对贝贝进行专门的语言训练。贝贝奶奶却认为贝贝只要不聋不哑，开口说话是自然而然的事情，没有必要进行专门训练。

请思考：

1. 贝贝的情况是正常现象吗？

2. 照料者怎样实施有效的幼儿语言教育？

3. 结合党的二十大报告，你觉得对幼儿进行语言教育的意义是什么？

学习笔记

学习驿站

这一阶段，幼儿将进入人生的第一个反抗期。幼儿将开始让照料者感到"头痛"，表现在语言上的反抗行为就是经常对照料者的要求说"不"。这一阶段的幼儿能够理解的话语更多了，还能听懂并正确回答"这是什么""在哪儿"等问题。

一、19～24 月龄幼儿语言发展和水平

这个时期的幼儿会用单字和词组说自己的事情以及他们生活的环境，而且有了最初的语句形式。照料者无须再把精力放在"小儿语"的内容上，而应放在训练幼儿使用句子表达上。语言的训练应在幼儿的生活环境中进行，鼓励幼

儿与照料者交谈。

幼儿的词汇量在这个阶段显著增多，出现了"词语爆炸"现象，下面我们就从言语理解、言语表达和言语交际三方面来概述这个阶段幼儿的语言发展和水平。

第一个方面，言语理解。

幼儿已经可以运用一些词，并通过变换语气等方式表达自己的需要。除了名词，幼儿还可以听懂很多描述事物特征的形容词，如"好""大"等，对于一些描述方位的词语，如"在里面""在外面"等也开始有了初步的理解。那些描述日常生活基本动作的词语，幼儿已经全部理解了，如"坐""看""吃""睡""拿""走""打开""关上"等。

第二个方面，言语表达。

第一，幼儿能理解的词汇越来越多，每天的词汇量都在增加。19月龄幼儿挂在嘴边的单词只有二三十个。到21月龄左右，幼儿在日常对话中已能用100多个词，其中70%是名词。

第二，幼儿开始不断地提问，总是要问各种事物的名称，问"这是什么"等问题，这实质上是幼儿在学习语言，对幼儿以后语言的发展具有相当关键的作用。

第三，幼儿开始自发地把词语组成形似自造的双词词组。双词词组是这一阶段幼儿语言发展的特色，反反复复地出现在这个阶段幼儿的表达中。

第三个方面，言语交际。

幼儿学会了用语言否认和拒绝：否定和疑问的表达方式。幼儿开始用"不睡""不要"等词语来表达拒绝，同时也会用"什么""好不好"等词语来问一些问题。

二、19～24月龄幼儿语言学习方式和学习内容

（一）学习方式

1. 味觉训练法

照料者在给幼儿喂食某样食物的时候，可以依照食物的味道对幼儿开展相关的语言训练，比如吃雪糕时可以教幼儿念"甜美"，吃海鲜时可以教幼儿念"鲜美"等。照料者一定要注意，这种味觉训练应该体现在生活的点点滴滴中，也要注意进行练习，并且在幼儿回答正确时不要忘了适当地鼓励幼儿。

2. 嗅觉训练法

嗅觉训练也可以帮助幼儿学习语言。例如，照料者可以与幼儿一起玩嗅觉游戏，即把食物装在袋子里，然后让幼儿闻一闻，让他们猜一猜袋子里面有什

学习笔记

么，并教会幼儿说出袋子里食物的名称。

3. 触觉训练法

幼儿语言学习的方法还有触觉训练。例如，在教幼儿学习"墙壁"这个词语时，照料者要让幼儿摸着墙壁，然后再让幼儿大声说出来。照料者也可以让幼儿在摸着柔软的棉被或夏天的蚊帐时，教幼儿念相应的词语。照料者在教幼儿学习一些关于动物的名词的时候，如"蚂蚁"，可以把幼儿一只手的手指放在另一只手臂上蠕动，模拟蚂蚁的爬行效果。

4. "处觉"训练法

提到"处觉"训练，有些人可能不知道是怎么回事，其实就是指让幼儿多参加同龄人的活动，这样就可以让他们快速地融入小社会。其实这样对学习语言也是大有帮助的，此方法既能提高幼儿的交际能力，还可以让幼儿认识到同龄人的语言能力，能够在实践中更好地锻炼语言能力。

5. 幻觉训练法

照料者也可通过幻觉训练来提高幼儿学习语言的能力，方法也非常简单：将数字和词语与游戏联系起来，比如数字游戏"报数"。幼儿参与到"报数"的游戏当中，然后让幼儿喊出自己的排名。

（二）学习内容

表4-4　19～24月龄幼儿语言学习重点内容

年龄段	语言学习重点内容
19～20月龄	当提问某个属于幼儿的物品"是某某的吗"时，幼儿能够回答"是我的"
21～22月龄	能说出自己的名字、妈妈的名字
	提问属于幼儿的物品是谁的时，幼儿回答 "是我的"
23～24月龄	能说清3人以上的照料者姓名
	会唱一首歌，并会辨认
	会用"你""我"
	能回答生活中的简单问题
	能说清一件简单的事情

三、19～24 月龄幼儿语言观察要点

表 4-5　19～24 月龄幼儿语言发展水平及观察要点

观察主题	发展水平及观察要点	稳定呈现	呈现，但不稳定	极少或从未呈现
言语理解	能执行有两个动作要求的命令，如"把球拿过来"			
	能理解一些形容词及常见动词			
	理解并能正确回答"××在哪里"，"这是什么"等问题			
	能理解一两个表示方位的名词，如"下面"等			
言语表达	已能用 20～50 个词语进行日常说话			
	能够说出由两个词语组成的句子			
	说到自己时，能说自己的名字			
	开始会用"你""我""他"等代词			
言语交际	能仅依靠语言与人交往			
	能进行简单的对话			

四、19～24 月龄幼儿语言学习支持

（一）环境支持

1. 创设丰富多彩的物质语言环境

创设良好的语言教育物质硬环境，为幼儿创设自主听录音、看动画的现代多媒体和现代教育技术物质设施；为幼儿创设各类听、说、读、练的语言区角环境；为幼儿创设富有情趣的各种语言环境。在宽松的氛围中，让幼儿充分动手、动口、动脑，得到练习语言的机会，主动激发个性，在与环境的互动中进一步得到语言的锻炼和发展。

2. 创设灵活多样的活动语言环境

幼儿的一日生活之中蕴含着丰富的教育资源。语言发展的途径，主要还是渗透在日常活动中进行的语言活动，通过在日常生活中使用语言来学习语言。我们应充分挖掘一日生活中的语言教育途径，在幼儿的日常活动中创设良好的支持性语言环境。渗透在日常活动和学科领域的语言教育十分随机，需要我们随时注意观察和倾听幼儿的谈话，抓住时机对幼儿进行语言教育，对和幼儿语

学习笔记

言发展的相关内容进行较为敏感的捕捉，了解幼儿的语言水平、语言要求、语言习惯，设计相关的语言活动。

3. 丰富幼儿生活内容

丰富的生活内容与经验是幼儿语言表达的基础。只有具备丰富的生活内容和经验，幼儿才会有话可说、有话要说。在日常生活中，我们要有意识、有计划、有目的地丰富幼儿的生活内容，观察和倾听幼儿对话，捕捉幼儿语言发展的契机；还要提供能激发和支持幼儿使用有意义的语言的生活情境，引导他们观察和接触自然，帮助他们积累生活经验，增长知识。

4. 为幼儿提供更多畅所欲言的机会

在日常学习生活中，我们要以幼儿感兴趣的事物或活动为切入点，在宽松的心理氛围中，采用生动活泼的教育形式，启发幼儿的联想和想象，支持和引导幼儿表达愿望，让幼儿畅所欲言。我们还要鼓励幼儿大胆表达，让幼儿通过语言表达体验到语言交流的意义。

5. 创设平等互动的交往语言环境

19～24 月龄幼儿阅读支持

语言是沟通交流的工具，语言能力的发展是一种不可抑制的人类特性。创设良好的语言交往环境，建立良好的师幼关系、亲密的同伴关系是沟通交流的前提，这些可以使幼儿的语言能力在交往中得到进一步锻炼。

（二）活动支持

1. 可以说出 20 个以上的词——猜一猜

方法：猜一猜的方式更能激起幼儿的学习兴趣。照料者可以准备一个神秘袋，放入幼儿爱吃的食物或爱玩的玩具，给幼儿一点提示，配合情境描述幼儿最爱吃的食物、每天都会玩的玩具等，让幼儿猜一猜神秘袋里到底是什么东西。

如果幼儿能顺利达到此项能力的要求，除了继续带幼儿认识更多物品以增加词汇量，照料者还可以为物品加入形容词或量词，也可以重新组合某些词，将词延伸到短句。

注意：如果幼儿在此项能力上的表现还不够理想，照料者就要更多地和幼儿对话，给幼儿足够的刺激。

2. 会以短句与他人对话——过家家

在积累一定的词汇量后，幼儿就要进阶到以短句与他人对话。对话的形式是一来一往的。在来往之间，幼儿不但能向对方学习，也能发挥自身更多的能力。

方法：过家家游戏可以说是幼儿练习短句对话的最好方式。在与幼儿玩时，每当幼儿说完一句话，照料者要先模仿着说一遍，给予幼儿反馈后再做延伸，让幼儿对自己说话的能力产生信心，进而更加愿意与他人对话。

如果幼儿能顺利达到此项能力的要求，照料者可以再协助幼儿与其他人对话。在面对不是特别熟悉的人时，有的幼儿可能不愿说话，这就需要照料者多鼓励他与外人沟通。

注意：如果幼儿在此项能力上的表现还不够理想，照料者就要多花点时间和精力去陪伴幼儿。除了放慢说话的速度，照料者还可以运用语调与手势来增强幼儿的理解力。在教幼儿认识物品时，照料者一定要边指着具体的物品边说出其名称。

3. 会说简单的身体部位名称——我的身体有什么

幼儿在学习语言时，没有必要舍近求远。就拿身体部位来说，它们的名称算下来也包含了不少词。

方法：在给幼儿洗澡时，照料者可以顺便从头到脚向幼儿介绍身体各个部位的名称。在涂抹沐浴乳时，照料者可以故意漏一处没有抹上，问幼儿哪里还没有抹，引导幼儿说出具体的身体部位名称。

如果幼儿能顺利达到此项能力的要求，照料者可以再教幼儿认识身体不同部位的功能，平时应该如何保护这些部位等。

注意：如果幼儿在此项能力上的表现还不够理想，除了继续加强认知教育，照料者还要借助有效的工具来提升幼儿的学习兴趣。

◀ 实践与运用 ▶▶▶▶

1. 19～24月龄幼儿语言发展的特点是什么？

2. 针对19～24月龄幼儿，你可以开展哪些方面的语言教育活动？

3. 对一个喜欢说"不"的24月龄幼儿，你有哪些应对方法？

4. 请设计一个适合19～24月龄幼儿家庭开展的亲子语言游戏方案。

学习笔记

单元 3

19～24 月龄幼儿认知发展与学习支持

情境描述

嘟嘟在 22 个月大的时候，很喜欢妈妈带着他出去玩。有一天，妈妈带他去玩具商店，当嘟嘟看到一幅拼图中的小孩子的眼睛和鼻子的位置被对调时，他很好奇，一直在看，最后妈妈指给他看放在高处的漂亮图片，他才走开。随后，妈妈问嘟嘟："怎么样才能拿到图片呢？"嘟嘟想了想，走到边上的小椅子旁点了点。

请思考：

1. 为什么嘟嘟看到拼错的拼图时会关注很长时间呢？
2. 为什么嘟嘟会去点一点小椅子呢？

学习笔记

学习驿站

一、19～24 月龄幼儿认知发展和水平

（一）感知觉发展和水平

1. 视觉

2 岁时，幼儿的视神经髓鞘化完成，所有的视觉技能都是流畅和协调的；幼儿能认识一些基本颜色，认识这些基本色要比认识混合色和近似色更容易；能根据单一的特征（比如颜色或形状）匹配相同的物体，能在一本书里找到特定的图片。

2. 听觉

清晰、稳定的听觉表象是幼儿发音清楚的关键因素。在日常生活中，照料

者跟幼儿说话带有明显的"情境色彩"，音节之间的界限比较模糊，喜欢使用叠音词，语速较快，这会给幼儿的语音感知带来很大困扰，不利于清晰、稳定的言语听觉表象的形成。

3. 知觉

1 岁半以前，幼儿已经认识圆形、方形和三角形。此后，幼儿能通过拼合切开的圆形认识半圆形，拉长正方形认识长方形。到 2 岁时，幼儿已能认识圆形、正方形、三角形、半圆形、椭圆形、长方形。此外，幼儿在 1 岁到 2 岁这一年，视力大幅度发展，他们只要看一眼，就可以正确判断物体的位置。

（二）思维发展和水平

1. 心理表征能力的出现

19～24 月龄幼儿处于皮亚杰感觉运动阶段的第六个子阶段——心理表象阶段。这个阶段是感知运动阶段的终结和向前运算阶段的过渡。这一阶段的主要成就在于心理表征或象征性思维能力的获得。心理表征是指对过去事件或客体的内部意象。皮亚杰认为，这个阶段是一个重要的里程碑。

2. 客体永久性认识进一步发展

这一阶段的幼儿能够想象出看不到的事物可能在哪里，甚至能够在自己的脑海中描绘出看不到的物体的运动轨迹。因此，如果一个球滚到某个家具下面，他们能判断出球可能出现在另一边的什么地方。

3. 以突然理解的方法解决问题

这一阶段的幼儿会用外部动作来寻找新的方法，而且也能用头脑内部的动作达到突然的理解。

（三）记忆发展和水平

1. 延迟模仿

延迟模仿可以说是幼儿早期记忆的一种形式。这种延迟模仿的游戏是幼儿回忆能力的一种表现，同时也是幼儿发展自己想象力、社会认知能力等的一种形式。照料者应该尽可能支持幼儿的这种延迟模仿游戏。

2. 自传体记忆

从某种意义上说，自传体记忆是幼儿期遗忘的反面。自传体记忆标志着幼儿期遗忘的结束，对于幼儿自传体记忆的发展、照料者的引导性对话起着重要的支持作用。幼儿通过与照料者的对话，主动参与他们自己的记忆发展。

（四）想象发展和水平

1. 想象的萌芽及特点

想象的发生和幼儿大脑皮层的成熟有关，也和幼儿表象的发生、表象数量的积累、幼儿语言的发生发展有关。19~24 月龄幼儿出现想象的萌芽，主要是通过动作和语言表现出来的。

这种想象是一种类似情形的记忆再现或联想，可以说是记忆材料的简单迁移。

2. 出现假装游戏

表征能力是一种通过词语、数字和心理图像等抽象符号在记忆中对物体和事件进行心理表征的能力。使用符号的能力将幼儿从直接经验中解放出来，他们学会了"伪装"，并且他们的表征能力增强了他们的伪装程度。表征能力的发展也促进了幼儿想象力的发展，这个阶段的幼儿开始进行假装游戏，能够根据符号开展想象活动。

（五）注意发展和水平

1. 注意发展的特征

1 岁以后，幼儿开始逐步掌握语言，表象开始发生，客体永久性概念日渐完善，记忆与模仿能力迅速发展，这一系列的认知发展促使幼儿注意力持续发展。

2. 细微事物注意的敏感期

19~24 月龄幼儿开始进入关注细小事物的敏感期，这一敏感期会持续到 4 岁。在这一阶段，幼儿经常会对一些很小的东西，比如小石子、线头、小纸屑等很是关注。在这个敏感期，幼儿往往会关注许多细枝末节。

二、19 ~ 24 月龄幼儿认知学习方式和学习内容

（一）学习方式

1. 观察比较法

观察是运用感觉器官直接去接触客观世界。比较是在观察的基础上，分析两个或两个以上事物的异同。观察比较是最适合幼儿的一种学习方式。从幼儿心理年龄特点看，幼儿主要是通过感知，依靠表象来认识世界的。感知和表象既有区别，又有联系。区别在于，感知是幼儿依靠感觉器官获得的直接经验；表象是客观事物留在头脑中的形象。联系在于，感知是表象产生的前提，只有在感知的基础上才能形成表象。

2. 操作体验法

操作是幼儿摆弄物体并进行探究的过程；在操作探究的基础上，幼儿会产生对事物本质的理解及相应的情感反应，而其中的情感反应就是体验。蒙

台梭利说过:"我听见,我忘了。我看见,我记住了。我做,我理解了。"[①] 这句话实际上强调的就是操作探究对学习的价值。好奇、好动、好问是幼儿期典型的年龄特点,而操作体验的方式最适合幼儿心理的这一特点,这种方式不仅满足了幼儿的心理需要,更重要的是有助于他们获得真正的理解基础上的记忆。

(二)学习内容

表4-6　19～24月龄幼儿认知学习重点内容

年龄段	认知学习重点内容
19～20月龄	能从10张物名的图片(两两相同)中,找出相同的
	能说出6种以上经常用的物品的用途
21～22月龄	能分清5根手指头和手心、手背
	能说出6种以上的水果名称
23～24月龄	会认2种颜色
	能口头数1～5,口手一致能数1～3
	能完成简单的任务
	能说出图画中人物的职业和名称

三、19～24月龄幼儿认知观察要点

表4-7　19～24月龄幼儿认知发展水平及观察要点

观察主题	发展水平及观察要点	稳定呈现	呈现,但不稳定	极少或从未呈现
注意发展	能安静地听照料者讲5～8分钟的短故事			
	对三角形、圆形等简单的图片感兴趣			
	逐渐能按照照料者提出的要求完成一些简单的任务			
思维发展	认识太阳和月亮			
	知道大小			
	认识3种以上的颜色			
	会玩装扮游戏			
	知道3种以上常用物品的名称和用途			

[①]　刘凌主编:《爱的滋养:幼儿园室外学习环境的开发与应用》,11页,长春,东北师范大学出版社,2018。

续表

观察主题	发展水平及观察要点	稳定呈现	呈现，但不稳定	极少或从未呈现
记忆发展	能模仿照料者的声音			
	容易记住那些使他们愉快、悲伤以及其他引起他们情绪反应的事物			

四、19～24月龄幼儿认知学习支持

（一）环境支持

教育家列乌申娜认为，在没有照料者引导的情况下，幼儿周围环境中的很多事实和现象以及物体的特征就成为幼儿视野和知觉之外的东西。这些"知觉之外的东西"是无法纳入幼儿的知识经验体系之中的，也不可能引起幼儿思维的变化。[①] 所以，要发挥照料者在活动中的组织作用。

1. 创设良好的物质环境

（1）为活动提供充足、多样的材料

认知活动是幼儿与材料相互作用的过程，材料是幼儿的活动对象。照料者要根据教学内容的特点和幼儿思维发展的规律投放材料，做到由简单到复杂、由易到难、循序渐进，使每个幼儿都能轻松自如地使用材料，达到真正意义上的自我发现、自由探索、自我发展的目的。

（2）合理利用活动空间

认知活动的开展主要通过操作和游戏等活动来实现，而照料者必须创设一定的空间才能确保操作和游戏顺利完成。幼儿的认知活动可以利用的空间包括桌面、地面、走廊、活动区域等。照料者应根据活动所需要的空间和幼儿的人数合理安排活动场地，确保幼儿有宽敞的活动空间。

（3）保证充足的活动时间

幼儿的感知与探索需要经历一个过程。因此，照料者应保证幼儿有充分感知、操作、探索的时间，不要在幼儿尚未充分操作的情况下就匆匆收场。

2. 创设轻松的心理环境

（1）以温和的态度对待幼儿

以温和的态度对待幼儿，照料者要做到以下两点：

第一，以平等、真诚的态度与幼儿交往，不能高高在上。

第二，控制自己的脾气，不随便向幼儿发火。

---

① 梁慧琳：《幼儿园数学教育活动设计》，24 页，北京，中国社会出版社，2010。

（2）让幼儿自主学习

照料者要提供给幼儿自主的活动环境和发展机会，鼓励幼儿自己去发现，帮助幼儿成为主动且自信的学习者。对于幼儿的操作行为，照料者不要制定太多的行为规则，应给幼儿更多的自由，允许幼儿自己确定操作方式，自己想办法解决遇到的问题。

（3）多鼓励幼儿的进步

幼儿的认知活动需要照料者的鼓励和支持。照料者的鼓励和支持能以外在的动力形式激起幼儿学习的积极性，能使幼儿主动地学习和探索，能给幼儿克服困难带来强大的动力。哪怕这一进步是极其微小的，照料者都应给予及时的鼓励和支持。

（二）活动支持

19～24月龄幼儿认知提升重点如下。

数概念：培养幼儿口头数数的能力，能唱数1～10或者20，能点数1～5。

空间智能：培养幼儿建立里外的空间概念，能按大小顺序排列物体，能独立寻找家中物品的存放位置，认识半圆形，鼓励幼儿操作拼图（3块），培养空间方位能力。

时间知觉：认识昨天、今天、明天和周末。

1. 感知觉训练游戏——拼接图片

材料：两张幼儿比较熟悉和喜欢的图片。

方法：

第一，将其中一幅图片用剪刀剪成3部分。

第二，先将一幅完整的图片拿给幼儿看，让幼儿说出图片的内容，如小狗的耳朵、鼻子、尾巴等。

第三，藏起完整的图片，再拿出裁剪的图片，让幼儿根据刚才看到的尝试拼图。

目的：促进幼儿手、眼、脑协调发展，锻炼空间知觉能力。

2. 思维训练游戏——叠纸杯

材料：5个纸杯。

方法：

第一，把纸杯给幼儿玩耍，让幼儿慢慢熟悉纸杯的形状和可以叠套在一起的特性。

第二，引导幼儿把5个纸杯逐一叠套起来，一边套一边数给幼儿听。

第三，把叠在一起的纸杯逐一拆出来，同时数给幼儿听。

目的：锻炼幼儿对数字的最初感知。

3. 记忆训练游戏——猜猜玩具在哪个碗下

材料：两个相同的碗、一个小玩具。

方法：

第一，先出示小玩具让幼儿看，并引导幼儿观察并说出玩具的形状、颜色、名称等。

第二，将小玩具放在一只碗下面并扣住，另一只碗也扣在桌子上，然后移动两个碗几次。让幼儿猜猜小玩具在哪个碗下。

目的：锻炼幼儿的记忆力、观察力。

4. 注意力训练游戏——放珠子

材料：找一个窄口瓶子和一些彩色的珠子。

方法：

第一，在桌子上摆放一个窄口的瓶子和一些彩色的珠子，幼儿坐在边上。

第二，幼儿将珠子一个一个地放进窄口瓶子里。

第三，幼儿完成所有任务后，照料者给予一定的夸奖。

目的：培养幼儿的注意力，锻炼其手眼协调能力。

5. 想象力训练游戏——小娃娃生病了

材料：一个小娃娃。

方法：

第一，幼儿和照料者玩游戏。幼儿扮演布娃娃的家长，照料者扮演医生。

第二，照料者引导幼儿扮演家长角色。

目的：增强幼儿对生活过程的了解，提高其想象力。

⊙ 实践与运用 ▶▶▶▶

1. 有人认为："幼儿对数字没有概念，没必要对他们进行数学启蒙教育。"这种观点正确吗？为什么？

2. 设计一个培养 19～24 月龄幼儿颜色知觉的活动方案。

3. 观摩一节 19～24 月龄幼儿数与量指导的早教课程，并就活动设计提出建议和意见。

4. 结合党的二十大报告，你觉得对幼儿进行认知教育的意义是什么？

单元 4
····
19～24 月龄幼儿情感与社会性发展与学习支持

情境描述

　　2 岁的小力聪明、好动。小力跟姥姥一起生活。为了保证小力的安全，姥姥不让他走出家门，只让他在家里玩耍。自从小力被送到亲子中心后，小力变得很不开心，因为小力与其他小伙伴的交往不是很顺利，小力不愿再去亲子中心了。

请思考：

1. 结合幼儿心理学相关知识，请说出小力不愿意去亲子中心的原因。
2. 若你是照料者，应该如何帮助小力与同伴交往？

学习笔记

学习驿站

　　情绪是人对客观事物及自我与他人产生的态度体验。同认识活动一样，情绪也是人脑对客观现实的反映。情绪反映的是一种主客体的关系，是作为主体的人的需要和客观事物之间的关系。

　　社会性是人在社会存在过程中所获得的一切特性。社会性的发展贯穿人的一生。幼儿从出生起，就开始了由"自然人"向"社会人"转化的过程，伴随着成长，不断地与他人、环境进行互动。社会性的早期发展决定了幼儿与他人建立社会关系的基调，这个发展过程也是决定个体性格、情绪与认知发展的关键阶段。

🖋 学习笔记

因此，对 19～24 月龄幼儿的社会性发展进行观察与评估，及时了解并掌握幼儿社会性发展的特点，有助于照料者调整教育手段，促进幼儿个体社会性的健康发展。

一、19～24 月龄幼儿情感与社会性发展和水平

（一）情感发展和水平

1. 对爸爸的喜爱

这个阶段的幼儿开始喜欢和爸爸一起玩了。这是因为随着成长，幼儿不再满足于吃饱、喝足等生理需要，爸爸由于体力等原因可以给幼儿带来更多刺激、不同乐趣的游戏。

2. 对秩序的坚持

这时的幼儿会对秩序有一定的坚持性，表现在空间和时间上。例如，家中玩具摆放的位置应该是固定的，这样幼儿就有了相对固定的生活习惯。

3. 同情心的发展

这个阶段幼儿的同情心已经有所发展，可以感受到别人的情绪，比如看到别人笑，他也会笑；看到别人哭，他也会哭。不少幼儿也学会了处理别人情绪的技能。这种情绪的产生是高级社会情感的基础，对幼儿将来的社交行为会产生深刻的影响。从 1 岁开始，照料者就可以逐渐培养幼儿的同情心以及对新事物的兴趣，同时要创造条件让幼儿更广泛地接触周围环境和人群，更多地融入社会，培养幼儿的社会交往能力和适应能力。人是离不开社会的，在社会上生存和发展都要与人交往，因此培养幼儿的社会化是相当重要的。照料者应该从小就让幼儿多接触社会，随机进行社会化的教育，使其学会适应社会生活。

4. 安慰别人

幼儿不仅可以察觉到别人情绪的变动，在别人悲伤哭泣的时候也会用自己的语言和动作去安慰别人。例如，在爸爸妈妈生气的时候，幼儿会用微笑逗父母开心。

5. 悲伤时寻求帮助

幼儿在悲伤时不仅靠哭闹来发泄，也开始主动寻求照料者的帮助。例如，

摔倒后，幼儿会在父母面前哭。

（二）社会性发展和水平

19～24月龄幼儿社会性发展的关键是学习发起并维持与他人交往的技巧。此时，幼儿的自我认识产生第一次飞跃，发展出客体自我，开始称呼自己为"我"，也更能理解他人的情绪和感受，在目睹他人病痛时出现安慰等亲社会行为。同伴交往延续上个月龄段的特点，同时自控能力开始有所发展。

1. 社会行为主要特征

社会互动技能进一步发展：19～24月龄幼儿会以物品为中心与他人进行互动。此时，幼儿能够接近正在操作玩具的陌生人，并围绕玩具与之互动。在接触玩具时，幼儿常对陌生人微笑并发声。

交往中对他人的行为做出动态反应：19～24月龄幼儿能对他人的社会交往行为做出相应的反应，以促进社会互动的进行。

出现自发的亲社会行为：部分19～24月龄幼儿在目睹别人的痛苦时，会表现出一定的亲社会行为进行安慰，如拍拍对方等。

同伴交往中出现合作行为：19～24月龄幼儿的分享与合作行为萌芽并发展。特别是在与同伴发生冲突时，幼儿开始学会使用分享或合作的方式解决冲突。

在亲子间与依恋对象的关系更加微妙：19～24月龄幼儿开始理解并采纳依恋对象的观点，可以对母亲的行为进行推断，并随着对因果关系的认识使用更加微妙的方式影响母亲的行为。

2. 社会适应发展特征

生活适应上有了一定的自理能力：19～24月龄幼儿能够自己脱衣服，有了一定的生活自理能力。

在陌生环境中不再"怕生"：19～24月龄幼儿随着认识范围的扩大、接触陌生人的机会增多，渐渐地不再"怕生"。幼儿有一定的个体差异，但都能在陌生环境中经过少则几分钟、多则数十分钟的适应后融入环境。

3. 自我意识发展特征

自我认识中的客体自我逐渐成熟：19～24月龄幼儿的客体自我逐渐成熟，这是自我意识发展的一大飞跃。此时，幼儿能够确认自己在镜中的形象，并能用自己的名字表达自己的需要。

出现自我指导行为：19～24月龄幼儿逐渐开始自我指导，他们的感知运动图式内化为正常的心理图像。

想一想

19～24月龄幼儿
情感与社会性发展
之间有影响吗?

性别认同开始出现:19～24月龄幼儿开始出现性别认同,知道自己所属的性别是什么。

自我控制能力开始发展:19～24月龄幼儿的自我服务能力提高,有的幼儿已经有了一定的自我控制力,照料者可以运用一定的策略,使其延迟满足。

相关链接 ▶▶▶

党的二十大报告指出:"我们确立和坚持马克思主义在意识形态领域指导地位的根本制度,新时代党的创新理论深入人心,社会主义核心价值观广泛传播,中华优秀传统文化得到创造性转化、创新性发展,文化事业日益繁荣,网络生态持续向好,意识形态领域形势发生全局性、根本性转变。"

学习笔记

二、19～24月龄幼儿情感与社会性学习方式和学习内容

(一)学习方式

1. 游戏学习法

照料者在日常生活中也可以通过很多活动来帮助幼儿提高独立生活的能力,提升其集体精神,养成坚强勇敢的优秀品质。例如,可以通过吃饭来养成良好的习惯,也可以通过布置环境来潜移默化地影响学习氛围,让幼儿在一个比较好的环境里面认真地学习。同时,照料者还要注意学习氛围对幼儿精神环境的影响。例如,幼儿的人际关系比较好,与他人相处得比较和谐,那么该幼儿的身心健康发展状况就会比较好。

2. 示范法

示范法是社会性发展活动不可缺少的方法。照料者通过示范来让幼儿模仿。例如,在"自己穿袜子"活动中,照料者向幼儿示范穿袜子的正确方法。照料者应该严格要求个人行为,并向幼儿做出正确示范。示范动作要步骤正确、清晰,动作要慢,要让所有幼儿都能看到,必要时可分小组进行示范。

(二)学习内容

表4-8　19～24月龄幼儿情感与社会性发展学习重点内容

年龄段	情感与社会性发展学习重点内容
19～20月龄	能高兴地同小朋友一起玩
21～22月龄	选食物
	希望参与做家务
	知道故事中谁是好人谁是坏人

续表

年龄段	情感与社会性发展学习重点内容
23～24月龄	对别的幼儿很感兴趣并注视他们
	开始平行游戏（同伴在旁）
	见不同的人会打招呼
	在陌生人面前羞怯

三、19～24月龄幼儿情感与社会性观察要点

表4-9　19～24月龄幼儿情感与社会性发展水平及观察要点

观察主题	发展水平及观察要点	稳定呈现	呈现，但不稳定	极少或从未呈现
情感发展	当照料者用夸张的表情表达滑稽时，幼儿会开怀大笑			
	当爸爸回家时，幼儿会主动迎接			
	妈妈与幼儿玩躲猫猫的游戏，在看到妈妈的时候幼儿会开心地大笑			
	幼儿是否能正确指出吃惊的表情			
	幼儿是否能正确指出哭泣的表情			
	幼儿是否能正确指出生气的表情			
	幼儿是否能正确指出微笑的表情			
	当周围的人开心地笑时，幼儿会跟着开心地大笑			
	当有同伴伤心哭泣时，幼儿会通过言语和动作来安慰同伴			
	当悲伤的时候，幼儿会到父母身边寻求帮助			
社会性发展	不愿把东西给别人，只知道"是我的"			
	交际性增强，较少表现出不友好的行为和敌意			
	会帮忙做事，如学着把玩具收拾好			
	游戏时模仿父母的动作，如假装给玩偶喂饭、穿衣			

观察主题	发展水平及观察要点	稳定呈现	呈现，但不稳定	极少或从未呈现
	较为听从母亲的指示，会为了让母亲高兴而听话			
	能够融入陌生环境，有一定的自理能力，如可以自己脱衣服			
	当别人提到自己的名字时能意识到是在谈论自己			
	可以从一堆照片中辨认出自己的照片			
	较为偏爱自己所属性别对应的玩具和游戏			

四、19～24 月龄幼儿情感与社会性学习支持

（一）环境支持

创设适宜的环境，包括物质环境和精神环境，是促进幼儿早期发展的重要条件。照料者要为幼儿创设卫生、环保、安全的整洁居室和活动空间，要重视幼儿的精神环境和心理健康，提供"心理营养"，关爱、接纳、尊重、鼓励幼儿，满足幼儿情感的需要和交往的需要，让幼儿在温馨的环境中快乐成长，形成良好的心理品质和人格。不论是物质环境还是精神环境，对幼儿来说，最重要的莫过于家庭的和睦与温馨。在幼儿的心目中，父母就是整个世界。父母要做好榜样，营造充满亲情的温馨家庭，传承好家风。母爱非常重要，将影响幼儿一生；父爱也不可或缺，它带给幼儿勇气、力量和信心，使幼儿人格更健全。

（二）活动支持

1 岁后，幼儿才开始能把自己的动作和动作的对象区分开来，然后再进一步把自己和自己的动作区分开来。1 岁后的幼儿开始知道自己的名字。比如，父母叫幼儿"宝宝"，幼儿也学会把自己叫作"宝宝"，开始认识自己的身体和身体的各部位，也意识到自己身体的感觉。幼儿可以告诉你"这是宝宝的眼睛"或"宝宝饿了"等。但是，这时的幼儿只是把名字理解为自己的代号，在遇到叫同样名字的幼儿时，就会感到有些困惑。幼儿开始掌握"我"这个词，这在自我意识的形成上是一个质的变化。从此，幼儿的独立性开始增强起来，这在幼儿常常说的"我自己来"这句话中有明显的表现。

下面介绍几种训练 19～24 月龄幼儿情感与社会性的活动。

1. 自我服务——学脱上衣和裤子

方法：照料者将幼儿的上衣扣子解开，让幼儿自己脱下上衣。在教幼儿脱裤子时，照料者先将幼儿的裤子拉到膝盖处，再由幼儿自己脱下。照料者提醒幼儿自己将裤子拉到膝盖处，再进一步脱下。每天睡前都应让幼儿自己脱衣服和裤子。

目的：训练幼儿的自理能力。

2. 学会关心——当助手

方法：妈妈下班回家时，对幼儿说："给妈妈拿拖鞋来。"妈妈洗衣服时，对幼儿说："给妈妈拿板凳来，妈妈坐着洗。"如此，让幼儿按照照料者的指令去做事。

目的：培养幼儿的服从意识和关心别人的习惯。

注意：

第一，指令幼儿做事时，照料者要以鼓励的口吻下指令。幼儿做完后要不失时机地给予表扬。

第二，幼儿社会性的形成主要是模仿，照料者要注意自身的言谈举止，为幼儿树立榜样。

3. 学会分享——分享食物和玩具

方法：照料者经常讲小动物分享食物的故事给幼儿听，让幼儿知道食物应与大家分享。在幼儿情绪好的时候，照料者给他两块糖，告诉他拿一块给小朋友，另一块留给自己。若幼儿按要求做到了，照料者要及时夸奖幼儿。

目的：关心他人，体验分享的快乐。

4. 学会共情——过家家

方法：照料者为幼儿准备一个布娃娃、一个碗、一把钥匙、用纸团做成的米饭。照料者对幼儿说："娃娃饿了，该喂饭了！"喂完饭后，照料者再说："吃饱了，娃娃玩一会儿！"便和幼儿一起玩开汽车、搭积木等游戏。玩了一会儿后，照料者告诉幼儿："中午了，娃娃该睡午觉了。"照料者让幼儿抱布娃娃上床，盖上被子，用手轻轻地拍布娃娃睡觉。

目的：培养幼儿的同情心

◉ 实践与运用 ▶▶▶▶

1. 如何把握19～24月龄幼儿情感与社会性发展的核心经验，并设计一个19～24月龄幼儿情感与社会性发展的活动方案？

2. 如何利用玩教具通过游戏开展19～24月龄幼儿情感与社会性发展活动？

学习笔记

◈ **综合实践** ▶▶▶▶

1. 请结合 19～24 月龄幼儿的发展水平，设计一套适合该年龄段幼儿发展的被动操。

2. 请简述 19～24 月龄幼儿有哪些正常发育的情况。（可尝试从动作、语言、认知、情感与社会性发展各个角度综合作答。）

3. 举出至少两个 19～24 月龄幼儿语言发展的例子，并记录下照料者的反应。

模块四
学习效果检测

学习评价与反思

1.掌握 25～30 月龄幼儿动作、语言、认知、情感与社会性发展的基本特点，把握该阶段幼儿的身心发展水平。

2.了解 25～30 月龄幼儿的主要学习方式和学习内容。

3.开展促进 25～30 月龄幼儿动作、语言、认知、情感与社会性发展的各项活动，并给予幼儿适宜的教育和支持。

4.通过对 25～30 月龄幼儿的观察，能够分析幼儿的经验水平，并给予相应的指导，促进幼儿健康和谐发展。

5.能够为 25～30 月龄幼儿的父母提供有针对性的指导，帮助他们了解幼儿早期发展与学习支持。

学习导航

25 ～ 30 月龄幼儿发展与学习支持

25 ～ 30 月龄幼儿动作发展与学习支持	25 ～ 30 月龄幼儿语言发展与学习支持	25 ～ 30 月龄幼儿认知发展与学习支持	25 ～ 30 月龄幼儿情感与社会性发展与学习支持
25 ～ 30 月龄幼儿动作发展和水平	25 ～ 30 月龄幼儿语言发展和水平	25 ～ 30 月龄幼儿认知发展和水平	25 ～ 30 月龄幼儿情感与社会性发展和水平
25 ～ 30 月龄幼儿动作学习方式和学习内容	25 ～ 30 月龄幼儿语言学习方式和学习内容	25 ～ 30 月龄幼儿认知学习方式和学习内容	25 ～ 30 月龄幼儿情感与社会性学习方式和学习内容
25 ～ 30 月龄幼儿动作观察要点	25 ～ 30 月龄幼儿语言观察要点	25 ～ 30 月龄幼儿认知观察要点	25 ～ 30 月龄幼儿情感与社会性观察要点
25 ～ 30 月龄幼儿动作学习支持	25 ～ 30 月龄幼儿语言学习支持	25 ～ 30 月龄幼儿认知学习支持	25 ～ 30 月龄幼儿情感与社会性学习支持

学习初体验

27个月大的强强走得越来越稳，总是喜欢跳上跳下，还会倒着走，跑起来的姿势也与成人无异。他会自己用勺子吃饭，也会三指捏豆子，有时候还能自己拧开瓶盖。强强每天缠着爸爸妈妈问东问西，特别喜欢和别人交流，尤其喜欢使用疑问句，但是说出的句子比较简单。此时的强强已经能够分辨一些颜色，会比较大小，注意力能够保持一段时间。强强看到别的小朋友在哭，会主动走过去抱一抱他。面对妈妈离开家去上班，强强能够勇敢地说再见，他知道妈妈一定会回来的。强强很喜欢和小朋友们一起玩，但有的时候会因为一件玩具、一块饼干而和别人"大打出手"。强强总是想要自己的事情自己做，甚至抢着做家务。但是，他好像总是在说"不"。让他做什么，他偏要说"不"！

强强在动作、语言、认知、情感与社会性发展方面有什么样的特点？我们又应该怎么进行有效指导呢？

学习交流

学习导入

25～30月龄的幼儿正处于快速成长的关键阶段。这个阶段的幼儿，身体进一步发育，身高体重不断增加；动作方面，能跑能跳，还可以自己上下楼梯，能够搭积木、翻书页；语言方面，开始用简单的句子表达自己的想法；认知方面，他们开始对周围世界充满好奇，能简单识别颜色和形状；情感方面，幼儿自我意识逐渐增强，可能会出现闹小脾气的现象；社交方面，他们喜欢与同伴玩耍，慢慢地可以和他人分享玩具。了解以上发展特点，能帮助我们更好地陪伴孩子成长，给予他们恰当的引导与支持。让我们一同见证他们在这段时期的奇妙变化与进步吧。

单元 1
25～30月龄幼儿动作发展与学习支持

情境描述

　　2岁半的小美特别喜欢画画，总是拿着彩笔画来画去。小美的妈妈注意到这个现象，决定好好培养小美，于是兴致勃勃地带她去了美术特长班。可是仅上了一次试听课，小美的妈妈就不高兴了。

　　在试听课上，小美表现得很认真，小眼睛一直紧紧地盯着老师，生怕错过什么。可是在试听课结束后，妈妈看着小美在课上画的画，眉头却紧紧地皱了起来。老师走上前来询问得知，小美妈妈对这堂试听课并不满意。原因是妈妈看不懂小美在画什么，而邻居家的东东明明比小美大不了多少，就已经可以很准确地画出小鸟、大楼、小汽车，画得特别好。小美妈妈却根本看不出小美在画什么。小美妈妈对小美的表现很不满意，也很着急，不想自己的孩子输在起跑线上。

　　小美妈妈表示很疑惑，难道小美真的不会画画？还要不要继续让小美上美术特长班呢？

请思考：

1. 小美的动作能力发展水平与特点如何？

2. 小美真的不适合画画吗？你认为小美妈妈是否应该继续让小美参加美术特长班？如果你是一名育婴师，请你给这位妈妈提出建议，你会说什么？

学习驿站

学习笔记

　　在幼儿早期发展阶段，动作发展是幼儿早期发展的主要方面，对幼儿个体的健康、感觉、知觉、性格以及与社会外界接触等方面都产生着重要的影响。25～30月龄幼儿的身体进一步发育，动作发展也快速地发生变化。

小明已经 2 岁半了。在户外玩耍时，他能够稳稳地跑步，小短腿快速交替，遇到小坑洼也能轻松跨过去。他看到路边的小花，会蹲下身子，用小手小心翼翼地触摸花朵，然后又站起来继续跑。在公园里，他看到滑梯，兴奋地跑过去，手脚并用爬上滑梯的台阶，虽然动作还有些笨拙，但很努力。到了滑梯顶端，他勇敢地坐下，双腿伸直，"嗖"的一下滑了下来，脸上露出开心的笑容。看到旁边的跷跷板，他努力地爬上跷跷板的座位，和小伙伴一起玩着跷跷板，通过不断调整身体重心来保持平衡。回到家后，他拿起自己的小玩具车，能够灵活地用小手推动车子前进，还会转弯避开障碍物。

✎ 学习笔记

一、25～30 月龄幼儿动作发展和水平

（一）粗大动作发展和水平

2 岁后的幼儿，其动作发展以基本运动技能为主，向各种动作均衡发展，包括走、跑、跳等。看似简单的动作，却是幼儿今后运动能力和智力正常发展的基础。

1. 行走

25～30 月龄幼儿已经可以很顺利地行走，行走能力有了很大的进步。姿势较稳，可以做到朝各个方向走、沿曲线走、侧着走等。但是，步伐不稳，容易摔跤，仍需眼的协调。

2. 奔跑

25～30 月龄幼儿开始喜欢到处跑，能较好地控制身体平衡。2 岁以后，幼儿能够迈开较大的步子奔跑，还可以追逐跑、绕开障碍跑等。到 2 岁半时，幼儿能跑得较稳，动作较协调。起跑时，幼儿的手部动作正确，但不能保持到最后。

3. 跳跃

25～30 月龄幼儿的跳跃能力得到进一步发展，能够做到双脚离地腾空，连续跳跃 3～5 次；能单脚原地跳，还能从高处跳下（一般不高于 20 厘米）。

（二）精细动作发展和水平

25～30 月龄幼儿的手更加能干，可以自如地做很多事。幼儿会自己洗手擦脸，用勺子吃饭，会两手配合初步完成穿鞋袜、解衣扣、拉拉链等简单的行为。这个年龄段的幼儿能够画垂直线、水平线、弯曲线，画圆能匀圆闭合；能一只手摁住书，另一只手一页一页地翻书；尝试捏、团、撕、对折纸；会穿 1～6 个珠子（1 分钟内）；拼 2～4 块图片；旋开瓶盖取物；能为大小不同的瓶子配盖并拧上；用 8 块积木垒高或连接成简单的物体形状，如搭桥、火车等。

二、25～30月龄幼儿动作学习方式和学习内容

（一）学习方式

1. 模仿学习

25～30月龄幼儿刚从婴儿期步入幼儿期，一方面，他们不免带有一些婴儿的"痕迹"；另一方面，由于身心发展迅速，他们又开始具有幼儿期的显著特点。爱模仿是这个年龄阶段幼儿的突出特征。他们喜欢模仿老师、家长和伙伴。他们也正是在模仿中学习、成长的。

2. 在生活中学习

幼儿在生活中进行学习，其动作发展与生活实际经验密切相关。比如，在日常生活中，上下楼梯特别能锻炼幼儿的腿部力量，因此除了一些特殊情况，如幼儿身体不适，照料者都要坚持让幼儿自己上下楼梯。又如，在洗漱时，虽然"拧"开水龙头是一件小事，但是照料者一定要让幼儿自己学着操作，这样幼儿不但可以积累生活经验，还能够使他们的手变得更加灵巧。

（二）学习内容

1. 行走

2岁后的幼儿，行走已经非常稳健了，其腿部力量逐渐增强。这时照料者可以带领幼儿尝试斜着走、侧身走以及倒着走，锻炼幼儿的平衡能力。照料者在日常生活中可以和幼儿一起进行尝试。

2. 跑

在幼儿已经可以进行比较平稳的跑步后，照料者可以引导幼儿保持正确的跑步姿势。尽量先保持较短的练习时间，再逐渐延长练习时间。幼儿刚开始跑步时，跑步的距离可能很短。对此，照料者可以选择宽敞、无杂物、地面柔软的场地，让幼儿练习跑步；也可以尝试通过游戏来唤起幼儿的兴趣，和幼儿一起跑步，把跑步的距离拉长。

3. 从台阶上跳下

在幼儿能较稳当地双足跳离地面的基础上，照料者可以教幼儿从一阶台阶上往下跳。从较矮的台阶开始练习，幼儿熟练掌握后，可逐渐增加台阶的高度。值得注意的是，在此过程中，照料者要保证幼儿的安全，不要频繁开展这一活动，避免幼儿单独跳跃时不知高低便往下跳。

4. 独自上下楼梯

在幼儿身体比较灵活后，照料者可以教幼儿两足交替地上楼梯。先从阶数较少的楼梯开始，以后逐渐增加运动量。

在幼儿能够比较稳当地独自上楼梯后，照料者可以训练幼儿独自下楼梯。因下楼梯较难把握，照料者可以先让幼儿从较矮的楼梯开始尝试，体会下楼梯的感觉，学会保持身体平稳。

5. 骑三轮车

骑三轮车是为了培养幼儿手足配合的协调能力。从 2 岁开始，照料者便可以教幼儿骑三轮车了。照料者可以扶着幼儿教其用双脚用力蹬，也可稍加用力推其前行。

6. 手的灵活操作

为了培养幼儿的操作能力，照料者可以让幼儿将一些小豆子装进小口径的瓶中，用勺子舀东西，或者教幼儿学会将细绳穿进珠孔内。幼儿也可以通过拼搭积木、插雪花片等建构游戏进行练习。

三、25～30 月龄幼儿动作观察要点

表 5-1　25～30 月龄幼儿动作发展水平及观察要点

观察主题	发展水平及观察要点	观察		出现时间	评价
		是	否		
粗大动作	走路已不再是问题，能独自上下楼梯				
	可以单脚站立 3～5 秒				
	能绕开路上的障碍物行走，能躲开小型危险物				
	在照料者的帮助下可以尝试立定跳远				
	能爬上椅子，上桌取物				
	会自己摇木马				
	能接住滚过来的球				
	会骑三轮车				
	已经跑得很稳，姿势接近成人				
	下楼梯时能双足踏在一阶台阶上				
	可以立定跳远 15 厘米				
	能走 10～20 厘米高的平衡木				
精细动作	能垒高七八块积木				
	用积木 10 块以上砌成门楼				
	能拼对分成两块的简单的图形				

续表

观察 主题	发展水平及观察要点	观察		出现 时间	评价
		是	否		
	每分钟穿 4～6 颗珠子				
	拧开螺口瓶盖，按大小配盖				
	套上 6～8 个套碗或套桶				
	能来回倒物体				
	用勺子舀起小物品放入盘中				
	能解开并扣上衣服或鞋子的按扣				
	能给 6 种以上的几何体配对				
	能用面团模仿做出条、圆、碗、盘的形状				

四、25～30月龄幼儿动作学习支持

（一）环境支持

1.物质环境支持

选择安全、适合的训练空间。适宜的运动空间对于幼儿进行粗大动作训练是十分必要的。照料者可以根据居住条件，为幼儿准备适当的运动空间。如果是在室外，则需要选择宽阔、安全、明亮的地方。例如，宽敞的平地、坡度较小的台阶等。

2.心理环境支持

在幼儿情绪状态良好时展开练习。同时，由于幼儿的能力尚不足以做到十全十美，照料者在这个过程中一定要时刻保持耐心，多给幼儿积极的鼓励，尽量避免给幼儿施加压力。照料者也可以利用色彩鲜艳、丰富的玩具或其他有趣的东西来吸引幼儿，并及时给予幼儿鼓励。

（二）活动支持

幼儿的生理发育有一定的规律和特点，而且每个幼儿的发育水平不同。因此，我们应根据幼儿的发展水平和特点选择适当的训练方法和内容。

1.粗大动作活动设计方案

（1）行走训练

①方法一

照料者准备 6 个塑料瓶和 3 根绳子，分别将 2 个塑料瓶和 1 根绳子连接在一起，制作 3 组低矮的障碍物，放置在空旷的场地上。障碍物一侧为起点，另

一侧为终点。照料者先牵着幼儿一起迈过障碍物，从起点走到终点。熟练后，照料者应鼓励幼儿尝试自己迈过障碍物。若不小心把障碍物碰倒，照料者应鼓励幼儿自己将瓶子扶起，并继续前进，直到走到终点。照料者可创设情境，如帮助家长送东西、送小动物回家等，以提高幼儿活动的兴趣和积极性。

目的：锻炼幼儿在行走过程中越过障碍的能力。

②方法二

照料者带领幼儿一起观察螃蟹走路，了解螃蟹是如何走路的。一起模仿螃蟹横着走路的方式。照料者可以先让幼儿靠着墙走，或者沿着线走，熟练后可以直接像螃蟹一样横着走。在模仿过程中，照料者要时刻注意幼儿的安全。

目的：在幼儿能走稳的基础上，锻炼其侧身走的能力。

（2）跑步训练

方法：照料者准备木棍和绳子，绳子一头连接棍子，另一头连接幼儿喜欢的玩具。照料者拿着组装好的玩具在前面慢慢跑，吸引幼儿在后面追。

目的：锻炼幼儿跑步的能力，慢慢延长幼儿跑步的距离。

（3）跳跃训练

①方法一

照料者可以吹泡泡，让幼儿跳起触碰泡泡。或者，照料者和幼儿一起拍气球。照料者将气球拍起，幼儿跳起来继续拍气球，保证气球不能落地。

目的：练习原地双脚跳或单脚跳。

②方法二

照料者双手拉住幼儿的手，带领幼儿向前跳。随后，在幼儿已经有照料者带领向前跳的基础上，照料者和幼儿一起假装是小兔子，双脚向前跳。此时，照料者不再提供帮助，而是让幼儿尝试自己跳跃。照料者可以创设情境，吸引幼儿的兴趣。

目的：锻炼幼儿跳跃的能力，逐渐增加双脚跳出的距离。

③方法三

在日常生活中上下楼梯，走到最后一级台阶时，照料者可以拉起幼儿的手，带着幼儿一起从台阶上跳下，感受跳跃的感觉。照料者要时刻注意幼儿的安全。

目的：练习从台阶上往下跳。

（4）上下楼梯训练

方法：幼儿在2岁时已经学会上楼梯，但要学会交替双脚下楼梯还需要进行练习。有扶手或有人牵着时易于交替，扶手太高幼儿够不着时就难以交替。照料者可以在上下楼梯时让幼儿数数，提高幼儿独立行走的兴趣，同时让幼儿练习口与脚的动作一致性。照料者应注意不要勉强幼儿,开始时可以选择比较矮的台阶进行训练。视幼儿的体力进行锻炼,不要让幼儿一次走太多的台阶,中间可以让幼儿休息一下,喝点水。

目的:练习双脚交替上下楼梯,增强幼儿腿部的肌肉力量,训练其粗大动作能力。

2.精细动作活动设计方案

①方法一

面塑是三维艺术,可以捏出物体的具体形状,是练习手部技巧的好方法。照料者可以在包饺子时,给幼儿一个小面团,让幼儿学着捏。幼儿可以将面团搓圆、搓成条状或直接压扁等。

目的:通过捏面团或橡皮泥,发展幼儿的精细动作。

②方法二

照料者为幼儿准备幼儿专用安全剪刀和宽1.5厘米左右的纸条。示范用剪刀剪断纸条的动作:"剪刀有个大嘴巴。张开大嘴咬一口,啊呜一口咬碎了!"幼儿熟练后,照料者可以鼓励幼儿沿着纸条上画好的线剪,直至纸条被全部剪碎。照料者应为幼儿选择塑料、圆头的安全剪刀,剪下的碎纸还可以用来玩拼贴游戏。

目的:让幼儿使用幼儿安全剪刀剪纸条,发展其手指小肌肉控制能力及双手配合能力。

③方法三

照料者准备一个螺口瓶,让幼儿尝试拧下瓶盖和拧上瓶盖。这项任务需要幼儿手指与手腕的配合,幼儿在未接触拧瓶盖之前可能对该项活动并不熟悉,照料者要耐心地示范和引导。等幼儿熟练后,照料者可以逐渐加大难度,准备3～4个瓶口大小不同的螺口瓶,向幼儿展示:将瓶盖全部拧下,打乱顺序后,再按照大小将瓶盖拧回去。

目的:锻炼幼儿的手部力量,以及手指和手腕的配合,促进其手部精细动作的发展。

学习笔记

◉ 实践与运用 ▶▶▶▶

1.你如何观察并记录25～30月龄幼儿动作发展的行为?

2.请谈一谈如何利用自然环境促进幼儿的动作发展。

3.你如何对25～30月龄幼儿的动作发展水平做出科学、合理的评价?

单元 2
25～30 月龄幼儿语言发展与学习支持

情境描述

"我家宝宝 2 岁了，不怎么会说话，同龄的孩子都会说很长的句子了，我家宝宝是不是说话晚呢？"

"孩子奶奶说，他爸爸小时候也是说话比较晚，是不是跟遗传有关系呢？"

"别家孩子都是小话痨，就我家孩子只会蹦出简单的词，会不会是语言发育迟缓呢？"

…………

很多人遇到孩子说话晚会说这是"大器晚成"，也有家长担心是"语言发育迟缓"。

请思考：

1. 25～30 月龄幼儿语言发展特点如何？

2. 我们应该如何科学地判断幼儿的语言发展是否正常？

3. 照料者应该如何帮助幼儿实现语言的有效发展？

学习笔记

学习驿站

在语言的获得过程中，幼儿的发展要经历 3 个阶段，即准备语言阶段、理解语言阶段、表达语言阶段。25～30 月龄幼儿正处于表达语言阶段，幼儿的语言能力飞速发展。在这个时期，如有适宜的条件，幼儿语言能力的各个方面就可以得到迅速的发展。反之，若没有适宜的环境和教育，幼儿的语言发展将受损，且无法弥补。因此，在这个时期对幼儿进行适当的语言教育，可以有效地促进其语言能力的发展。[1]

---

[1] 袁萍、祝泽舟主编：《0～3 岁婴幼儿语言发展与教育》，4 页，上海，复旦大学出版社，2011。

一、25～30月龄幼儿语言发展和水平

25～30月龄幼儿的语言能力突飞猛进，言语运用能力和词汇量都大大提升。他们听和说的积极性都很高，乐意讲话，也喜欢听别人讲话、学习和运用新词。他们还常常会说一些新奇的句子。这个阶段的幼儿的语言越发通顺，开始会说简单的句子，不但会自言自语，而且会模仿他人说话。

（一）语音意识和表达

语音是语言的声音，是言语发展的前提。虽然这个阶段的幼儿已经掌握了基本的语音，但由于发音器官还未完全发育成熟，所以幼儿暂时无法准确掌握许多复杂的发音。幼儿往往喜欢伴有声带振动的起首辅音，如 b、d、g 等，以此来代替一些不容易发出的辅音。随着语音意识的发展，幼儿自己也能意识到这一点。在一段时间里，幼儿往往会故意避开说那些容易发错音的词，而有选择地发一些自己已经掌握了的语音。幼儿能够自觉模仿正确发音，纠正错误发音，这说明他们对语音的意识开始形成。

⊙ 情境案例 ▶▶▶▶

琪琪 30 个月大了，喜欢听大人讲话，也非常喜欢说话，总是讲个不停。一天，在和姑姑一起玩耍的时候，琪琪想请姑姑帮忙拿一下玩具，于是叫道："bubu，bubu，帮我拿一下玩具。"这下给姑姑逗笑了，姑姑强调说："是 gugu，不是 bubu。"琪琪觉得不好意思，便不理姑姑，自己去玩玩具了。

（二）词义表达

25～30月龄幼儿的词汇量逐渐增加，对语言的理解能力也迅速提高。词义的泛化、窄化、特化现象开始减少，概括性进一步提升。例如，对"鸟"这个词的理解不仅指见过的麻雀，还包括有这一类特征的动物。只不过，受思维发展特点的影响，幼儿对某些词的理解还具有直接性和表面性，只能理解词的常用意义，如"凶猛"一定与老虎相联系，"臭"一定与闻起来味道不好的东西相联系。

2 岁后，幼儿开始掌握形容词、代词和副词。2 岁半以后，幼儿逐渐掌握介词、量词、连词、叹词、助词等词类。词类范围的扩大说明幼儿掌握词汇的质量提升。①

（三）句法表达

2 岁以后，幼儿开始学习运用符合语法规则的完整句子准确地表达自己的想法。这一年龄段的幼儿逐渐能够用简单句来表达自己的意思，并开始说一些

---

① 文颐主编：《婴儿心理与教育（0～3 岁）》，116～168 页，北京，北京师范大学出版社，2015。

学习笔记

复合句，但数量少，占比不大。在语言表达的内容方面，幼儿从只能以眼前的事物为话题，逐渐过渡到可以谈论过去和将来。从 2 岁开始，幼儿能将过去的经验表达出来。由于好奇心强，疑问句的使用频率非常高，这个时期"为什么"成了他们的口头禅。

（四）使用语言与人交往

在沟通与交流中，幼儿的口语进步很快，开始建立人称观念，能了解词语所代表的意义，能够准确地建立物与人的联系，如"这个苹果（是）我的，那个苹果（是）妈妈的""这（是）妈妈的书"等。鉴于这样的基础，幼儿能够使用语言与人进行交往，并且这种意识明显增强。

这时的幼儿极喜欢重复别人的话，并喜欢和别人进行对话。就个体而言，幼儿的语言能力和理解能力的发展存在很大差异，照料者应让幼儿在这个阶段打好语言发展的坚实基础。

🔗 相关链接 ▶▶▶▶

语言发展是否"慢于"其他幼儿?

25～30 月龄幼儿说话不流畅，表达常有"破句现象"，说长句子时，常有说话不流畅、结结巴巴的现象。照料者不必为此感到焦虑，这是正常现象。2 岁的幼儿开始尝试将词组成句子来表达自己的想法，但由于能力不足，就会出现表达不流畅的情况。在渐进式的学习过程中，幼儿的语言能力进一步提升，这种现象就会消失。并且，语言发展的快慢不能一概而论。有的幼儿语言发展得快，有的发展得较慢。我们可以做到的是在幼儿语言发展的关键期，多与幼儿对话，为幼儿语言能力的发展奠定基础。

学习笔记

二、25～30 月龄幼儿语言学习方式和学习内容

（一）学习方式

1. 示范模仿法

示范模仿法是指照料者通过自身的规范化语言，为幼儿提供语言学习的样板，让幼儿始终在良好的语言环境中自然地模仿，有时也可以让语言发展较好的同伴来为其做示范。

2. "视听讲做"结合法

"视"是指提供具体形象的语言教育辅助材料，让幼儿充分地运用视觉感知。

"听"是指用语言描述、启发、引导、暗示、示范等，让幼儿充分地运用听觉感知。

"讲"是指幼儿在感知、理解的基础上，充分地表达个人的认识。

"做"是指给幼儿提供一定的想象空间，通过幼儿的参与或独立的活动与操作，连贯、完整、富有创造力地进行语言表述。

3. 游戏法

游戏法是指通过玩游戏，训练幼儿正确发音、丰富词汇和学习句式的一种方法。根据幼儿语言能力发展的特点和个体差异，照料者应选择和编制游戏，使幼儿在轻松、愉悦、有趣的活动中进行强化训练。

4. 表演法

表演法是指在照料者的指导下，幼儿学习表演文学作品以提高口语表达能力的一种方法。在幼儿理解故事内容、熟悉人物角色和对话的基础上，照料者和幼儿一起运用语言、动作等方式扮演角色。

5. 练习法

练习法是指有意识地让幼儿多次使用同一个言语因素（如语音、词汇、句子等）或训练幼儿某方面技能技巧的一种方法。幼儿语言教育需要大量的口头练习。练习方式应生动活泼，形式应变换多样，以激发幼儿练习的兴趣。

（二）学习内容

1. 正确发音

这个阶段的幼儿虽已能够掌握基础的语音，但还不能准确地发出某些音。有时幼儿周围的亲人发音不标准，甚至含糊不清，也会对幼儿掌握语音产生影响。因此，照料者要注意为幼儿语言发展营造良好的环境。另外，照料者应及时纠正幼儿的发音。

2. 增加词汇量

在日常生活中，照料者应多与幼儿交流，经常和幼儿对话，这有助于增加幼儿的词汇量。在与幼儿交流的过程中，照料者要注意运用多种词类，帮助幼儿掌握形容词、代词和副词。同时，在幼儿进行表达时，照料者也要做好引导，让幼儿自己尝试着说出来。

3. 通过提问，尝试说完整句

在日常生活中，照料者向幼儿提问，给幼儿提供一个交流的语言环境。当幼儿想要饼干时，照料者尝试放慢语速问他："你要吃饼干吗？"幼儿会模仿照料者说话，逐渐使用完整的句子——"我要吃饼干"。

4. 言语交际

2岁后的幼儿开始学习倾听别人，表达自己的意愿。他们有着非常强烈的交流愿望。照料者应及时满足幼儿的这种需要，为幼儿创造与同龄人交往的机会。在幼儿与他人交流的过程中，照料者要有意识地引导幼儿说基本的礼貌

学习笔记

用语。

5. 阅读儿歌

照料者可以教幼儿简单的儿歌来帮助幼儿丰富发音与词汇，促进其句子表达能力提升。照料者在这个过程中切勿盲目要求幼儿背诵而使幼儿丧失兴趣。

三、25～30月龄幼儿语言观察要点

表5-2　25～30月龄幼儿语言发展水平及观察要点

观察主题	发展水平及观察要点	观察		出现时间	评价
		是	否		
语言理解能力	理解照料者说出的绝大多数话语				
	理解并执行照料者一次发出的两个指令				
	听完故事能讲出是什么人、什么事				
	会背诵简单的儿歌，且发音基本正确				
语言表达能力	会用词语或其他语言请求照料者的帮助				
	对照料者提出的要求会经常提出"为什么"等问题				
	能说出常见物品的用途、动物的名称				
	能够用简单句与人交谈，偶尔出现复合句				
	知道自己的名字、性别和年龄				
语言运用能力	能够使用否定句				
	能够说出300个以上的词				
	会用连词"和""跟"，会用副词"很""最"等				
	会使用一些介词和代词，如"你""我""他""在下面""在旁边"等				

四、25～30月龄幼儿语言学习支持

（一）创设平等宽松的心理环境

幼儿在2岁后，随着各种运动能力的逐渐增强和语言能力的不断发展，出现了"人生的第一反抗期"，自我意识开始萌发，会不停地说"不行""不要""我自己来"等，这种自我主张的强烈需要使语言的初步交际功能得到迅速发展。

照料者在这一阶段面对幼儿的叛逆常常会失去平日的耐心。有些照料者在面对幼儿说"不"时，会采用胁迫的手段。幼儿为了不被剥夺看动画片的权利往往进行了妥协。这种胁迫固然有一定功效，却会让幼儿在无形中形成难以接

受他人的不同意见和可使用威胁手段来强迫别人服从等思维模式。

当幼儿发音不清楚时予以批评或者嘲笑；当幼儿说错话时予以否定和打击；当幼儿由于好奇心强，不停地问"为什么"时，随便找个理由搪塞过去或者干脆不理会，甚至吼叫幼儿别来烦自己。这些做法以及负面情绪可能会导致幼儿失去分享的欲望，给幼儿的心理造成伤害，也会抑制幼儿语言的发展，甚至可能对处于语言发展关键期的幼儿的语言能力造成永久伤害。

（二）创设良好的语言环境

1. 照料者的良好示范

幼儿最初所掌握的语言主要是通过对周围语言环境的模仿而获得的。照料者应注意用丰富的面部表情、富于变化的语调、准确的发音、丰富而准确的遣词造句，为幼儿提供良好的言语榜样和言语示范。当幼儿表达不准确时，一方面，照料者应耐心猜测幼儿所要表达的意思；另一方面，要用正确的语句进行示范。

2. 重视环境创设，利用生活中的语言教育机会

良好的环境创设是幼儿语言发展的物质基础。在家庭和活动室内外环境创设过程中，照料者应充分考虑墙饰、悬挂物等方面的设计，尽量为幼儿布置一个有浓厚语言气息的环境。

（三）丰富幼儿的生活

幼儿语言能力是在运用中发展起来的。在日常生活中，照料者要给幼儿创设丰富多彩的生活环境，多带幼儿走出家门，以扩大幼儿的视野，加深幼儿对周围事物的认识和理解，培养幼儿良好的口语表达能力。此外，有趣的活动也为幼儿"愿意说""爱说"创造了条件。

（四）早期阅读支持

早期阅读是语言教育的重要组成部分，通过早期阅读可促进幼儿语言的发展。2 岁后的幼儿语言已较为丰富，并对儿歌、韵律感兴趣。这时照料者应为幼儿选择合适的图书，所选的故事内容应生动有趣、积极向上、语句简短，便于幼儿讲述。

照料者应激发幼儿阅读的内在动力，除了上文所述，还要做到以下几点。

第一，创设良好的阅读环境，要求安静、优美、宽敞、明亮，有一定的文化氛围，色彩不宜过于鲜艳，桌椅要适合幼儿使用，便于幼儿自由地阅读。

第二，创设适当的问题情境，激发幼儿的求知欲。例如，在阅读故事时，照料者提出的问题，既要小而具体，又要带有一定的启发性。

学习笔记

学习笔记

第三，通过朗读培养幼儿喜欢读书的兴趣。照料者在为幼儿朗读的过程中可以不时停下，鼓励幼儿猜一猜接下来会发生什么，或者针对故事情节对幼儿进行提问，让幼儿回答等。

照料者要帮助幼儿掌握早期阅读的技能。"阅"即教给幼儿看书的技能，如学会一页一页地看书，并能从前往后按顺序看。"读"即将书籍内容讲给幼儿听，或让他们在照料者的帮助下通过连续的画面把人物动作与背景联系起来，从而掌握书中的内容。掌握正确的阅读方法和技能可以使幼儿顺利阅读，并从中体验到阅读的愉快，从而产生阅读的兴趣。

相关链接 ▶▶▶

作为幼儿教师，我们可以组织多种类型的阅读活动。

1. 欣赏活动

可以让托班和小班的幼儿反复听故事或其他题材的音频资料。给幼儿一个感知正确语音和模仿学习的机会，同时帮助幼儿养成倾听的好习惯。

2. 分享活动

全班幼儿一起阅读同一本书。在此过程中，教师引导幼儿感受阅读的快乐，提高其阅读的积极性。

（1）表演法

读完书后，让幼儿根据自己的理解用动作将阅读作品表现出来。

（2）拼图讲述法

让幼儿在看书的基础上，根据故事的结构把图片按照顺序排好，并说说排序的理由。

（3）修补图书活动

带领幼儿检查图书，发现有破损的地方及时修补。让幼儿在此过程中学会爱惜图书。

3. 自由阅读活动

幼儿在每天的自由活动时间里自主选择图书进行阅读。教师可以观察幼儿的阅读情况，在适当的时候给予帮助。

4. 同伴阅读活动

可以让幼儿找同伴一起阅读，达到同伴之间相互交流和提高的目的。

5. 自制图书活动

以教师为主，采取让幼儿口述、教师记录的方式自制简单的图书。让幼儿有较强的成就感，同时激发幼儿的阅读兴趣。

学习笔记

（五）依托游戏发展幼儿的语言能力

1. 打电话

方法：照料者带幼儿外出时，假装互相打电话，发出电话铃声，当他应答时，问他看到了什么、目的地在哪里，如"公园里有什么""你可以在公园玩什么游戏"。

目的：增加幼儿的词汇量，锻炼其对话能力，激发其想象性游戏。

2. 寻找语词

方法：照料者收集一些物品的图片，注意图片上面不要有物品的名称；再准备一些纸条，每张纸条上写一个物品的名称；让幼儿将图片与写有名称的纸条配对。

目的：让幼儿了解文字的指代意义，并将文字与实物联系起来。

3. 听从指令，完成任务

方法：照料者对幼儿同时下两个指令，让幼儿完成，如"请你去阳台把窗户打开"。这句话中包含了两个指令——去阳台，打开窗户。随着幼儿能力的发展，照料者可以加大游戏难度。

目的：锻炼幼儿的语言理解能力。

4. 画植物

方法：照料者在纸上画各种植物，然后在户外找和画上的物品对应的东西。如照料者在画有树的纸上粘一片叶子，告诉幼儿叶子是树的一部分。

目的：增加幼儿的词汇量，使幼儿认识整体和局部的关系，以及认识植物。

5. 我自己的名片

方法：照料者先让幼儿做一张自己的名片，可以用彩笔等装饰名片。再请幼儿拿着名片用完整的语言向其他小朋友介绍自己，包括自己的名字、性别、年龄等，如"我叫小西，我是女孩，我今年两岁半了"。

目的：锻炼幼儿用完整句子表达自己想法的能力。

◈ 实践与运用 ▶▶▶▶

1. 25～30 月龄幼儿的语言发展的特点是什么？

2. 请设计一个适合 25～30 月龄幼儿家庭开展的亲子语言游戏方案。

3. 案例分析。

　　奇奇刚刚 2 岁，是一个非常活泼的小男孩。周末，奇奇妈妈正在忙家务，奇奇一直在周围跑来跑去。妈妈跟爸爸说："你带奇奇读读绘本吧，让他安静安静。"奇奇爸爸拿起绘本想带奇奇读，可刚读了两页，奇奇就开始东张西望，一会儿摸摸这个，一会儿摸摸那个，有点坐不住了。奇奇爸爸泄气了，把绘本一丢说："孩子这么小，不认识字不说，注意力也不集中，他也听不懂啊，现在读绘本太早了。等上幼儿园了，老师自然会带着孩子读的。"

（1）你认为奇奇现在应该阅读绘本吗？请说出你的理由。

（2）假如你是育婴师，你会对奇奇的家长提出怎样的建议？

单元 3
25 ～ 30 月龄幼儿认知发展与学习支持

情境描述

苗苗把塑料模型拿在手里，左看右看，盯了很长时间，然后抬起头高兴地看着站在旁边的爷爷，给他看自己手里的东西。爷爷就问："这是什么蔬菜？这是什么颜色？"苗苗面无表情，低头不语。在爷爷的再次询问下，苗苗才吞吞吐吐地说："萝卜。"爷爷听到后很不满意，说："这分明是茄子。"接着爷爷便问苗苗其他蔬菜的颜色和名称。这时苗苗转身走开了，那表情好像在说："我再也不玩这个游戏了。"

请思考：

1. 苗苗为什么会盯着塑料模型很长时间呢？
2. 为什么苗苗转身走开，不想玩这个游戏了呢？

学习笔记

学习驿站

感知觉是人最早出现的认知过程，是 0～3 岁幼儿认识世界的最主要方式。依靠感知觉，幼儿获取身体内外的信息，积累经验，适应周围环境。

一、25 ～ 30 月龄幼儿认知发展和水平

（一）感知觉发展和水平

1. 视觉

25～30 月龄幼儿的视敏度进一步增强，已经可以判别事物的远近，且视线跟得上快速移动的东西，并看得很清楚。这个阶段的幼儿对颜色的感知也有一定的提升，已经能认识一些颜色，开始说出颜色的名字。幼儿认识基本色要比

认识混合色和近似色容易，幼儿对颜色的辨认早于对颜色名称的掌握。这个阶段的幼儿对颜色的偏爱顺序一般为红、黄、绿、橙、蓝、白、黑、紫。

🔗 相关链接 ▶▶▶

2 岁以后的幼儿可以看电视吗？

虽然 2 岁的幼儿看电视不会有严重的危害，但是长时间看电视弊大于利：长时间看电视，或距离电视较近，电视的强光刺激以及画面快速地变化，有可能会影响幼儿的视力发育。照料者应该引起重视，避免让幼儿过早地接触电视或其他电子产品。

如果没有办法避免，也要严格控制看电视的时间，同时也要注意观看的距离，距离最好在 2 米以上。照料者可以规定幼儿看电视的时间，每天看电视的时间是固定的，同时规定幼儿看电视的时长，每次只能看 20 分钟。规定好后，照料者一定要督促幼儿严格遵守。

2. 听觉

2 岁后，幼儿的听觉已经很灵敏了，几乎达到成人水平，能听懂不同的音调。此时幼儿听觉的发展与语言密切联系在一起，幼儿可以遵循简单的指令。

3. 嗅觉、味觉

25 ～ 30 月龄幼儿已经能很好地辨别各种气味和味道，只是由于语言词汇量的缺乏，无法将它们具体地表达出来。

4. 触觉

2 岁后的幼儿逐渐能够很好地辨别各种物体的不同属性，如软硬、冷热等。幼儿通过触摸能描述物体的形状。

5. 知觉

（1）形状知觉

这个阶段的幼儿的意识中还不存在一个单独的整体空间，而是一个互无联系、混沌一片的世界。如果让他们画画，他们就会以游戏的形式任意画线，还能自言自语地给各条线起名。这个阶段的幼儿正处于"涂鸦期"。由于幼儿手部的发育还不完善，所以这些无秩序、不成形的线条就反映了他们认识的物体形状。

（2）大小知觉

这个阶段的幼儿能区分相似形态的大小，如大皮球和小皮球，但不能判断不相似图形的大小，如正方形和三角形的大小。

（3）方位知觉

2 岁后的幼儿在照料者的指导下逐渐能辨别上下。

（4）距离知觉

在远近知觉方面，幼儿可以分清他们所熟悉的物品或场所的远近。对于比

🖊 学习笔记

较广阔的空间距离，他们还不能正确辨认。深度知觉的发展受幼儿的视觉经验的影响比较大，2 岁后的幼儿视敏度发展逐渐完善，深度知觉也得到发展。

（5）时间知觉

幼儿的时间知觉，主要是依靠生活中接触到的周围现象的变化发展。随着年龄的增长，幼儿不仅有了生物性的时间知觉，还有了与具体事物和事件相联系的时间知觉。

（二）注意发展和水平

25～30 月龄由于幼儿活动能力的增长、生活范围的扩大，语言能力不断发展，注意力开始受言语支配，有意注意开始慢慢形成。此阶段的幼儿开始能倾听故事、翻阅书籍、观看影像等，集中注意力的时间可以达到 10 分钟。幼儿开始对周围更多的事物产生兴趣，已能注意到自己的内部状态和周围的活动，注意的事物逐渐增多、范围扩大。2 岁左右的幼儿会留心别人的谈话，他们经常能出其不意地接上别人的话茬。

（三）记忆发展和水平

有意识记的萌芽和言语的发展、词汇的扩大有着密切联系。25～30 月龄幼儿不但能够记住照料者的一些简单托付，并付诸行动，而且能够记住一些歌谣、故事等。

幼儿的再认能力也得到进一步发展。这时的幼儿已能再认相隔几十天或几个月的事物了。

幼儿记忆能力的发展还表现在再现能力的发展上。约 2 岁的时候，照料者能够观察到幼儿再现的表现。再现是与词语相联系的，是凭借词语来恢复过去的印象。幼儿最初能再现的，只限于几天以内感知的事物。

◉ 情境案例 ▶▶▶▶

这天，2 岁半的天天在跟小朋友玩的时候，因为争夺玩具吵了起来，天天突然大声喊："你活得不耐烦了吗？"妈妈听到后大吃一惊，天天从来没有说过这样的话，平时大人在孩子面前也很注意用语，他是跟谁学的呢？后来，妈妈找到了答案，原来天天爱看的动画片中经常会有这样的语言，天天在看动画片时无意识地将这句话记住了，并在生活中再现了出来。

这个阶段，幼儿的记忆广度有所增加。曼德勒、鲍尔等学者的一系列研究探讨了幼儿模仿一系列榜样动作的能力。结果发现，幼儿不仅能够记住单独的动作，而且能够记住相关动作的顺序。到 2 岁半时，这种记忆广度已经提高到 8 个不同动作所构成的顺序。

（四）思维发展和水平

皮亚杰认为，25～30 月龄幼儿的思维仍然依靠直观和动作。2 岁幼儿的思维发展与其对物体的感知、自身的行动是分不开的。

这个阶段的幼儿认知开始出现象征（或符号）功能，并在此基础上出现了象征性游戏，如幼儿把布娃娃当成宝宝，将笔当作针筒，假装给宝宝打针。

在该阶段，幼儿的思维还没有获得守恒，具有不可逆性。例如，将 10 块积木排成 5 块一行，两行积木并列摆放。当两行积木之间的间距相同时，幼儿会认为这两行积木一样多。但是，把其中一行的积木间距增大，使整行变长，幼儿就会认为这一行的积木数量多。

🕸 情境案例 ▶▶▶▶

东东 2 岁半了，妈妈把他送到了早教中心进行学习。有一天，老师拿出了两个一模一样的杯子，里面装了同样高度的水。老师问东东："两个杯子里的水一样多吗？"东东很快地回答了老师："一样多。"接着，老师拿出一个比之前的杯子大的杯子，在东东面前将其中一个杯子里的水倒进了大的杯子里。老师继续问东东："现在，两个杯子里的水一样多吗？"东东看了看两个杯子里的水说："不一样多。"

（五）想象发展的特点

幼儿的想象产生之后会迅速发展。在 2 岁左右，其想象就进入了一个新的阶段，即表象替代阶段。

其具体表现如下。第一，把没有的东西想象成有的。例如，在和幼儿玩买东西的游戏时，照料者让幼儿付钱，幼儿就会做出递钱的动作，但实际并没有钱，幼儿是借助想象完成这一过程的。第二，将同样的东西在不同的场合赋予不同的功能，特别是将没有生命的东西赋予生命。

2 岁半时，幼儿的想象发展到下一个阶段——想象游戏阶段，其主要表现是象征性游戏。这一阶段主要有两个方面的特点：第一，想象不再局限于具体事物的形象，而是带有一定的情节，具有情境性；第二，想象开始具有一定的创造性。

二、25～30 月龄幼儿认知学习方式和学习内容

（一）学习方式

1.模仿学习

这个阶段的幼儿处于认知学习阶段，他们所看到、听到、摸到的都是学习的对象。幼儿经验的获得存在于日常生活中，存在于与照料者、同伴的互动中。因此，我们给予幼儿的早期经验必须是丰富的、有意义的，这样才能使幼儿在有意义的模仿中积累经验。

2. 在活动中学习

这个阶段的幼儿是在活动中学习的，学习就发生在幼儿的主动活动之中。我们要从幼儿身心发展特点出发，为幼儿提供大量自主活动和探究的机会，使活动真正成为幼儿的主动活动，让幼儿借助活动获得发展。

（二）学习内容

1. 观察能力的培养

第一，比较长短。照料者可以用在纸上画线段的方法，教幼儿比较长短。第二，比较厚薄。照料者让幼儿拿一本小画书，自己拿一本更厚一点的书，同幼儿比较，说"我的书比你的书厚""你的书比我的书薄"。随后，照料者鼓励幼儿寻找一本更厚的书。第三，综合比较。照料者引导幼儿发现近似事物中的不同点和不同事物中的相似点，来培养幼儿观察比较的能力。

2. 注意力的发展

幼儿可以按照料者的指示，集中精力完成一件事情或一种游戏。照料者提出的任务越具体，就越容易引起幼儿的注意。在幼儿完成任务时，照料者应鼓励幼儿正确的行为，表扬幼儿。照料者可利用比赛的形式，激发幼儿的积极性，鼓励幼儿集中注意力。

3. 记忆力的训练

（1）图像记忆

让幼儿看一张画有多种动物的图片，限定幼儿在一定时间内看完。刚开始看时，时间可长些，之后逐渐减少看的时间，然后将图片拿开，并让幼儿说出图片上有哪些动物。如果幼儿记得不多，照料者可以教幼儿使用一些记忆的方法，如"有翅膀、能飞的有哪些"。

（2）数字记忆

25～30月龄幼儿虽然年龄较小，对数的概念还不清楚，但机械记忆能力强。这个阶段的幼儿可以通过数字记忆练习，强化机械记忆能力。例如，照料者可以教幼儿记门牌号、电话号码等。

4. 思维能力的训练

（1）归类练习

照料者引导幼儿根据事物的某些性质练习分类。可按声音、颜色、形状、大小、用途等分类，以提高幼儿归纳、概括的能力。

（2）发展幼儿解决问题的能力

照料者有意地造成一些明显的错误，让幼儿去发现，并鼓励幼儿说出错误所在及解决办法，以训练幼儿分辨问题的能力。

5. 想象力和创造力的训练

（1）表演游戏

照料者可以根据故事或童话的情节和内容，让幼儿表演。幼儿在玩表演游戏时，可以发挥自己的想象力和解决问题的能力。

（2）绘画

在幼儿能画出一些线条和形状后，照料者可以引导幼儿将所画的东西同实物进行比较。这样可以激发幼儿在绘画中想象、构图的兴趣。

三、25～30月龄幼儿认知观察要点

表5-3　25～30月龄幼儿认知发展水平及观察要点

观察月龄	发展水平及观察点	观察		出现时间	评价
		是	否		
25～27月龄	能说清气象的变化				
	能按口令做手臂动作				
	能按口令伸出手脚				
	能分出大小				
28～30月龄	认识食物、动物、日常用品的名称和用途				
	知道动物的特点、叫声和生活习性				
	能认出5种以上颜色				
	会用图片配对				
	拼上被切为2～6块的一幅拼图				
	知道1和3哪个多，两边都是5是"一样多"				
	背数1～10，点数1～4，听数字会取2～3个玩具				
	识别若干个汉字				
	认识4种以上的基本几何图形				
	按口令伸出左手、右手、右腿、左腿				

四、25～30月龄幼儿认知学习支持

（一）环境支持

丰富的环境能刺激和促进脑功能的发育。幼儿的认知是通过各种感官完成的。创设以真实物品为主的物质环境、心理环境对幼儿的认知发展有着重要作

用。照料者要充分利用空间，将环境布置得温馨，给幼儿安全感。设置丰富的活动区域，吸引幼儿进行多种感知活动。提供充足、多样的活动材料。

（二）活动支持

1. 感知觉训练

（1）会飞的小蝴蝶

方法：照料者用纸剪出一只小蝴蝶，贴在手电筒的平面透镜上。照料者关闭房间的灯，打开手电筒，将蝴蝶的影子照在墙上。照料者慢慢移动手电筒，使其像蝴蝶一样在飞来飞去。照料者引导幼儿抓蝴蝶。幼儿熟练后，照料者可逐渐提升速度。

目的：训练幼儿的追视能力和手眼协调能力。

（2）感知音乐

方法：播放音乐，引导幼儿随着节奏摆动身体。照料者还可以与幼儿一起轻轻哼唱，随着音乐舞蹈。

目的：对幼儿进行听觉训练，促进幼儿听觉的发展。

（3）猜猜里面有什么

方法：照料者准备一个纸箱，在封闭的纸箱上剪一个可以容幼儿的手进出的洞，用订书钉或胶水在纸箱的内壁上固定一些碎片材料，就像窗帘那样将洞口遮住。照料者再准备一些苹果、小汽车、小兔子等玩具。

目的：在说说、摸摸、猜猜、玩玩的过程中，幼儿通过触觉感受物体的软硬、形状。

（4）积木分类

方法：照料者准备各种形状和颜色的积木块（每种形状的积木有多种颜色，同种形状、同种颜色的积木有很多块），让幼儿根据形状对积木进行分类，将同一形状的积木放在一起。让幼儿根据颜色对积木进行分类，将同一颜色的积木放在一起。让幼儿根据形状、颜色对积木进行分类，将同一形状同一颜色的积木放在一起。

目的：通过对不同形状、颜色的积木进行分类，锻炼幼儿对形状、颜色的感知能力。

（5）反着做

方法：照料者说出一个词，要求幼儿听到后快速做出相反的动作。例如，照料者说大圆圈，并用双手比出大圆圈，幼儿听到后快速用手比出小圆圈；照料者说长高了，幼儿听到后要迅速蹲下（照料者如果说变低了，幼儿可以举起双臂表示长高了）；照料者说向前跑，幼儿要迅速向后跑；照料者说举右手，幼儿要快速举左手等。

目的：锻炼幼儿的空间知觉和反应能力。

2. 注意力训练

（1）走迷宫

方法：照料者在地板上贴好胶带迷宫，并告诉幼儿，小兔子迷路了，我们快去救她吧。照料者示范脚跟碰脚尖慢慢走迷宫的动作，教幼儿走迷宫时平举手臂，保持平衡。照料者鼓励幼儿在救到小兔子后坚持走出迷宫。

目的：锻炼幼儿的专注力和平衡能力。

（2）说悄悄话

方法：照料者小声地告诉幼儿一句话，如"冰箱里有西瓜和苹果，没有饮料"。然后让幼儿用悄悄话的方式告诉其他人，事后检查正确率，根据结果来调整悄悄话的内容和长度，由易到难逐渐提高游戏难度。

目的：有效帮助幼儿集中注意力。

3. 记忆训练

（1）找物品

方法：照料者当着幼儿的面把几种不同的物品分别藏好，再让幼儿将这些物品一一找出来，也可以由照料者指定某样物品让幼儿去寻找。

目的：锻炼幼儿有意识地识记某些事物。

注意：物品的数量刚开始可以少一些，随着游戏的进展或训练次数的增多再慢慢增加。

（2）看图说话

方法：照料者把几张不同内容（如动物、人物、植物、餐具、交通工具等）的图片放在桌子上，让幼儿看一会儿，然后盖上。请幼儿说出看到的图片。

目的：锻炼幼儿记忆的准确性。

注意：

第一，图片的数量可随训练次数的多少进行调整。

第二，对幼儿回忆的要求也可由易到难逐渐提高，如刚开始只要求说出看到了哪些图片，逐渐可将要求提高至按顺序说出每张图片是什么。

第三，图片的内容也可由简单到复杂，如刚开始训练时每张图片上只有一种内容，逐步过渡到采用多个人物或带有一定故事情境的图片。

4. 思维训练——给物品命名

方法：照料者在桌面摆放若干物品作为"商店"，照料者扮演售货员，幼儿扮演顾客。幼儿能正确说出物品的名称即可将物品"卖"给他。如果幼儿能说出物品的名称，照料者则应鼓励他说出更多的名称，并引导他说出完整的句子，如"我要买……""我喜欢……""我要买蓝色的……"等。

目的：让幼儿形成对事物的概念，学习句型。

5. 想象训练

（1）剪纸

方法：照料者给幼儿准备一些纸和一把安全剪刀，让幼儿随意地剪。开始时，照料者可以先教幼儿拿剪刀的正确方法。当幼儿剪出不同形状的时候，照料者可以让幼儿说一说剪的是什么。

目的：剪纸不仅可以增强幼儿手部的力量，促进手眼协调能力的发展，而且可以促进幼儿想象力的发展。幼儿可以随着纸的形状的不断改变，想象出不同的事物。

（2）看画册

方法：照料者准备一些幼儿喜欢的画册，和幼儿一起看。在看的过程中，照料者可以让幼儿讲一些相关的话题，或者讲那些能够联想到的事情。比如，看到画册中的老虎，照料者可以让幼儿说一说老虎怎么叫，去动物园有没有看到老虎等。

目的：照料者经常和幼儿一起看画册，不仅可以提高幼儿的表达能力和想象力，增加词汇量，而且可以很好地促进亲子感情。

⊙ 实践与运用 ▶▶▶▶

1. 结合 25～30 月龄幼儿感知觉的特点，谈一谈如何对 25～30 月龄幼儿的感知觉进行训练。

2. 请你设计一个促进 25～30 月龄幼儿思维发展的亲子游戏方案。

3. 案例分析。

　　27 月龄的赫赫和妈妈一起在社区玩耍，看上了另一个小朋友的玩具汽车，想要玩，但是没有成功，他气呼呼地说道："不给我玩，我也不给你玩，我家有个比你这个大那么多的。"边说边张开手臂比画了起来。

请分析赫赫的认知发展情况。

单元 4
•••
25～30月龄幼儿情感与社会性发展与学习支持

情境描述

　　宁宁27月龄了，是亲子园中娇小可爱的女孩，每次到园都会在家长怀中哭闹一会儿才参加活动。按她爸爸妈妈的话说，宁宁比较娇气，而且有些慢热。于是，老师建议爸爸带宁宁到园。在到园前，除了鼓励宁宁积极参加活动，还要让宁宁骑在爸爸的肩膀上进班。宁宁爸爸爽快地答应了老师的要求。

　　这一天，孩子们陆续到园了，待大家坐好后，宁宁骑在爸爸的肩膀上进了班级。这下可好了，所有的孩子都注视着宁宁，随后大家不约而同地发出了欢呼声！此时的宁宁没有哭闹，反而开心地、积极地参加了活动。之后几次到园，无论是爸爸抱着还是宁宁自己走进班，宁宁都没有再哭闹，而宁宁的爸爸也扮演好了"大靠山"的角色，耐心地陪伴在宁宁身边，细致地指导宁宁操作材料。从此，宁宁的胆量变大了，也更加自信了，她能够勇敢地向小伙伴介绍自己，也能够在音乐响起时随音乐拍手或舞蹈，所有人都发现宁宁变得更活泼了！

　　请思考：

　　1. 请说一说宁宁为什么每次去亲子园都会哭闹一会儿呢？

　　2. 为什么爸爸带宁宁到园，宁宁就不哭了？

　　3. 请说一说父亲在幼儿成长过程中的关键作用。

学习驿站

一、25～30月龄幼儿情感与社会性发展和水平

（一）情感发展和水平

1. 用语言表达情绪

25～30月龄幼儿的语言表达能力进一步发展。幼儿不仅能够观察到他人

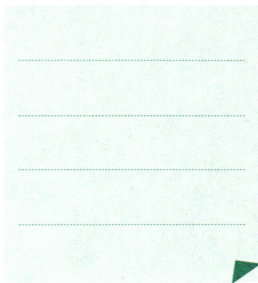

的情绪，还能用言语表达自己或他人的情绪，比如用语言表达"哭""笑""开心""悲伤"等。幼儿还可以用语言和他人讨论自己的情绪感受，比如幼儿在哭的时候会说"我不开心"，当看到妈妈生气的时候会安慰妈妈说"不要生气"。此时的幼儿并不会使用语言来调节自身的情绪。

2. 幽默动作

1 岁后的幼儿已经展现出一定的幽默表现力了。到了 2 岁以后，幼儿出现了更多的幽默动作。这时候的幼儿甚至可以和照料者玩互动幽默游戏了，比如将妈妈的帽子戴在自己的头上，钻到爸爸的睡衣里面把头伸出来，把脚伸进大人的拖鞋里面去。如果照料者对其行为表现出惊奇，幼儿往往会重复该动作来"逗笑"照料者。

3. 出现预测性恐惧

随着想象的发展，2 岁左右的幼儿开始出现预测性恐惧，比如怕黑、怕动物、怕坏人等。这些都是和想象相联系的恐惧情绪，主要跟环境的影响有关。总的来说，这种恐惧的消除需要照料者的讲解和安抚，特别是这个阶段幼儿的语言能力得到发展，照料者的讲解和安抚能够帮助幼儿克服这方面的恐惧。

相关链接 ▶▶▶▶

西西的妈妈一直以来都非常怕狗，原因是她小时候被狗咬过。但是，在西西面前，妈妈看到小狗时，都会努力克服恐惧。虽然不会上前靠近、抚摸小狗，但总是笑容满面地对西西说："快看，那里有一只可爱的小狗。"所以，西西对小狗始终都没有特别害怕的表现，有时还会非常高兴地和小狗打招呼。

4. 道德感

2 岁以后的幼儿已经产生了简单的道德感。幼儿在做事时，总是伴随着照料者这样或那样的评价以及肯定或否定的情绪表现。比如，幼儿把自己喜欢吃的东西分享给别的小朋友，照料者就会微笑着称赞他"真乖，是个好孩子"。其实这个阶段的幼儿还不知道为什么这件事能做、那件事不能做，只不过照料者的评价和情绪表现已经使他们有了相应的情感。这时候幼儿的道德感还完全取决于照料者的表情、动作和声调，是极为表面化的。因此，这个阶段幼儿的道德感开始萌芽，这对后期道德感的发展有极为重要的价值。

（二）社会性发展和水平

1. 自我意识

2 岁以后，幼儿逐渐学会使用代词"我"。一般是先掌握物主代词"我的"，然后才用第一人称"我"代替自己的名字。这标志着幼儿自我意识的产生。在这一时期，幼儿出现简单的自我评价，具有自尊心。要求自主是该时期幼儿自我意识的显著特征。

（1）"自我中心"认知

25～30月龄幼儿的心理发展处于"自我中心"阶段，对是非的判断以自己是否愉快为标准，经常对照料者的要求说"不"。

（2）占有欲增强

25～30月龄幼儿能够区分自己的东西与他人的东西，同时努力想证明自己拥有这些东西，自我意识越强的幼儿对东西的占有欲就越强，别人很难从他的手中拿走"他的东西"。

（3）性别意识发展

25～30月龄幼儿的性别认同进一步发展，但仍处于较低水平。这个阶段的幼儿能够选择出自己的照片，然而却不明白把自己的照片放在哪个性别的盒子里；开始理解"男人""女人"这些词的含义，但不明白自己与哪些人属于同一性别。

（4）主动性增强

25～30月龄幼儿能够主动通过语言或动作向他人要求拿取自己想要的东西。例如，在小组游戏中，照料者拿出点心，幼儿会举手或大声表示要食物。

（5）自我操纵进一步开展

25～30月龄幼儿的自我操纵水平进一步发展，能对照料者的要求有所反应，并遵守照料者提出的规则。

（6）自我效劳能力提高

25～30月龄幼儿能够进一步锻炼生活自理能力，如用筷子吃饭、自己穿衣等，在进行生活自我照料时也更有条理。

🔗 **相关链接** ▶▶▶▶

很多父母都会有这样一个发现，孩子2岁以前，特别乖巧听话。但是，孩子到了2岁以后，就会变得不那么乖巧听话了，甚至还总爱对家长说"不"。其实，这便是孩子进入了他人生中的第一个"反抗期"。

小妮的宝宝在2岁之前，一直都非常乖巧听话。比如，宝宝喜欢玩水，但只要小妮不允许，宝宝会乖乖听话。

时间飞逝，小妮的宝宝已经2岁了。小妮渐渐发现，从前乖巧听话的宝宝居然会反抗了。

比如，小妮叫宝宝吃饭的时候，宝宝也一直叫着："我不，我不，我就不。"宝宝在做危险动作时，小妮制止后，宝宝也一直叫着："我就要这样做。"宝宝甚至还因此大哭大闹。

小妮感觉到非常不解，为什么宝宝之前那么听话，现在突然会反抗了呢？

📝 学习笔记

2. 依恋

2岁以后，幼儿的依恋进入目标调节的伙伴关系期。此时的幼儿既能忍受照料者的忽视，也能理解照料者因为接电话而不能及时给予自己反馈的行为。同时，他们还能忍受与照料者的短暂分离，知道照料者将会返回自己身边。

（1）很快习惯陌生人和陌生环境

25～30月龄幼儿差不多不再怕生，在照料者的带领下能够很快地习惯陌生人和陌生环境。

（2）在陌生人面前会害羞

25～30月龄幼儿在见到陌生人时，如有人注意他，他会很快移开目光或躲到照料者身后。

3. 移情

移情是一个人（观察者）在观察到另一个人（被观察者）处于一种情绪状态时，产生与被观察者相同的情绪体验。它是一种替代性的情绪情感反应，也是一个人设身处地为他人着想、识别并体验他人的情绪和情感的过程。2岁后，幼儿的自我意识萌发。幼儿对他人的反应发生了改变。当幼儿面对痛苦的人时，他们能够明白是别人而不是自己感到痛苦。这种认识使幼儿能将注意力由对自身的关心转到对别人的关心上。

4. 同伴交往

（1）同伴交往中的冲突行为增多

2岁后，幼儿与同伴的社会互动逐渐增多，互动中的冲突也不断增多。冲突行为大多涉及物品的使用权和所有权的问题。从这时候起，幼儿开始使用一些社会规则来解决冲突。例如，较初级的优势规则，即身体强壮的幼儿经常在冲突中获胜。

（2）同伴交往中亲社会行为增多

25～30月龄幼儿开始产生助人行为，能够主动关心处于困境中的同伴，用语言或其他方式表达同情或抚慰。

（3）同伴交往技能开展

25～30月龄幼儿能够通过语言来影响同伴的行为，以此进行交往。例如，说出"我们一起玩"。

（4）同伴游戏水平提高

25～30月龄幼儿出现了游戏中的分工合作行为。例如，在过家家游戏中，一个幼儿抱着布娃娃，另一个幼儿给布娃娃梳头。

（5）交往范围扩大

25～30 月龄幼儿与人交往的能力增强，交往的范围扩大，常常能主动与年龄相近或稍长的幼儿玩耍。

二、25～30 月龄幼儿情感与社会性学习方式和学习内容

（一）学习方式

1. 榜样示范法

幼儿的思维特点具有具体形象性。就是说具体形象对幼儿有巨大的吸引力、感染力和说服力，易于为幼儿所理解、学习和模仿。

2. 情境表演法

照料者和幼儿一起读故事书，引导幼儿体会故事主人公的情绪变化，交流自己的内心感受并进行情境表演活动，使幼儿真切地体验某种感受，并产生相应的行为，使移情训练落到实处。

（二）学习内容

1. 培养幼儿表达情感

幼儿在生活中积累的情绪如不能得到宣泄，其内心体验会变得更加强烈。游戏、运动是幼儿宣泄情绪的良好方式。照料者还应该培养幼儿用语言来表达自己情感的能力，最简单、有效的方法就是增加幼儿的情感词汇。

2. 教会幼儿控制情感

照料者应帮助幼儿明白，每个人都必须学会控制情感，谁也没有权利任意发脾气。教会幼儿控制情感，首先要教会幼儿辨认自己的情绪变化在身体上的反应，了解自己陷入某种不良情感前的先兆，以便及时加以控制。照料者还可以让幼儿参加一些控制情感的训练。

3. 锻炼幼儿自理能力

25～30 月龄幼儿随着自我意识的出现，什么事情都想自己做，同时幼儿的动作发展日趋完善，照料者应当满足幼儿的需求，让幼儿做自己力所能及的事，比如洗脸刷牙、穿脱衣服、系扣子等。

4. 培养幼儿移情的能力

3 岁前的幼儿虽未出现真正的亲社会行为，但已经能够感受到他人的悲伤、快乐和痛苦等，继而有情绪反应或其他安慰、分享等行为。移情是幼儿亲社会行为的重要促进因素。因此，照料者要有意识地促进幼儿移情能力的发展。

学习笔记

三、25～30月龄幼儿情感与社会性观察要点

表 5-4　25～30月龄幼儿情感与社会性发展水平及观察要点

观察月龄	发展水平及观察要点	观察		出现时间	评价
		是	否		
25～27月龄	有较强的自我意识，明白自己和他人的区别				
	对自己喜欢的事物具有较强的占有欲				
	当需求得不到满足时，情绪表达较迅速直接，甚至用身体攻击的方式表达自己的不满				
	关于害怕的经验增多了				
	喜欢观察镜子里的自己，并会对着镜子微笑、做鬼脸				
	表情日渐丰富				
28～30月龄	表达情感直接生动，如兴奋时手舞足蹈，生气时大喊大叫，高兴时笑出声来				
	能用自己的方式和语言与同伴交流，且交流的欲望增强				
	表现出同情心				
	对情绪的管理能力增强，较少无故哭泣、发脾气				
	在家里愿意帮忙做家务，如擦桌子、收拾玩具、放拖鞋等				
	能建设性地玩玩具，而不再是"破坏大王"				
	在公众场合开始注意观察、模仿，开始学着等待排队				
	有强烈的自主意识和动手愿望				

四、25～30月龄幼儿情感与社会性学习支持

（一）环境支持

　　幼儿的情感与社会性发展同其接触到的环境密切相关。照料者应加强家教家风建设，为幼儿营造一个良好的家庭环境。照料者应以身作则，保持良好的情绪，多帮助他人，与人为善。照料者要经常表达对幼儿的爱，比如经常抚摸幼儿的脑袋，牵牵幼儿的手，拥抱幼儿。照料者应采取正确的教养方式。照料

者在教养过程中，应该做到尊重幼儿，平等对待幼儿，积极回应幼儿，对幼儿要有足够的耐心和信心。

此外，父亲在幼儿成长过程中的地位也不容忽视。父亲参与教养对幼儿未来社会交往和未来发展都起到积极的作用。[1] 因此，父亲应该主动承担家庭教养的职责，参与教养过程。

（二）活动支持

照料者应重点发挥游戏的作用，让幼儿在参与游戏中获得情感与社会性发展的满足。

1. 我可以照顾小玩偶

方法：照料者准备幼儿喜欢的小玩偶，假装给小玩偶洗澡，注意要像给幼儿洗澡一样仔细。照料者也可以模拟小玩偶生病的情节，请幼儿照顾小玩偶，给小玩偶量体温、倒水、在额头敷毛巾等。

目的：培养幼儿的爱心和自信心。

2. 请信任我

方法：在空旷的场地设置一些走路的障碍，如小椅子、水瓶等。照料者蒙上眼睛，请幼儿牵着照料者从起点出发，绕过障碍，直到终点。

目的：培养幼儿的合作能力。

◀ 实践与运用 ▶▶▶▶

1. 请你结合25～30月龄幼儿的情感与社会性发展特点，设计一个促进幼儿情感与社会性发展的亲子游戏方案。

2. 假如你是托幼机构的照护者，将如何引导幼儿进行分享呢？

3. 请你解答家长的疑惑，并给出相应的建议。

　　我家女儿2岁半了，最近几个月不知为何她动不动就发脾气、跺脚、摔东西，有时还拍桌子、打人，要不就生气，自己上床睡觉。反正她错了你不能说，你要顺着她才好，以她为中心，哄着她才好，我该怎么办呢？

4. 请你走访几个家庭，了解这些家庭中的父亲在教养过程中的参与程度，以及这些幼儿的情感与社会性特点。

学习笔记

[1] 王诗尧:《家长育儿观念、行为与婴幼儿社会情绪能力的关系研究——基于公立早教机构质量提升的视角》，硕士学位论文，华东师范大学，2019。

◉ **综合实践** ▶▶▶▶

1. 如何理解幼儿心理发展的过程既是连续的，又是可以划分年龄阶段的过程？

2. 家庭教育对幼儿有什么意义？家庭教育指导的内容和形式有哪些？

3. 育婴师如何处理幼儿与亲人（特别是妈妈）暂时分别的情况？

模块五
学习效果检测

学习评价与反思

学习目标

1.掌握 31～36 月龄幼儿动作、语言、认知、情感与社会性发展的基本特点,把握该阶段幼儿的身心发展水平。

2.了解 31～36 月龄幼儿的主要学习方式和学习内容。

3.开展促进 31～36 月龄幼儿动作、语言、认知、情感与社会性发展的各项活动,并给予幼儿适宜的教育和支持。

4.通过对 31～36 月龄幼儿的观察,能够分析幼儿的经验水平,并给予相应的指导,促进幼儿健康和谐发展。

5.能够为 31～36 月龄幼儿的父母提供有针对性的指导,帮助他们了解幼儿早期发展与学习支持。

31～36月龄幼儿发展与学习支持

学习导航

31～36月龄幼儿发展与学习支持

31～36月龄幼儿动作发展与学习支持	31～36月龄幼儿语言发展与学习支持	31～36月龄幼儿认知发展与学习支持	31～36月龄幼儿情感与社会性发展与学习支持
31～36月龄幼儿动作发展和水平	31～36月龄幼儿语言发展和水平	31～36月龄幼儿认知发展和水平	31～36月龄幼儿情感与社会性发展和水平
31～36月龄幼儿动作学习方式和学习内容	31～36月龄幼儿语言学习方式和学习内容	31～36月龄幼儿认知学习方式和学习内容	31～36月龄幼儿情感与社会性学习方式和学习内容
31～36月龄幼儿动作观察要点	31～36月龄幼儿语言观察要点	31～36月龄幼儿认知观察要点	31～36月龄幼儿情感与社会性观察要点
31～36月龄幼儿动作学习支持	31～36月龄幼儿语言学习支持	31～36月龄幼儿认知学习支持	31～36月龄幼儿情感与社会性学习支持

学习初体验

月月马上3岁了，最近她总是用命令式的语气对家人说话，要求爸爸妈妈满足她的要求，自己想怎么样就怎么样，如果她的要求不被满足就大哭大闹。由于一直由妈妈或姥姥带，月月与他人接触得比较少，当离开家人时，月月的反应会很激烈，见到陌生人就害怕。眼看着月月就要上幼儿园了，这可让家人愁坏了。

面对这种情况，我们应该怎样与月月的家长沟通并对其进行指导？作为幼儿教师，我们应该如何帮助月月顺利度过入园前的这段时期？

学习交流

_____

_____

_____

_____

_____

学习导入

31～36月龄幼儿的腿部肌肉力量增强了，能平稳地走路甚至小跑，手指也变得灵活起来，喜欢用手去感知这个世界。他们的语言发展也进入了高速期，从之前只能说出几个词变成能说出一句话甚至几句话，随着语言能力的增强，他们越来越想表达自己的需求。他们的自我意识开始萌芽，想要按照自己的想法行动。这些变化在不知不觉中形成，那么我们应该如何应对这些变化呢？接下来就让我们一起走进31～36月龄幼儿的世界，探索这一时期的奥秘，解锁教育的密码！

单元 1
31～36月龄幼儿动作发展与学习支持

情境描述

　　欢欢已经32个月大了，在公园玩的时候，她对平衡木很感兴趣，直接跳了上去，但是她犹犹豫豫不敢向前走路。在爸爸的鼓励下，她试探着慢慢向前挪动了几步，此时她身体摇摇晃晃，更加剧了这种恐惧。欢欢突然停下来，跳下了平衡木。爸爸鼓励欢欢再次尝试，告诉欢欢"这次可以将双手张开，伸直手臂，慢慢向前走"，并为欢欢做了示范。爸爸扶着欢欢再次走上平衡木，将欢欢的手臂摆开，呈水平状。欢欢在爸爸的帮助下向前走了几步，然后爸爸松开了手，欢欢开始尝试独自向前走。试了几次后，欢欢在平衡木上走来走去，这下她的胆子更大了。

　　请思考：

　　1.欢欢的平衡能力如何？

　　2.欢欢爸爸是怎么做的？他采取了哪些方法？你觉得怎么样？

学习驿站

学习笔记

一、31～36月龄幼儿动作发展和水平

（一）粗大动作发展和水平

　　处于这个时期的幼儿，基本能够正常行走。到了3岁左右，幼儿走路时基本不会紧张，表现得较为自然，但由于力量和弹性支撑不足，走路时身体会晃动。31～36月龄幼儿尝试主动避开障碍物；能够看着目的地，按照自己的意志向不同方向走；尝试走曲线；可以倒着走一小段路。这个阶段的幼儿能够手扶栏杆、双脚交替走上下楼梯，跑步时步伐较为稳定，力量相对较均匀，逐渐学会追逐跑、改变方向跑。但是，由于力量不足，跑步的速度不稳定，所以幼儿

反应慢、步幅小。

此阶段幼儿"玩"的意愿越来越强烈，他们试图通过感受自己的力量来体验快感。此时，幼儿能够蹲着玩耍，还可以钻过有自己一半身高的洞。这个阶段的幼儿虽然会跳，但落地时不会使用缓冲的技巧。幼儿能连续向前跳、单脚原地跳，双脚可以越过障碍进行跳跃，能从15~20厘米高的台阶向下跳，但没有掌握屈膝的技巧，跳的动作并不协调。这时的幼儿骨骼、肌肉较稚嫩，跳的幅度小、高度低，重心前移能力不足，因此在落地时容易摔倒。

球是幼儿喜欢的玩具，能够满足幼儿发展的需要。此阶段幼儿逐渐能够滚、推、踢、接球。幼儿会用手投球，并能够适当控制投球方向。幼儿已经学会踢球，但对于方向的把控还有一定欠缺，力量还比较小，因此踢出的距离较短。

幼儿在掌握平衡能力上有了很大的进步，此时幼儿能够单脚站立2~5秒，在10~20厘米高的平衡木上走路，并初步尝试在平衡木上做一些动作，但在走路时常常会表现出身体左右摇摆，两脚不敢交替向前迈步。

相关链接 ▶▶▶▶

如何让幼儿尽快学会使用筷子

首先，要在幼儿熟练使用勺子的基础上，准备一双筷子，教给幼儿正确的拿法：用拇指、食指操纵第一根筷子，用中指稳定第二根筷子。先让幼儿用筷子练习夹起大一些的固体，如海绵块等，再练习夹没煮熟的通心粉等，可以假装让幼儿夹东西喂给娃娃。在吃饭时，照料者应逐渐让幼儿练习用筷子吃饭，只要幼儿能将食物送进嘴里即可。幼儿练习使用筷子时，照料者要在一旁观察，以免幼儿将照料者准备的海绵块等塞进嘴里，发生意外。[①]

（二）精细动作发展和水平

31~36月龄幼儿的精细动作有了很大的进步，发展十分迅速。幼儿能够完成一系列复杂的动作，可以进行正常的日常生活活动；逐渐能够完成折、撕、剪等动作，掌握更多的精细动作技巧。

绘画是幼儿经常进行的活动，此时的幼儿逐步获得了画图形的经验，会画线、圆等，同时对人体部位的特征有了一定的印象，会画人的部分身体部位。对图形的掌握也反映在幼儿书写方面，此时的幼儿已经会写个别数字了。

幼儿通过动手操作，逐步获得对世界的感知经验。此阶段的幼儿喜欢动手操作，并且已经掌握了一定的操作技巧。在拼搭方面，幼儿会使用积木进行简单的搭建活动，能够完成简单的拼图。在穿珠子方面，幼儿每分钟可以穿上5颗左右的珠子，同时由于思维的发展，幼儿能够按颜色、形状的变化规律间隔

---

① 陈雅芳总主编，陈春梅主编：《0~3岁儿童动作发展与训练》，75页，上海，复旦大学出版社，2014。

穿珠子。幼儿手部的力量有了很大的增长，如能够将各种类型的纸揉成纸球，把橡皮泥捏成各种形状等。在夹舀方面，幼儿会使用小镊子夹、用小勺舀、用筷子夹取物品，向杯中倒水时能控制水的流量。在撕、折、剪方面，幼儿能将完整的纸撕成小片表示雪花。在照料者的引导下，幼儿会按图形撕纸，会用剪刀剪东西。幼儿在3岁时会边角相对地折纸，会将正方形纸折成长方形或者三角形。在粘贴方面，幼儿能用胶棒将物品拼贴好，做成手工作品。

二、31～36月龄幼儿动作学习方式和学习内容

（一）学习方式

1. 探究学习

探究指照料者为幼儿创设适宜的环境，激发幼儿对问题的思考和探究，让幼儿按照自己的意愿进行学习。这一过程体现了幼儿的自主性。这一时期的幼儿好奇心强，凡事都想尝试。在这个过程中，幼儿有充分的时间和足够的自由来实现自己的动作发展。例如，在玩小鸭子过河的游戏时，幼儿扮演成小鸭子走过"独木桥"，可以按照自己的实际情况调整在平衡木上行走的动作。在这个过程中，以幼儿兴趣为起点，幼儿通过自己的尝试与探索逐渐提升平衡能力。

2. 模仿学习

幼儿尤其喜欢模仿对他来说非常重要、关系亲密、同龄、同性别的人。例如，在进行手工活动的过程中，照料者可以先为幼儿做示范，让幼儿跟着学习剪、贴等动作，然后让幼儿自己动手操作，逐步完成手工作品。

3. 语言理解学习

2～3岁的幼儿语言快速发展，日常交流已不成问题。这个阶段的幼儿能够听懂照料者提示的语言，可以通过照料者的引导提升动作水平。例如，在搭建游戏中，照料者用语言逐渐引导幼儿用几块积木搭建城堡，并提供一定的支持，最终幼儿逐渐学会了用积木搭建的动作技能。

虽然我们将幼儿的动作学习方式相对划分为不同种类，但实际上往往需要使用多种学习方式，注意积累，才能逐渐掌握。

（二）学习内容

幼儿动作的发展规律是先发展粗大动作，后发展精细动作。31～36月龄幼儿已经具备一定的完成粗大动作的能力，而精细动作的发展还处于关键时期。

这一阶段幼儿的粗大动作发展的重点首先是锻炼幼儿控制身体平衡的能力，如保持走路、跑步、跳跃时的稳定性，可以通过用脚尖走路或单脚站立来进行锻炼。其次，锻炼幼儿动作的力量也是此阶段幼儿粗大动作发展的重点。幼儿跑步蹬地力量小、步幅小、弹跳力小，照料者可以引导幼儿多练习，如鼓励幼

学习笔记

儿双脚离地向上跳，促进幼儿腿部肌肉和骨骼的发展。另外，照料者要引导幼儿掌握动作技巧。例如，掌握跳跃时屈膝的技巧，落地时将重心前移，使得跳跃过程更加平稳。照料者在生活中要抓住一切时机锻炼幼儿，让幼儿能够手扶栏杆双脚交替上楼梯，并逐渐学会手扶栏杆双脚交替下楼梯。

这一阶段幼儿的精细动作发展的重点是促进手部动作的发展。随着幼儿认知的发展，幼儿不再满足于已有的能力，在好奇心的驱动下，逐渐掌握更多复杂的精细动作。例如，能画出更多的图形，能写出更多的数字。

三、31～36月龄幼儿动作观察要点

表6-1　31～36月龄幼儿动作发展水平及观察要点

观察主题	发展水平及观察要点	观察		出现时间	评价
		是	否		
动作发展	能单脚站立5～10秒，能跨过15厘米高或宽的障碍物				
	能双脚离地连续跳跃2～3次，会双脚间歇向前跳				
	能双脚交替灵活上下楼梯，能沿着直线双脚交替行走，会用脚尖走路				
	能跟随音乐按口令做模仿操，动作较协调				
	用积木、大积塑拼搭或插成简单物体，并尝试命名				
	能模仿画圆、正方形				
	在照料者的帮助下能解上衣扣子、脱鞋袜、脱裤子等，能穿简便的衣服和鞋				

四、31～36月龄幼儿动作学习支持

（一）环境支持

1. 准备充满运动趣味的环境

幼儿进行活动的动力来源于他们的兴趣、好奇心，因此照料者应该抓住这一特点，为幼儿创设丰富有趣的环境，引起他们的好奇心，进而促进幼儿探索和学习。

2. 提供活动的机会

幼儿动作的发展是在练习中逐渐进行的，照料者应该为幼儿提供练习的机会，创造适宜的环境，给予幼儿充分的时间和空间去探索、感受、学习、锻炼。

3. 耐心等待

幼儿动作的发展不是一蹴而就的，尤其是精细动作的成熟需要较长时间的

练习。在没有成熟之前，照料者需要耐心等待，给予幼儿充分的时间和自由，静等"花开"。照料者强迫幼儿进行过度训练、超前训练，往往会对幼儿身心健康造成不利影响。

（二）活动支持

这一阶段活动的重点在于让幼儿有练习钻爬、上下楼梯、穿越障碍物、走小斜坡的机会，引导幼儿操作积木、珠子、纸、橡皮泥等玩具，从而促进大小肌肉的发展，提高手眼协调能力和手指的灵活性。

1. 丢皮球

方法：照料者引导幼儿一边说儿歌，一边玩皮球，享受玩皮球的乐趣。

目的：培养幼儿的粗大动作能力，提高身体协调性。

注意：

第一，注意劳逸结合，提示幼儿在活动中注意安全。

第二，可以将小皮球换成其他物品进行游戏。

2. 跳房子

方法：照料者引导幼儿将沙包丢到写有数字的格子里，通过双脚跳的方式跳到相应的格子里。数字依次递增，直到回到"家"（画出的椭圆形格子）。

目的：促进幼儿手眼协调和跳跃能力的发展。

注意：

第一，可以用生活中常见的物品如纸团、布袋等代替沙包进行游戏。

第二，注意劳逸结合，体验游戏的乐趣。

3. 系扣子游戏

方法：照料者准备可以穿脱衣服的小动物玩偶或布娃娃。照料者通过引导幼儿为小动物玩偶或布娃娃穿上衣服，使幼儿逐渐学会系扣子。游戏结束后，照料者以小动物玩偶或布娃娃的口吻感谢幼儿为它们穿上好看的衣服。

目的：促进幼儿手指精细动作的发展。

注意：

第一，在日常生活中，每天都要鼓励幼儿独立穿脱衣服，逐渐养成良好的习惯。

第二，要注意及时引导，避免幼儿因遇到困难而放弃。注意不要包办代替。

学习笔记

温馨提示

活动要注意以下几点。
第一，不要强求，活动时间不要太长。
第二，提升安全意识，给予幼儿安全保护。
第三，根据实际情况调整活动内容。

◈ 实践与运用 ▶▶▶▶

1. 31～36月龄幼儿的动作发展有哪些特点？如何有效支持幼儿的动作发展？

2. 对31～36月龄幼儿的家长和老师进行采访，积累此阶段幼儿动作发展的特点、常见问题，并思考如何解决幼儿动作发展中存在的问题，有效促进幼儿动作的发展。

单元 2
31 ～ 36 月龄幼儿语言发展与学习支持

情境描述

　　红红快 3 岁了，说话越来越积极，会说的话也越来越多，总是喜欢提问题，但说的句子比较简短，有时候还有些语法问题。红红的爸爸妈妈却不着急，因为他们已经想到了几个妙招。红红平时喜欢和爸爸妈妈聊天，他们就坚持每天和红红对话半小时，说话的内容没有限制，只要红红感兴趣的事都是他们的话题，有时候爸爸妈妈也会和红红说一些她不知道的事，经常会出现新词，爸爸妈妈会耐心地为红红讲这些新词的意思，帮助她扩大词汇量。有时候他们还会给红红唱儿歌，带着红红边听边唱，欢快的歌声里有很多语言教育素材，红红在不知不觉中积累了更多的词。红红有时候表达混乱，他们也会耐心地告诉她正确的说话方式，比如她说"妈妈班"时，可以说"是的，妈妈去上班了"。他们有时会向红红提问，通过提问让她一边回忆一边描述。即使红红有时候说得不好，他们也不会批评她。没过多久，红红会说的话越来越多了，语言也越来越流畅。

请思考：

1. 红红的语言发展特点是什么？

2. 红红的爸爸妈妈是如何做的？你觉得怎么样？

学习笔记

学习驿站

一、31 ～ 36 月龄幼儿语言发展和水平

　　31～36 月龄是幼儿语言发展的关键时期，幼儿已经掌握基本发音。大多数情况下，幼儿基本能用语言来表达自己的需求，语音、词汇、语法和口语表达能力方面有了很大的进步，用词的种类和数量有了明显的增加。幼儿想说、爱

说，喜欢和别人交流，爱念儿歌，喜欢听故事并能记住和复述一些主要故事情节。此时，语言已不仅仅是交流的工具，更是幼儿思维的体现，对幼儿来说有着重要的意义。

（一）能说出完整的句子，复合句增加

31～36月龄幼儿处于目标口语初步发展阶段，也称为复合句阶段。[①] 此阶段的幼儿能说出有几个词的复杂句子，多词句和复合句在语言中的占比越来越大。到了3岁左右，幼儿所说的句子长度明显增加，用词逐渐丰富，句子结构逐渐清晰完整，随着幼儿认知的发展，句子中涉及的内容也更加广泛，基本与幼儿的生活经验相联系。这一时期的幼儿一般都能说含有6～7个字的句子，如"我喜欢吃苹果"；有时还能说包含10～15个字的句子，如"爸爸妈妈和我去公园玩了"。但是，连词的使用对幼儿来说还比较困难，此时幼儿说出的句子往往只是两个简单句的组合，句型的转换还无法实现。

（二）词汇的理解和运用能力迅速发展

31～36月龄幼儿非常喜欢学习语言，对出现的新词产生强烈的好奇心，因此掌握词汇的速度很快，此时处于幼儿口头语言学习的关键时期。幼儿能够认识并说出常见的物品、动物的名称，会使用一些代词如"你们""我们"等词，懂得如何使用一些礼貌用语，开始区别"一个"和"许多"。同时，幼儿的词汇量有了明显的增长，3岁幼儿使用的词汇量较2岁时有了飞速增长，基本都能掌握日常生活中遇到的词。用词的比例也有了一定的变化，幼儿使用的词汇中名词和动词的占比仍然是最大的，但是这个占比在逐渐缩小，而代词、形容词、副词、数词和连词的占比均有所提升。幼儿喜欢学唱儿歌，喜欢看图画书、听故事，喜欢与人交流，积极地通过这些方式扩展视野，学习更多的词和句子。3岁的幼儿基本能够熟练地使用词句来表述对常见事物的想法，如"我喜欢小猫咪""太冷了要穿棉衣"等，但还难以掌握第三人称代词。

（三）说话断断续续，表达不够流畅自然

这时候的幼儿很容易出现像"口吃"一样的现象，表现为说话结巴不流畅，换气不自然，说话断断续续，"破句现象"严重。实际上这种现象不一定是语言上的缺陷。语言是思维的外在表现，幼儿说出的语言往往反映了他们的思维。由于幼儿的思维水平不高，想的与说的出现脱节，再加上对有些词的掌握不是很熟练，把想法组织成语言较困难，但幼儿又急迫地想要表达，所以才会出现

---

① 王静、冉超主编：《0～3岁婴幼儿语言发展与教育》，43页，北京，北京师范大学出版社，2020。

学习笔记

说话断断续续的现象。我们要认识这个现象的本质，对幼儿有耐心，理解这是一个正常的现象。

（四）句子成分逐渐完整丰富

这一阶段的幼儿能基本掌握简单的语法，会回答简单的问题，所说句子的成分逐渐完整，基本合乎语法规则。幼儿已经习得大量词语，在日常交流中使用的词也日益丰富，陈述句、疑问句、祈使句等句型也开始出现，语言调节能力逐渐增强。由于语言与思维常常联系在一起，因此语言能力的增强让幼儿获得了更多的经验，继而促使幼儿掌握更多的词。语言的学习是先输入后输出的过程，因此照料者要与幼儿沟通，丰富幼儿的经验，鼓励幼儿主动理解句法，仔细倾听，发现幼儿表达中存在的问题，提高语言表达的准确性和流畅性。

二、31～36月龄幼儿语言学习方式和学习内容

（一）学习方式

1. 情境浸泡

幼儿一般是在"使用"过程中掌握语言的，很难通过系统性的语言学习，如背诵、抽象理解等方式进行。新环境、新知识最能激发幼儿的情感、活跃他们的思维，照料者应该为幼儿创设丰富的情境，激发幼儿的表达欲，丰富幼儿的词汇量，注意促进幼儿的词汇由消极词汇向积极词汇转化。

2. 模仿

幼儿最初掌握的语言主要是通过对周围语言环境的模仿而获得的。一些研究和理论表明，语言学习根植于幼儿对他人交流意图的理解、对共同视觉注意的敏感以及模仿语言的愿望。31～36月龄幼儿正处于强烈模仿期，与幼儿经常接触的照料者使用频率高的词，幼儿使用的频率也高，反之亦然，接触频率低的词幼儿习得的可能性更小。因此，照料者应为幼儿树立正确的榜样，尤其要注意语言的规范性和丰富性。

3. 强化

幼儿语言的学习是积少成多、逐步进行的。斯金纳认为幼儿的语言获得是"刺激—反应—强化"的过程，如果幼儿的语言得到照料者的强化，在相似情境中幼儿语言的表达会有所增加。研究表明，经常得到照料者表扬与鼓励的幼儿，其语言发育明显好于那些较少得到表扬与鼓励的幼儿。因此，照料者应该尊重幼儿，鼓励幼儿表达。照料者应认真仔细地倾听幼儿的表达，对幼儿语言发展中的进步表现进行表扬，对错误的语言行为要心平气和地指出来，不能简单批评、打击幼儿的积极性。

◀ 情境案例　▶▶▶▶

　　教师把小汽车放在桌子上，把小青蛙放在椅子上，问："桌上放的是小汽车，还是小青蛙？"幼儿答："小青蛙。"教师又重新出示实物，每放一个实物就问一次："小汽车在哪里？"幼儿用手指着桌子。教师说："对，小汽车在桌子上。小青蛙呢？"幼儿又指椅子。教师说："对，小青蛙在椅子上。你告诉老师，小汽车是在桌子上，还是在椅子上？"幼儿仍然用后项回答说："在椅子上。"

　　案例中反映的是幼儿语言发展过程中的"择后"现象，即幼儿常常选择说话者所表达的言语中的最后一个词作为说话者的提问的答案。这是3岁以前幼儿在进行言语交流时常见的一种现象。2岁半到3岁是"择后"现象的过渡期，到4岁时，"择后"现象逐渐减少。①

（二）学习内容

1. 扩大词汇量

　　31～36月龄幼儿处于词汇量飞跃发展的时期，抓住这一时期的语言教育尤其关键。幼儿对日常生活中的实词掌握增长速度较快，其中名词占比达到幼儿总词汇量的一半左右，其次是动词。此时要注意扩展幼儿对形容词、数词等较为抽象词汇的认识，扩大幼儿的交往范围和生活情境，扩大幼儿的词汇量，加深幼儿对词汇的理解，并提供学习和使用词汇的机会。

2. 学习正确的语音

　　3岁左右是幼儿语音发展的关键阶段，照料者要重视这一时期幼儿的语音发展。语音意识是幼儿能够正确发音的前提，31～36月龄幼儿处于语音意识萌芽阶段，照料者应该注意培养幼儿正确辨音、自觉调整发音的习惯。照料者应该引导幼儿自觉模仿正确的发音，主动进行自我调节。

3. 培养阅读的习惯

　　阅读是幼儿语言发展的一个重要途径，既能影响幼儿的口头表达能力，又能扩大幼儿的认知范围，还能够促进幼儿词汇的积累，提高幼儿的语法和表达能力，使幼儿了解书面语言的特点。因此，照料者应注重培养幼儿阅读的兴趣，使幼儿在掌握阅读的基本技能（如按页翻书等）的同时，促进语言和思维的发展。

✍ 学习笔记

---

① 郑厚尧：《影响儿童理解选择问句的若干因素》，载《语言研究》，1993（1）。

三、31～36月龄幼儿语言观察要点

表6-2　31～36月龄幼儿语言发展水平及观察要点

观察主题	发展水平及观察要点	观察		出现时间	评价
		是	否		
语言发展	会问一些关于"是什么""为什么""是谁""在哪里"的问题				
	在照料者的引导下，理解故事的主要情节				
	认识并说出常见的物品、动物的名称，词汇量较丰富				
	运用字词的能力迅速提高				
	能说出有几个词的复杂句子				
	开始运用"你们""他们""如果""但是"等词				
	知道一些礼貌用语，如"谢谢""请"，并知道何时使用这些礼貌用语				
	知道家里人的名字和简单的情况				
	喜欢自己看图画书				
	会回答简单的问题				

四、31～36月龄幼儿语言学习支持

（一）环境支持

1. 丰富幼儿生活内容

幼儿语言的发展和思维相互联系，幼儿知道的事物越多，越容易掌握更多的词。因此，照料者要不断扩展幼儿生活的内容和经验，为幼儿创设充满新鲜刺激的环境，激发幼儿的求知欲，开阔幼儿的视野；要引导幼儿身临其境，直接观察，并及时回应幼儿的疑问，使幼儿在好奇心的驱使下，积累更多的词和句子，提高幼儿的理解能力和表达能力。

2. 积极创设听的环境

"听"是语言输入的过程，幼儿只有听好、听准、听会才能说得好，因此照料者应该为幼儿创设"听"的环境。幼儿可"听"的内容很多，比如听大自然中的声音、听别人讲故事、听音乐等。在这个过程中，幼儿逐渐提高辨音能力，模仿他人的语言，培养良好的倾听习惯和文明素养，加深对语言的理解并逐渐掌握。

3. 让幼儿无拘无束地大胆表达

语言学习是为了更好地交流，因此要让幼儿大胆说出来，有话愿意讲出来，注意培养幼儿说的能力。照料者要为幼儿创设"说"的环境，让幼儿想说、敢说、有话说，要将一日生活中与幼儿接触的机会充分利用起来，和他们交流互动，激发他们的表达欲，使幼儿无拘无束地说。遇到有问题的地方，照料者要以平和的态度及时予以纠正。在这个过程中，照料者可以与幼儿培养感情，加深幼儿对语言结构、词汇的理解和学习。

（二）活动支持

1. 看图说话游戏

方法：准备一些图片，也可以是幼儿喜欢的图画书，让幼儿大胆想象，按照自己的想法将图画中的故事内容讲出来。在这个过程中，要多鼓励幼儿，也可以进行适当的提问，给幼儿提供更多表达的机会。当幼儿说不清楚、不会说时，也可以为幼儿做好示范。

目的：使幼儿能指认事物，介绍简单的情况，说出完整的句子。

2. 小小电台

方法：每个家庭成员都是一个广播电台主持人，家庭成员轮流拨到自己喜欢的电台，当拨到一个电台时，此电台的主持人就要表演唱歌、讲故事等节目。家庭成员可以适当地多拨打幼儿的电台，给幼儿提供充分的时间和机会进行语言锻炼。

目的：锻炼幼儿的语言表达能力。

3. 家庭小剧场

方法：可以提前准备一些小道具，也可以与幼儿一起制作道具。首先为幼儿讲故事，使幼儿了解故事内容，对故事内容感兴趣。然后和幼儿一起商量如何表演幼儿喜欢的故事。在表演过程中，可以有所创新，不必要求幼儿按照台词原封不动地表述，同时也可以对故事情节有所创新，充分发挥幼儿的想象力、创造力，为幼儿提供更多语言表现的机会。

目的：锻炼幼儿的语言理解能力和语言表达能力。

◈ 实践与运用 ▶▶▶▶

1. 31～36 月龄幼儿的语言发展有哪些特点？如何有效支持该年龄段幼儿语言发展？

2. 对 31～36 月龄幼儿的家长和老师进行采访，积累此阶段幼儿语言发展的特点、常见问题，并思考如何解决问题并支持幼儿语言的发展。

学习笔记

单元 3
31 ～ 36 月龄幼儿认知发展与学习支持

情境描述

　　丁丁 3 岁了，妈妈在平时很重视丁丁的数字学习，会抓住一切时机有意识地对丁丁进行引导，在遇到 2 个以上物体的时候就引导丁丁数一遍，比如数苹果、数玩具等，在上楼梯的时候也会数着"1，2，3，4，5，6……"有时候，丁丁虽然嘴上数到 6，但手指头只点到数字 4，妈妈就会抓着他的小手一个一个点，和他一起重新数一遍。丁丁也会试着说出最后数出的那个数。在玩游戏时，妈妈也会有意识地引导丁丁，比如"来了几位小朋友""有几只小鸟""准备多少块蛋糕"。丁丁会先思考一下，然后用手指一个一个地数。有时候数到一半忘记了，妈妈就让丁丁再数一次。慢慢地，丁丁对数字的学习有了很大的进步。

请思考：

1. 丁丁的认知发展特点是怎样的？

2. 妈妈都采取了哪些方法？你认为如何？

学习笔记

学习驿站

一、31 ～ 36 月龄幼儿认知发展和水平

（一）数概念

　　31～36 月龄幼儿初步掌握数的概念。这个阶段的幼儿对"多"和"少"有笼统的感知，明白数字的意义，初步认识数字代表数量的多少，会玩数数游戏，能唱数，到 3 岁左右可以从 1 数到 10，能记住数的顺序，可以对有明显差异的"多""少"等进行区分，能口手协调地点数但不超过 5，不能将数字与具体数

量对应，点数后不能说出总数。例如，桌子上有 3 个苹果，幼儿数过后可能会说"有 4 个苹果"。

（二）形状与颜色

31～36 月龄幼儿的视力已达到 0.6，可以辨认常见颜色，但对颜色的名称掌握起来比较困难。幼儿开始对简单的形状概念初步掌握；喜欢辨识与指明物品；知道实物与图片的关系；喜欢画画，画的内容逐渐丰富起来，使用的颜色也逐渐多样。幼儿对形状的掌握有了一定的提高。到了 3 岁左右，幼儿已经熟悉常见的几何图形（如圆形、正方形、三角形等），能够将几何图形与名称对应，如照料者让幼儿拿一个圆形的东西，幼儿大多可以做到拿取形状正确的物品，但是他们有可能还不能准确地说出物品的名称。幼儿往往会用自己生活中常见的物品名称代替几何图形的名称。例如，用"太阳"表示圆形，"饼干"表示方形。

（三）记忆力与辨别力

幼儿之所以能够对两种或多种事物进行辨别，是因为幼儿有了一定的记忆力，能够观察两者的异同并进行比对。3 岁左右的幼儿记忆能力提高了[①]，能够记住日常生活中的一些事情，如家庭主要成员的姓名、年龄、职业以及电话号码，能够对简单的故事情节以及生活中的经历进行复述。幼儿有了一定的辨别力，能够分辨自己和其他人是不一样的个体，慢慢知道两种性别之间的一些生活行为差异。幼儿开始理解家庭关系，知道每个人的家庭角色有所不同。

（四）分类

31～36 月龄幼儿处于习性分类或随机分类阶段。此时幼儿的分类能力开始萌芽，幼儿通常会成对地把物体组织起来，但他们既不能提供分类的理由，也无法说出物体的某一具体特征。

（五）"大"和"小"的认知

31～36 月龄幼儿对"大"和"小"有笼统的感知，判断"大"和"小"的精确性有所提高，对常见物体的"大"和"小"有了一定的判断能力。幼儿可以根据照料者的要求找出"大"或"小"的物体，但不能具体描述"大"多少、"小"多少。

（六）时间概念

此阶段的幼儿对时间概念的理解往往与他们的生活经验相联系，比如晚上是"睡觉的时间"，早上是"去幼儿园的时间"。幼儿对时间的理解规律为从中心向两端的发展，他们难以理解相对的时间概念，对于"昨天""明天"等概念

---

① 王书荃、罗静、思愔主编:《0～3 岁婴幼儿早期教育指南》，165 页，北京，中国妇女出版社，2020。

想一想

认知发展与动作的关系是什么？

学习笔记

理解并不准确，对更小的时间单位如小时、分钟的概念还不能掌握。

二、31～36月龄幼儿认知学习方式和学习内容

（一）学习方式

1. 观察学习

31～36月龄幼儿对事物的理解往往很简单、很肤浅。幼儿在日常生活中接触到的事物，如果照料者引导幼儿对其进行观察，就会进入幼儿的记忆；如果照料者同时将抽象的语言和直观的实例相结合进行引导，幼儿就会逐步习得该事物的概念。通过将事物进行对比，幼儿逐渐理解事物之间的区别与联系，这是促进幼儿思维发展的重要方式。

2. 操作探究

幼儿最初的思维与感知觉、动作难以分开。幼儿一般通过主动操作获得经验，积累表象。幼儿在活动中一般通过调动多种感官，获得对事物的直观感知，形成对事物的基本认知。幼儿通过思考问题、与环境互动，主动建构认知结构，促进自身认知发展。

3. 内化

幼儿通过观察、主动操作获得信息。这些信息要通过内化才能被幼儿吸收。幼儿通过这种方式更新和改造自己的认知结构，提升自己的认知水平。随着幼儿感知觉的发展越来越成熟，动作越来越熟练，幼儿的思维开始脱离动作。当遇到问题时，幼儿会调动已有表象来思考，而不需要再依靠动作。

（二）学习内容

1. 感知常见的动植物和简单的数量

这一阶段幼儿的记忆力有很大的进步，语言也进入飞速发展时期，照料者应该为幼儿创设充满刺激的环境，可以带幼儿到大自然中，引导幼儿通过对事物的观察、操作进行充分感知，积累表象，理解概念。这样，幼儿知晓的常见动植物才会越来越多。此时，幼儿可以点数，照料者应注意培养幼儿点数后说出总数以及点数更多数的能力，促进幼儿对数概念的理解。

2. 学会根据一些特征给物体归类

随着观察能力的提高，幼儿能够注意到事物之间的相同点和不同点，逐渐可以理解分类，但是由于他们分析、概括的能力不足，所以分类水平还比较低，这一时期照料者应该引导幼儿多观察，认识到事物所具有的显著的基本特征，并根据这些特征对事物进行分类，逐渐使幼儿认识到事物之间的联系，促进思维发展。

3.逐渐理解并掌握"大""小"等概念

幼儿对"大""小"等对比关系的理解并不深刻，但这一时期的幼儿发现了它们之间的差别，已经具备相应的潜能。因此，照料者应引导幼儿在生活中对这些概念进行充分感知和体验，逐渐使他们理解这些对比关系，有更加深刻的认识。

三、31～36月龄幼儿认知观察要点

表6-3 31～36月龄幼儿认知发展水平及观察要点

观察主题	发展水平及观察要点	观察是	观察否	出现时间	评价
认知发展	口数1～10，口手一致数1～5				
	知道红色、黄色、绿色，并能正确地指认				
	能分辨"里""外"				
	能用纸对折				
	会问一些关于"是什么""为什么""是谁""在哪里"的问题				
	在照料者的引导下，理解故事的主要情节				
	会解决简单的问题，如搬椅子、爬上去、取东西				

◉ 情境案例 ▶▶▶▶

聪聪32个月大了，他经常把家里的东西拿来拿去，喜欢拆东西。他对家里每个角落都好奇，会趁爸爸妈妈不注意时蹲在桌子下，爬到柜子里。他几乎翻遍了所有抽屉，家里乱糟糟的。

问题：读了这个案例，你是不是觉得该年龄段的幼儿具有强大的破坏力？我们应该如何看待这种现象？

分析：此阶段的幼儿往往通过感知觉和动作来认识世界。这属于直觉行动思维发展模式，思维依靠行为和动作，边操作边思考。照料者要根据幼儿身心发展规律科学地分析问题，进行适宜的引导，促进幼儿思维发展。

四、31～36月龄幼儿认知学习支持

（一）环境支持

1.营造宽松、支持的心理氛围

幼儿认知发展最初是通过操作与感知进行的，形成对外界事物的最初认识。由于幼儿的思维水平较低，且不稳定，容易受到外界影响，因此，照料者应该

学习笔记

学习笔记

为幼儿提供宽松的心理氛围，鼓励幼儿大胆探索，充分尊重和宽容幼儿。幼儿想象力丰富，有时候会存在照料者难以理解的想法和行为，照料者也不应该一味指责，而应根据幼儿思维发展特点进行适当引导，让幼儿的思维在亲切、民主、愉悦的氛围中得到发展。

2. 创设能激发思维的环境

31～36月龄幼儿的思维处于快速发展时期，但由于幼儿的无意注意占主导地位，他们观察学习的目的性、意识性较差，没有什么顺序，且比较粗糙，受兴趣影响比较大，因此只有那些形象生动、能激发幼儿兴趣的事物才容易被幼儿注意到并记下来。照料者应该依据这一时期幼儿认知发展的特点，创设富有创造性的环境，提供生动、新鲜、有趣的环境材料，激发幼儿的兴趣。

3. 提供气氛活跃、内容丰富的语言环境

语言是思维的工具，早期的语言训练不仅能够促进语言的发展，还能促进智力得到发展。因此，照料者在与幼儿互动的过程中，要为幼儿提供气氛活跃、内容丰富的语言环境，抓住时机，针对幼儿感兴趣的话题与幼儿展开讨论，引发幼儿对问题的探究与思考，提高幼儿语言表达的主动性、积极性，给予幼儿适当的鼓励与支持，发展幼儿的想象力和思维能力。

（二）活动支持

31～36月龄是幼儿大脑发育的关键期，这个阶段的重点是培养幼儿的思维能力，创造各种时机对幼儿进行良性刺激，促进幼儿对时间、空间、颜色等的理解，培养幼儿的分类和比较能力，提升思维水平。

处于这个时期的幼儿已经具备一定的基础能力，想象力丰富，喜欢玩假装游戏。假装游戏往往依赖于幼儿的生活经验，表现为情境、角色等方面的"假装"。幼儿在假装游戏中可以充分发挥创造力、想象力。这类游戏能够促进幼儿认知能力的发展。

1. 送小球回家

方法：照料者准备红色、黄色、绿色小球若干以及贴有相应颜色标识的分类盒，引导幼儿观察小球及分类盒的颜色并进行区分。通过设置游戏情境，幼儿将小球放回贴有相应颜色标识的分类盒里，将小球送回"家"。

目的：发展幼儿的观察能力和分类能力。

2. 排排队

方法：照料者为幼儿提供大小不同的物品，引导幼儿将大小不同的物品进行对比。照料者可以让幼儿说出"哪个大、哪个小"，让幼儿根据大小给物品排顺序或按照长短等规律给物品排顺序。

目的：促进幼儿对"大""小"等概念的学习与理解。

3. 认识时间

方法：照料者准备一个大转盘，上面画有多个幼儿经常进行的活动。转动转盘，指针会指向其中一个活动，让幼儿说一说这是白天还是晚上进行的活动，并在上面做好标记。

目的：促进幼儿对时间概念的学习。

⊙ 实践与运用 ▶▶▶▶

1. 31～36 月龄幼儿的认知发展有哪些特点？如何有效支持幼儿认知发展？

2. 对 31～36 月龄幼儿的家长和老师进行采访，积累此阶段幼儿认知发展的特点、常见问题，并思考如何支持幼儿认知的发展。

单元 4
31～36 月龄幼儿情感与社会性发展与学习支持

情境描述

　　3 岁的乐乐生活能力逐渐增强，交往范围扩大，知识经验也不断增加，但是变得不那么乖了。他总是对大人说"我自己来""我不要"之类的话。原来乐乐是步入了"第一反抗期"。妈妈有时候让乐乐自己拿主意，如果乐乐拒绝她的帮助，妈妈会尊重乐乐，即使有困难也让乐乐自己去尝试，给予适当的鼓励，满足乐乐独立自主的需要。在语言上，妈妈也注意避免采用命令的口吻同乐乐沟通，多给予乐乐选择权，但是涉及安全的问题还是会坚持原则。同时，妈妈还会在生活中让乐乐去表达，注意安抚乐乐的情绪。慢慢地，乐乐的语言能力有了一定的提高，与妈妈越来越亲近，也愿意听妈妈的建议。

　　请思考：

　　1. 乐乐在情感与社会性发展方面有哪些问题？

　　2. 乐乐妈妈是如何解决这些问题的？给了我们哪些启发？

学习笔记

学习驿站

一、31～36 月龄幼儿情感与社会性发展和水平

（一）人格的发展

　　31～36 月龄幼儿能够正确地使用第一人称代词"我"，也逐渐学习其他人称代词。这个阶段幼儿的自我意识逐渐增强，更加独立。幼儿希望能独立完成一件事，比如自己吃饭、自己拿东西等。他们希望自己做决定，这个时期可能会出现父母与子女冲突激烈的现象。对于这个阶段的幼儿，父母既不能听之任之，也不能太过严厉。父母要把握好教养的分寸，促进幼儿人格健康发展。

（二）同伴关系

31～36 月龄幼儿与同伴之间开始建立友谊，他们越来越喜欢和小伙伴一起玩，但还没有形成稳定的亲密关系。此时，幼儿的游戏以独自游戏或平行游戏为主。幼儿在游戏中主要是独自玩，还没有合作意识，大多时候以自我为中心，如果发生冲突可能会表现出攻击性行为。

（三）性别角色

31～36 月龄幼儿绝大多数已经能够准确地说出自己的性别，对性别角色有了初步的认识，知道男孩和女孩的特征差异，知道男孩和女孩分别是什么样子的，但是他们往往是根据外表来判断的，对性别的认识还比较浅显。

（四）情感

31～36 月龄幼儿已经拥有情感与社会性，如自豪、怀疑、羡慕、嫉妒、厌恶等情绪，对于人、事、物有了自己的认识和体验，且这种认识和体验越来越深刻。幼儿的表情逐渐丰富起来，情绪的调节策略也逐渐多样化。随着年龄的增长，幼儿的情绪调节能力逐渐提高，方法越来越多样，幼儿毫不顾忌地发泄情绪的情况逐渐减少。此时，面部表情和语音语调都是调节情绪的工具，如生气的时候，幼儿用瞪大眼睛来表示愤怒。在能够感知到各种各样的情感的同时，幼儿还未拥有精确划分情感的能力。幼儿还没有出现真正的亲社会行为，但共情水平在不断提高。

二、31～36 月龄幼儿情感与社会性学习方式和学习内容

（一）学习方式

1. 模仿

模仿是幼儿的天性。幼儿处于社会中，每天都在接受着社会中他人的影响，对他人的行为有一定的印象。幼儿最喜欢模仿其心目中最重要的人和性别相同的人，喜欢模仿得到他人表扬的行为。

2. 同化

同化是把新的刺激物纳入已有图式（认知结构）。幼儿的态度和行为容易受周围人的影响，往往能在生活中找到"原型"。虽然同化带有一定的模仿成分，但不同的是，同化更加强调环境对幼儿社会学习的感染作用。

3. 奖惩

幼儿的行为所导致的结果往往会影响该行为再次出现的概率，得到奖励的

---

① 刘军主编：《学前儿童发展心理学》，13 页，南京，南京师范大学出版社，2017。

学习笔记

关键术语

同化
同化指个体对刺激输入的过滤或改变的过程。

图式
图式是动态的机能组织。①

行为随后出现的概率增加，而受到惩罚的行为随后出现的概率降低。这种结果可以是幼儿亲身经历的，也可以是间接的，比如看到其他小朋友因为好好吃饭受到了表扬，幼儿也会不自觉地学习。幼儿这一阶段的奖励和惩罚主要来自外部，受到照料者的影响较大。

4. 体验

结合幼儿身心发展的特点，我们知道只有通过亲身感知、实践操作，才能让幼儿对其有切身的体会和感受，从而构建起自己的知识经验。《幼儿园教育指导纲要（试行）》指出："幼儿与成人、同伴之间的共同生活、交往、探索、游戏等，是其社会学习的重要途径。"对于幼儿来说，学习是潜移默化的，幼儿必须将自己置身于社会情境之中，通过互动、经验积累，培养社会态度和社会情感，所以照料者要注重在一日生活中创造让幼儿感知和体验的机会，促进幼儿实现社会化。

（二）学习内容

1. 理解交往的规则

这一时期的幼儿对交往规则还难以理解，在与同伴交往时很容易发生攻击性行为，因此照料者要做好相关教育工作，让幼儿逐渐理解他人的想法和感受，不能总是按照自己的想法而不顾及他人的感受，强制要求他人按自己的要求做。在交往中，照料者要引导幼儿学会如何表达自己的想法和感受，学习使用礼貌用语，学会控制情绪，加强对交往规则的理解和运用，逐步提高交往能力。

2. 移情能力

移情是幼儿亲社会行为产生的基础，同时也是幼儿与他人正常交往的前提。2岁后，幼儿的自我意识萌发，对他人的反应开始发生变化。随着自我意识的提高，幼儿逐渐能分清楚自己的情绪与他人的情绪，并对他人的情绪状态表示关心，开始试图安慰他人，但是这种移情能力处于相对较低的水平，照料者应该注意促进幼儿移情能力的发展。

3. 认知发展

幼儿情感与社会性的发展离不开认知发展水平的提高，如道德判断能力、性别角色认识等都是以认知为基础的，同时幼儿也需要通过与他人交往不断扩展认知范围，积累更多知识。幼儿知道的内容越多，与他人就有更多交流的共同话题，与他人交流的频率也会更高，交往的范围就会更广泛，为其情感与社会性发展创造更多机会。

三、31～36月龄幼儿情感与社会性观察要点

表6-4　31～36月龄幼儿情感与社会性发展水平及观察要点

观察主题	发展水平及观察要点	观察		出现时间	评价
		是	否		
社会性发展	清楚地知道自己的性别				
	和同伴或家人一起玩角色游戏，如"过家家"游戏				
	能和同龄小朋友分享，如把玩具分给别人				
	害怕黑暗和动物				
	兄弟姐妹或同伴之间会比赛和嫉妒				
	会整理玩具，开始知道物归原处				
	能自己上床睡觉				
	大吵大闹和发脾气的现象已不常见，且持续时间短，开始能控制自己的情绪				
	对成功表现出高兴的情绪，对失败表现出沮丧的情绪				
	开始对故事里的人物投入感情，表达同情				
	不愿改变已养成的生活习惯				

四、31～36月龄幼儿情感与社会性学习支持

（一）环境支持

1. 榜样示范

在日常生活中，照料者应该注意自己的言行举止，为幼儿树立榜样。幼儿教师的工作是塑造灵魂、塑造生命、塑造人的工作，要做"有理想信念、有道德情操、有扎实学识、有仁爱之心"的好老师，使幼儿在潜移默化中受到熏陶，为培养社会主义事业建设者和接班人做出更大贡献。

🔗 相关链接 ▶▶▶▶

《习近平新时代中国特色社会主义思想进课程教材指南》指出："教育学类课程教材要系统阐释习近平总书记关于教育的重要论述。讲清楚教育改革发展必须坚持的新理念新思想新观点，即坚持党对教育事业的全面领导，坚持把立德树人作为根本任务，坚持优先发展教育事业，坚持社会主义办学方向，坚持扎根中国大地办教育，坚持以人民为中心发展教育，坚持深化教育改革创新，坚持把服务中华民族伟大复兴作为教育的重要使命，坚持把教师队伍建设作为基础工作。"

2. 积极支持与反馈

照料者要重视教育启发，幼儿的一日生活都是教育素材的来源，通过日常生活中的话题引发幼儿思考，及时抓住教育契机，积极回应与反馈，使幼儿实现自我教育。如果幼儿表现出积极的态度和行为，照料者要及时给予反馈，积极表示认同，并通过强化使幼儿形成良好的习惯。在与幼儿日常交往中，照料者要做细心的观察者，及时调动幼儿的积极性，并帮助幼儿进一步认识自己的情绪，学会如何调整情绪。同时，应该注意个体差异性，因材施教，促进幼儿情感与社会性发展。

3. 合理的物质环境

环境对幼儿的影响很大，其中物质环境会对幼儿情感与社会性发展产生潜移默化的影响。31～36月龄幼儿的独立意识已经开始萌芽，有一定的自主需求，照料者应该为他们提供干净整洁、温馨舒适的生活环境，满足他们的生活需要，同时营造宽松的心理环境，让他们感觉愉快轻松，同时要激发他们的主动性，让他们成为整理环境的"小主人"，培养他们自我服务、为他人服务的意识。

（二）活动支持

1. 小猫过生日

方法：

照料者告诉幼儿："今天是一个特别的日子，是小猫的生日，我们一起帮它庆祝生日好不好呀？"照料者提前准备好道具，播放音乐，与幼儿一起为小猫庆祝生日，营造快乐的氛围。

目的：引导幼儿学会祝福他人，锻炼幼儿的交往能力。

注意：也可以选择在其他的节日进行，通过"庆祝节日"的方式展开游戏，可以邀请其他小朋友一起参与。

2. 开心转转转

方法：照料者准备一个转盘和一些奖品。这些可以由照料者与幼儿一起来制作。照料者向幼儿说明游戏内容和规则："我们来玩开心转转转吧！这个小指针指到谁，谁就可以得到奖品啦，但是要按照顺序轮流转动转盘。"

目的：培养幼儿遵守规则的意识。

3. 过家家

方法：照料者准备一些幼儿生活中常见的道具，创设一定的情境，比如看医生、照顾宝宝、做饭等，让幼儿进行角色扮演，要注意每种角色都应有相应的特点，不要弄混。

目的：培养幼儿的角色意识。

🔗 相关链接 ▶▶▶▶

　　个别幼儿到了3岁左右仍通过吮手指来寻求自我安慰。此时幼儿吮手指的行为是一种不良的行为习惯，幼儿吮手指的主要原因除了早期的生理因素，还有情感方面的需要得不到满足，心理上的羞怯、紧张、焦虑、恐惧、缺乏安全感等以及行为受挫。引起幼儿不良情绪的原因很多，如家庭气氛紧张，父母不和、经常争吵；父母养育态度专制粗暴，经常打骂幼儿等，都会使幼儿产生不安、紧张、焦虑、恐惧、苦闷、悲伤的情绪。在这种情绪的支配下，有些幼儿就会通过吮手指来自我安慰，缓解内心的紧张和焦虑，渐渐地，吮手指便成了习惯性动作，以至于成为一种不健康的心理反应。预防和矫治幼儿吮手指不良习惯的方法有以下几种。

　　第一，正面引导。

　　第二，关心理解幼儿。

　　第三，恰当鼓励。

　　第四，提供丰富的环境，转移幼儿的注意力。

　　第五，配合心理调节治疗。[①]

📍 实践与运用 ▶▶▶▶

　　1. 31～36月龄幼儿情感与社会性发展有哪些特点？如何有效支持幼儿情感与社会性发展？

　　2. 对31～36月龄幼儿的家长和老师进行采访，积累此阶段幼儿情感与社会性发展的特点、常见问题，并思考如何支持幼儿情感与社会性的发展。

📍 综合实践 ▶▶▶▶

　　1. 请结合31～36月龄幼儿的发展水平，设计一个适合该阶段幼儿的教育活动方案。

　　2. 请简述3岁幼儿有哪些正常的发育情况。

　　3. 如何指导31～36月龄幼儿做好入园准备？

学习评价与反思

模块六
学习效果检测

① 钱文编著：《0—3岁儿童社会性发展与教育》，20～21页，上海，华东师范大学出版社，2014。

学习目标

1. 掌握 3～4 岁幼儿动作、语言、认知、情感与社会性发展的基本特点，把握该阶段幼儿的身心发展水平。

2. 了解 3～4 岁幼儿的主要学习方式和学习内容。

3. 开展促进 3～4 岁幼儿动作、语言、认知、情感与社会性发展的各项活动，并给予幼儿适宜的教育和支持。

4. 通过对 3～4 岁幼儿的观察，能够分析幼儿的经验水平，并给予相应的指导，促进幼儿健康和谐发展。

5. 能够为 3～4 岁幼儿的父母提供有针对性的指导，帮助他们了解幼儿早期发展与学习支持。

学习导航

3～4岁幼儿发展与学习支持

3～4岁幼儿动作发展与学习支持	3～4岁幼儿语言发展与学习支持	3～4岁幼儿认知发展与学习支持	3～4岁幼儿情感与社会性发展与学习支持
3～4岁幼儿动作发展和水平	3～4岁幼儿语言发展和水平	3～4岁幼儿认知发展和水平	3～4岁幼儿情感与社会性发展和水平
3～4岁幼儿动作学习方式和学习内容	3～4岁幼儿语言学习方式和学习内容	3～4岁幼儿认知学习方式和学习内容	3～4岁幼儿情感与社会性学习方式和学习内容
3～4岁幼儿动作观察要点	3～4岁幼儿语言观察要点	3～4岁幼儿认知观察要点	3～4岁幼儿情感与社会性观察要点
3～4岁幼儿动作学习支持	3～4岁幼儿语言学习支持	3～4岁幼儿认知学习支持	3～4岁幼儿情感与社会性学习支持

学习初体验

　　萱萱已经3岁多了，今天是她入园的第一天。刚进班级时，萱萱很好奇，这儿看看，那儿摸摸。可是到了早饭时间，萱萱就大哭起来，嚷着要找妈妈，不吃早饭。老师把萱萱抱在怀里，哄哄她、喂喂她。可是，萱萱一把将饭碗掀翻在地。下午，萱萱情绪好些了，但看到喜欢的玩具便从别的小朋友手里抢过来，惹得小朋友哇哇大哭。

　　请你和同学们讨论一下萱萱入园时会哭闹的原因。针对萱萱入园第一天的表现，你会给老师哪些建议？

学习交流

_____

_____

_____

_____

_____

_____

学习导入

　　3岁幼儿不再是牙牙学语的学步儿，但有时他们的表现仍然像学步儿那样。他们的发展还不稳定。随着大脑的结构和功能不断完善，幼儿的身体动作比以前更加灵活；认知范围逐步扩大，对新鲜的事物有较强的好奇心，认知能力提高；语言进入飞速发展期；有明显的独立行动的愿望，喜欢说"不"，要求"自己来"，但尚不能很好地控制自己的情绪。一般3～4岁幼儿会进入托幼机构尝试集体生活，能够和小伙伴们一起玩耍，学习遵守游戏规则，探索更加广阔的世界。为每个幼儿提供适宜的挑战、支持和回应，促进其发展和学习，就发生在我们和幼儿互动的点滴中，发生在和幼儿建立的既亲密和谐又富有教育意义的关系中。

单元 1

3～4 岁幼儿动作发展与学习支持

情境描述

　　小班的诚诚入园已经有一个月的时间了，基本上已经度过了分离焦虑期，早上能愉快地跟妈妈说再见了。最近，老师发现诚诚特别喜欢走草地上的石头路，他小心翼翼地踩在石头上，身体歪歪斜斜地保持着平衡。老师怕诚诚摔倒，伸手扶住诚诚，诚诚甩开老师的手，说："不，诚诚自己。"就这样，诚诚反复走了好多次，乐此不疲。在走的过程中，诚诚的鞋子粘扣脱落了，他就弯下腰，用三指捏的方式扣上，还不忘摁一摁。诚诚执意自己做，歪歪斜斜的样子，让人忍俊不禁。

　　请思考：

　　1. 诚诚为什么喜欢走石头路而不是平坦的路？走石头路可以帮助诚诚获得哪些能力的发展？

　　2. 在诚诚遇到困难的时候，老师是怎么做的？你认为老师什么时候介入、怎样介入才是适宜的？为什么？

学习驿站

学习笔记

一、3～4 岁幼儿动作发展和水平

　　由于骨骼肌肉的发展和大脑的调节控制能力不断增强，3～4 岁幼儿处于身体迅速发展时期。动作发展是成长的主要标志。

（一）粗大动作发展和水平

经过学前初期的练习，3～4 岁幼儿走步逐渐均匀，能自由地摆动双臂。他们逐渐学会两臂屈肘放在身体两侧，运用正确的姿势跑步，并且能按指定方向跑或沿着场地周围跑。他们也逐渐掌握各种形式的跳跃技能，如原地向上跳、原地向前跳、跳远、跳高等。

幼儿对大肌肉控制力的发展，可以通过保持身体平衡表现出来。4岁前后是幼儿平衡能力发展的关键期。3～4岁幼儿在钻爬和攀登等运动中锻炼身体的协调性和动作的灵活度。他们可以从比自己身高稍低的绳子下面钻过，也能在较低的攀登架上爬上爬下，但手脚协调能力还不足。3～4岁幼儿喜欢将沙包等玩具向前投掷，但其目标性和姿势需要在练习中逐步提高和协调。

（二）精细动作发展和水平

3～4岁幼儿虽然手部的精细动作有所发展和提高，但是他们还不能灵活地完成复杂的手部动作。手部的精细动作主要包括手眼协调、指尖动作、手指屈伸等手掌和手指动作，主要表现在对抓、捏、穿、剪、夹、拧、卷、撕、折叠等动作的掌握上。

3～4岁幼儿能比较熟练地使用勺子、蜡笔、彩笔等工具，会用画笔画出圆圈、方块等基本图形，并能用图形组成相似的人像。他们可以将不同形状的木块放进相应的孔中；会用剪刀沿直线剪纸；会手眼协调地将粗线穿过大珠子；会将纸折叠成三角形；会沿简单图形的轮廓线撕纸，如苹果、香蕉等。

幼儿的自理能力是伴随着手部精细动作的发展而逐步提升的。3～4岁幼儿能够熟练地使用勺子吃饭，能拧开和拧紧瓶子上的盖子，能解开扣子、拉开拉链等。他们能穿脱鞋子，但有时会分不清左右脚。

二、3～4岁幼儿动作学习方式和学习内容

（一）学习方式

1. 观察、模仿学习

3～4岁幼儿的动作学习除受内驱力的影响外，主要通过观察他人的动作来学习。观察学习常常与模仿相联系。例如，当幼儿看到同伴拖拉小汽车时，他会模仿同伴的样子拖拉小汽车。

2. 重复练习

蒙台梭利认为，重复动作是因为幼儿内在势不可当的能量所引发的自然现象。3～4岁幼儿通过不断重复练习，不断巩固所获得的运动经验，不断积累，使自己的动作更稳定、准确和灵活。

3.操作学习

操作学习是以手部动作对物体进行控制而实现的学习方式。3～4岁幼儿处于感知运动阶段，只有通过直接感知、实际操作、亲身体验的方式，才能促进自身精细动作的发展。例如，为幼儿提供多种手工材料，让幼儿练习画、贴、撕等多种动作。

（二）学习内容

1.双手操作

3～4岁幼儿需要进一步锻炼手部的精细动作。教师要有计划地锻炼幼儿双手操作的协调性和灵活性，如在幼儿园设置各种美术活动，包含绘画、泥工、纸工等。幼儿在初步掌握美术工具和认识材料的同时，锻炼了手部肌肉的控制力和协调性。游戏、劳动等活动也能发展幼儿的操作技能，比如在建构游戏中，幼儿拆装和组合积木，可以练习三指捏、两指捏和拧的动作。

2.躯体运动

3～4岁幼儿的躯体运动还不灵活、不协调。这个阶段的幼儿需要在教师的指导下改善大肌肉的控制能力和肢体协调能力，学习走、跑、跳、钻、平衡、攀爬等动作技能。

3.自理能力

3～4岁幼儿开始有自我意识，有自己做事的意愿。教师可以借助幼儿动作的发展，不断提高幼儿的自理能力，让其树立独立意识，培养其自理生活的习惯。例如，独立吃饭、脱穿衣物鞋袜、整理玩具等。

三、3～4岁幼儿动作观察要点

表7-1 3～4岁幼儿动作发展水平及观察要点

观察主题	观察目标	发展水平及观察要点	观察		出现时间	评价
			是	否		
参与活动的意愿和状态	意愿和状态	能保持愉快的情绪参与活动				
		主动、积极参与，能在活动中获得满足感				

学习笔记

幼儿照护职业技能等级标准（部分）

学习笔记

观察主题	观察目标		发展水平及观察要点	观察		出现时间	评价
				是	否		
基本动作的发展水平	粗大动作	走	走路时上身正直、双脚交替自然地走				
			能向指定方向走				
			能平稳熟练地走步，但步幅小				
		跑	上体正直、双脚交替自然地跑，向指定方向跑				
			走、跑交替 100 米				
			在指定范围内四散跑、追逐跑				
		跳	双脚轻松自然地同时向上跳				
			双脚向前连续跳 2 米左右				
			能从高 20 厘米处自然跳下				
		掷	能单手自然地将沙包向前投掷 2 米左右				
			可以双手把小皮球投进 1.5 米远的篮子里				
		爬	手、膝着地自然协调地向前爬				
			能弯腰屈腿顺利钻过低矮的桥洞，身体灵活				
	精细动作		能用三指握笔涂涂画画				
			能用三指熟练地使用勺子				
			能用剪刀沿直线剪，边线基本吻合				
综合运动能力	身体平衡性		喜欢走直线等能保持身体平衡的运动，会利用肢体调整身体的平衡				
			能走宽 25 厘米、高 20 厘米的平衡木				
			在斜坡上走上走下且保持上身正直，不左右摇晃				
	动作协调性		会双脚连续或交替地向前跳				
			做各种动作肢体协调，运动自如				
	力量和耐力		愿意长时间走路，不怕累				
			可以快跑、单脚跳等				
			能单手抓杠悬吊 10 秒以上				

续表

观察主题	观察目标	发展水平及观察要点	观察		出现时间	评价
			是	否		
运动中的自我保护	安全意识和自我保护能力	运动时会躲避他人或障碍物				
		不去做超出自己能力的动作，或会调整身体、降低动作难度				
		活动中有意识地去做安全保护措施				

四、3～4 岁幼儿动作学习支持

（一）制定合理的一日生活制度

合理分配游戏活动、生活活动、教学活动、户外活动的时间，保障幼儿每天 2 小时的户外活动时间。教师应确保幼儿有大量的时间和机会，进行跑、跳、平衡、攀爬等运动。在生活活动中，教师给予幼儿更多自己做事的机会，以锻炼其自理能力和自我服务技能，如穿衣、如厕、进餐、刷牙、洗手和整理玩具等。

（二）创设适合操作的活动区

班级创设各类适合幼儿操作的活动区，如美工区、生活区等。提供多样化的操作材料，如橡皮泥、绘画工具、珠子、积木、拼图等，以促进其精细动作技能的发展。

有效利用户外场地，创设不同的户外活动区域，科学、有效地提供各种体育活动材料。遵循全面性原则，提供发展幼儿粗大动作的器械或玩教具，并定期对其进行调整，使幼儿户外活动的强度和密度相互协调。

（三）设计符合幼儿兴趣的体育活动，提高幼儿的运动技能

游戏是幼儿喜爱的活动，也是幼儿锻炼身体的一种重要方式。丰富多彩的民间传统游戏是中华民族文化传承的标识，对幼儿教育有着巨大的价值和意义。能起到锻炼身体作用的传统游戏有老鹰捉小鸡、拔河、跳百索（跳绳）、放风筝、踢毽子、滚铁环、踢球等，许多游戏至今仍为幼儿所喜爱。教师要有计划地设计 3～4 岁幼儿感兴趣的体育游戏活动，有意识地培养幼儿跑、跳、投掷、躲闪、平衡、攀爬等动作技能，利用讲解、示范等方式，让幼儿掌握动作技巧，让幼儿通过情境化、趣味化的游戏不断练习，以达到熟练的程度。小班健康活动示例可参考"小班健康活动：欢乐爬爬爬"。

教师须互相配合，共同完成体育活动的准备、组织和整理，同时也要了解指导幼儿动作发展的方法。

某幼儿园小班一日活动安排

某幼儿园小班美工区材料投放清单

小班健康活动：欢乐爬爬爬

某幼儿园户外活动材料投放清单

3～4 岁幼儿粗大动作发展指导要点

（四）家庭教育指导方案

1. 粗大动作

（1）赶小猪

用纸团或皮球当作"小猪"，家长先示范一边用木棍或塑料棍赶"小猪"，一边往前走，直到把"小猪"赶到"猪圈"中。然后让幼儿模仿练习。熟练后，家长可以设置几个障碍物，让幼儿赶着"小猪"绕过障碍物到达目的地。

（2）跳格子

家长在地面上画 3 个边长为 20 厘米的正方形格子，可以按直线排列，也可以按"品"字形排列，教幼儿练习从一个格子跳进另一个格子，再跳出来。家长可以通过调整格子的数量和间距来调节难易程度。

2. 精细动作

（1）插洞洞

家长选择一个盖子带孔洞的牙签筒，先倒空牙签筒，然后再让幼儿把牙签一个一个从孔洞中插进去。幼儿可以先从 10 根牙签开始练习，以后逐渐增加数量。

（2）分豆子

家长将红豆、绿豆和黄豆混装在一个碗里，再准备一个分类盒，或另外准备 3 个小碗。幼儿将豆子分类拣出，并放入分类盒中。家长可以通过变换不同大小、不同颜色的豆子来调整难易程度。

◎ 实践与运用 ▶▶▶▶

1. 认真阅读以下材料，分析幼儿精细动作的发展状况。作为教师，你将如何提供学习支持？

区域游戏时间，3 岁多的小美选择了美工区。她毫不犹豫地选择了剪刀和卡纸。她先选择了一张画有直线的卡纸。她左手拿着卡纸，右手拇指和食指穿到剪刀把的孔洞中，张开剪刀对准卡纸的直线剪下去，但是在合并剪刀的时候，剪刀把从拇指和食指的关节处滑落，卡纸没有被剪开。她又重新调整了拇指和食指的位置，继续剪。经过多次尝试，小美终于剪开了卡纸，虽然并没有和直线吻合，但是小美的脸上露出了笑容。她继续剪，左一下右一下，一张张小的碎纸片被剪下。小美又拿来一张卡纸和胶棒，把碎纸片一张张贴到大卡纸上，贴完后就马上给旁边的小朋友看，还用炫耀的口气说："这是我做的花园。"她小小的脸上洋溢着满足的笑容。

2. 请为 3～4 岁幼儿设计一个培养双脚跳跃能力的体育活动方案。

3. 请为 3～4 岁幼儿设计一种练习"夹"动作的玩教具，并注明玩教具的材料构成及玩法。

单元 2

3 ～ 4 岁幼儿语言发展与学习支持

情境描述

　　沐沐是奶奶一手带大的。奶奶对沐沐疼爱有加，有求必应。沐沐只要手一指，嘴一张，奶奶就知道沐沐有什么需求，并及时满足她。奶奶还对邻居说："只要沐沐一抬腿，我就知道他要往哪儿走。"但是，最近奶奶发现，3岁的沐沐和同龄的小朋友相比，说话少，吐字也不清楚，遇到事情说不清时还会急得直跺脚。奶奶也开始着急了，担心沐沐语言发展迟缓，又不知道应该做什么。

　　请思考：

　　1. 说一说奶奶是如何养育沐沐的。这种养育方式对沐沐的语言发展有哪些影响？

　　2. 请查阅关于3～4岁幼儿语言发展的资料，和沐沐的情况进行对比。你认为沐沐的语言发展如何？你能为沐沐奶奶想到哪些家庭教育方法呢？

学习驿站

学习笔记

一、3 ～ 4 岁幼儿语言发展和水平

　　3～4岁是幼儿语言发展最迅速的时期，幼儿的词汇量不断增加。3岁幼儿基本上掌握了语法规则，成为颇具表达能力的谈话者。3岁半左右的幼儿开始对句子表达的意思感兴趣，总是把成人说的话一遍又一遍地使用在恰当的语境中。4岁左右的幼儿可以说一些复合句，也从一开始的疑问句发展到祈使句、感叹句等。

　　3～4岁幼儿喜欢听故事、儿歌，能安静地听别人讲述，能回答有关故事的问题；能复述简单故事的主要情节；能把要求和事情的经过表达清楚；能比较容易地跟读每句为3～5个字的简短儿歌。

3 岁半左右的幼儿会说反义词，但对词义的理解仍然比较浅显，带有很大的情境性。他们能在杯子架或鞋架上找到自己的名字，开始以涂鸦的方式写字，虽然并不依照传统的规则写字，但在涂鸦时，逐渐从纸的最上端写，由左写到右，表示他们开始了解文字是如何运用的。

二、3～4 岁幼儿语言学习方式和学习内容

（一）学习方式

语言是具有一定遗传素质的个体在各社会环境的相互作用中，特别是在与人们的语言交流中，以及在认知发展的基础上发展起来的。儿童语言富有创造性，但模仿与学习在语言获得中仍起着极为重要的作用。[1]

3～4 岁幼儿在交往中学习语言。幼儿通过接触、模仿、尝试、运用等方式掌握字、词、句及组合规则。在交往中，幼儿学习语言的目的在于理解他人语言所表达的信息和意图，实现与人交流；还要运用语言表达自己的意愿，让他人能够理解，实现交流的目的。在交往中，幼儿不断理解、判断、犯错、改正，不断提高自己的语言理解能力和表达能力。

3～4 岁幼儿需要在具体的情境中学习语言。真实的生活、游戏等为幼儿提供自然的模仿、练习和使用语言的机会。为了更好地参与游戏，幼儿会主动地使用语言进行交流，在无意识中便学会了语言。

（二）学习内容

1. 倾听

倾听是幼儿感知和理解语言的行为表现，也是幼儿不可缺少的一种能力。只有懂得如何倾听别人，才能提高意志力，理解语言的内容，掌握语言交流的技巧。

3～4 岁幼儿倾听能力的学习包括当别人说话时，能注意认真倾听，能听懂日常会话，能分辨不同的语音和语调，能理解别人的简单指令并执行；倾听时，能集中注意力，有礼貌地保持安静。

2. 语言表达

运用语言形式表达和交流个人观点，是幼儿语言发展的主要表现之一。3～4 岁幼儿语言表达能力的学习包括愿意在熟悉的人面前讲话，会清楚地表达自己的想法和需求，能清楚地诵读或复述儿歌或简短的故事，与别人讲话时知道看着对方的眼睛。

---

① 刘如平、甄丽娜等编著：《学前教育心理学》，132～133 页，西安，陕西师范大学出版总社有限公司，2012。

3. 欣赏文学作品

欣赏文学作品的活动是感知、理解文学作品，并尝试操作艺术语言方式的行为，是书面语言的反映，为幼儿学习书面语言打下基础。

3～4岁幼儿欣赏文学作品的学习包括倾听文学作品内容，初步体会文学作品中的语言美，感受书面语言的语句构成，初步了解一些简单的文学常识。

4. 早期阅读

早期阅读是幼儿从口头语言向书面语言过渡的前阅读准备和前书写准备，对幼儿认识图书和文字有重要的意义。

3～4岁幼儿早期阅读的学习包括喜欢读韵律强的儿歌；主动要求他人讲故事、读书；会看画面，能根据图画说出图中有什么，发生了什么事情；爱护图书，不乱撕、乱画，能培养良好的阅读习惯。

三、3～4岁幼儿语言观察要点

表7-2 3～4岁幼儿语言发展水平及观察要点

观察主题	观察目标	发展水平及观察要点	观察 是	观察 否	出现时间	评价
倾听能力	倾听及注意	乐意听别人讲话				
		与别人说话时能保持安静，看着对方				
		能听懂指令				
口头语言	日常交谈	会说本地区的方言				
		愿意表达自己的想法和需求，能大方地与人打招呼				
书面语言	文学经验	主动要求他人讲故事				
		能听懂短小的儿歌或故事				
	叙述	喜欢跟读韵律感强的儿歌				
		能口齿清楚地学说儿歌或复述简短的故事				
读写经验	图画阅读	会看画面，根据画面说出图中有什么、发生了什么事情				
		能理解图书上的文字是和画面对应的，是用来表达画面意义的				
	阅读习惯	反复看自己喜欢的图书				
		爱护图书，不乱撕、不乱扔				
	前书写经验	喜欢用涂涂画画表达一定的意思				

学习笔记

四、3～4岁幼儿语言学习支持

（一）有计划地开展专门的语言教育活动

专门的语言教育活动包括谈话活动、讲述活动、听说游戏、欣赏文学作品活动、早期阅读活动等。

谈话活动为3～4岁幼儿提供了日常口语交流的情境，帮助幼儿练习倾听和理解他人的观点，表达自己的想法。3～4岁幼儿虽然不能连贯、完整地讲述，但讲述活动为幼儿提供了在集体面前表达自己的机会，幼儿可以表达自己对实物或图片的看法，提高连贯、清楚表达的能力。

听说游戏能为幼儿提供一种游戏情境，使其按一定的规律练习口头语言，培养幼儿在口语交往中快速、机智地应答。例如，由绘本《棕色的熊、棕色的熊，你在看什么？》延伸出的听说游戏，任意仿说句子："……色的……，……色的……，你在看什么；我看见一只……色的……在看我。"

在欣赏文学作品活动中，教师可以为3～4岁幼儿选择简单、有趣的经典童谣或故事。这项活动使幼儿初步了解文学语言和文学知识，为学习书面语言打下基础。

早期阅读活动是指利用绘本，为幼儿创造一个书面语言环境，通过阅读图画和故事，激发幼儿对书面语言的兴趣，引导幼儿喜欢阅读，丰富幼儿的阅读经验。

（二）注重渗透式语言教育内容

在一日生活中，教师要创造宽松、愉快的心理氛围，引导幼儿主动使用语言与他人交流，鼓励幼儿大胆表达自己的想法，理解并执行教师的指令。教师要引导幼儿在与人交往时正确使用礼貌用语，用恰当的语气、语调与他人交流。教师要重视渗透在其他领域教育活动或游戏活动中的语言教育，引导幼儿积极主动地与同伴进行语言交流，用连贯的语言表述自己或同伴的游戏开展情况。

（三）家庭中的语言学习支持

在家庭中，家长应当经常为3～4岁幼儿讲故事、读故事，提问题让幼儿回答。鼓励幼儿恰当、准确地说出完整的句子。

对幼儿提出的问题，家长要用简单清晰、结构完整的句子回应。家长也可以有意识地让幼儿模仿不同的声音说话：耳语、粗嗓门说、细嗓门说、快速说、慢速说等。

通过做游戏、讲故事、唱儿歌等方式来增加幼儿与他人的言语交流机会。

某幼儿园小班语言区材料投放清单

通过组词、造句、看图说话、幼儿语言游戏来扩大幼儿的词汇量。

选择适合3～4岁幼儿阅读的图画书，创设温馨、舒适、方便幼儿自主取放的阅读区，为幼儿提供读书的氛围，例如：

第一，看图说话。

家长把一张含有一定内容的图片放在桌子上，让幼儿观察一会儿，然后反扣图片，让幼儿把所看到的图片内容尽可能准确地描述一遍。家长可以先出示简单的图片，然后再出示画面复杂、信息量大的图片。

第二，反义词对答。

家长说出生活中常用的成对反义词中的一个，让幼儿答出另一个。先练习直观的反义词，如大小、多少等；再练习稍微抽象的反义词，如好坏、真假等。

学习笔记

⊙ 实践与运用 ▶▶▶▶

1.认真阅读以下材料，分析幼儿语言发展水平。在养成良好的语言交流习惯方面，你有哪些建议？

宁宁是个活泼开朗的小朋友，是由奶奶一手带大的。奶奶的声音很洪亮，笑声爽朗。每天，宁宁来到幼儿园，总是声音洪亮地向老师问好。老师也会表扬宁宁声音响亮。听到老师的表扬，宁宁也很开心。在点名环节，当老师叫到小朋友的名字时，小朋友要答"到"。今天，宁宁听到老师叫自己的名字后，非常大声地喊"到"。听到宁宁喊"到"，宁宁旁边的小朋友马上用双手捂住耳朵，有的则哈哈大笑，有的学宁宁叫了起来。一度失控的场面让老师不知如何引导。

2.请根据以下童谣，设计一个适合3～4岁幼儿语言发展的活动方案。

蚂蚁抬米

小蚂蚁，真有趣，见面碰碰小胡须。

你碰我，我碰你，报告一个好消息。

排队走，一二一，大家一起去抬一粒米。

3.为了引起幼儿对阅读的兴趣，我们应如何做？

单元 3
· · ·
3～4 岁幼儿认知发展与学习支持

情境描述

　　小班这个月的活动主题是"动物园"。晨谈环节，老师问小朋友："谁去过动物园？在动物园都看到了什么动物？"很多小朋友都说去过动物园，看到了狮子、老虎、猴子等动物。这时候，老师发现露露一直举着手，迫不及待地想表达。露露说："我昨天就和爸爸、妈妈去动物园了，也看到了狮子、老虎、猴子，还有恐龙呢。"有的小朋友立刻反驳说："动物园里没有恐龙。"露露很生气地说："有，就是有！"老师说："动物园里到底有没有恐龙呢？这确实是一个问题，我们一起来寻找答案好不好？你可以问问其他人，比如爸爸、妈妈或周围的人。明天我们继续来讨论这个问题。"

　　下午接园时，老师跟露露妈妈分享了露露在晨谈环节的表现。可是妈妈说，昨天并没有带露露去过动物园。

　　请思考：

　　1. 露露没有去过动物园，却说去过动物园，这种行为是"撒谎"吗？

　　2. 小朋友们对"动物园中是否有恐龙"进行了讨论，老师是如何引导的？老师的引导方法是否适宜？如果是你，你会如何引导幼儿继续探究？

学习笔记

学习驿站

一、3～4 岁幼儿认知发展和水平

（一）感知范围扩大

　　随着中枢神经的发展和幼儿生活范围的扩大，3～4 岁幼儿已经具备了各种基本的感知觉。

　　3～4 岁幼儿的观察带有很大的随意性，往往碰到什么就观察什么，顺序紊乱，前后重复，也多遗漏。他们通常只能观察到事物的粗略轮廓，看到事物的表面现象。他们不会有目的地观察，观察水平较低，易受外界影响而转移观察的目标。这个阶段幼儿的观察受到情绪的影响较大。

（二）有意注意开始发展

3～4岁幼儿的无意注意高度发展。凡是新鲜的、具体形象的、能引起兴趣的对象都能引起幼儿的注意。

3～4岁幼儿的有意注意开始发展。实践证明，通过参与有计划、有组织的教学活动，幼儿在知晓教学内容和要求后，有意注意会引导其完成任务。这个阶段幼儿的有意注意还缺乏稳定性，不能长时间把注意力集中在固定物体上，也容易受到无关刺激的干扰。所以，这个阶段的幼儿往往有意注意和无意注意交替进行。研究证明，在良好的教育环境里，3岁幼儿能集中注意力3～5分钟，4岁幼儿能集中注意力10分钟左右。

（三）记忆具有无意性、暂时性、情绪性

3～4岁幼儿还未掌握一定的记忆方法，因此有意记忆较弱，记忆带有很大的无意性，以无意识记忆、机械记忆为主。这个阶段的幼儿擅长具体形象记忆，那些形象鲜明、具体生动、能满足他们需要的事物，容易被记住。例如，3～4岁幼儿知道如何从家里走到附近的幼儿园，但让幼儿将自己熟悉的从家到幼儿园的路线画出来却十分困难。

3～4岁幼儿的再认和再现能力弱，记忆内容在其大脑中保留时间较短，因此记忆的持久性和准确性较差。3～4岁幼儿自我控制能力比较差，记忆活动很容易受情绪的影响而出现差异。幼儿心情愉快则记忆效果良好，心情沮丧则有可能什么都记不住。

（四）无意想象占主导

3～4岁幼儿的无意想象占主导地位，想象往往没有预定的目的。他们会玩想象性游戏，但此时幼儿的想象很简单，是无意的、自发的。想象容易受当时情境的影响，其想象主题多变，容易从一个主题转到另一个主题；想象的内容零碎，缺乏有意义联系，内容贫乏。幼儿容易把想象和现实混淆不清，不能把想象的事物跟现实的事物清楚地区分开来，因此常被他人误认为是说谎。幼儿的言谈中常常有虚构的部分，他们对事物的某些特征和情节往往加以夸大。幼儿的想象常常并不指向某一预定的目的，而是满足于想象过程本身，故富有幻想的性质。

（五）思维具有直觉行动性

3～4岁幼儿的思维具有具体形象性，主要依靠事物的具体形象和表现来进

行，而不是依靠事物的概念进行思考。思维明显依赖于感性认识和行动。思维的发展离不开幼儿自身对物体的感知，也离不开幼儿自身的动作。只要让活动对象和动作转移，他们的思维也就会随之转移。例如，幼儿在娃娃家要为娃娃讲故事，在转身拿图书时，发现有小朋友在"炒菜"，就也去"炒菜"了。

幼儿的心理表征开始发展，从而开启获得知识的新途径。3 岁的幼儿开始理解一个物品既是它本身，也可以用作代表其他事物的符号。例如，积木既可以是积木，也可以是楼房、长颈鹿等。

3～4 岁幼儿能对事物做出一定程度的概括，但概括水平比较低。由于概括内容比较贫乏，概括特征大多是表面的、非本质的，所以不能掌握事物的本质和事物之间的复杂关系。例如，"杯子"是用来喝水的，"衣服"是用来穿的。他们往往认为事物的概念和规则是固定的。

幼儿数概念和运算能力的发展是幼儿思维发展的重要组成部分。幼儿一般从数的意义、数的顺序和数的组成 3 个方面掌握数概念。3～4 岁幼儿处于对数的感知阶段，对数的大小、多少有笼统感知，会 10 以内的唱数、5 以内的点数，能按数取物，能在点数后说出总数，初步有了数群的概念。一般 3.5 岁以前的幼儿还不懂操作实物进行运算，不会自己动手将实物合拢或分开，取走做加减运算，需要别人的帮助和演示。

4 岁幼儿一般能用动作对 5 以内的实物操作进行加减运算。他们采取的是逐一加减的计数方法。例如，在加法运算中，教师向幼儿提供数量分别为 2 和 4 的两堆扣子，问总共有多少颗扣子。幼儿懂得将两堆扣子（加数、被加数）连起来，用手指从头逐一点数，然后说出总数是 6。这一水平的幼儿在做实物运算时离不开动作和对实物的直接感知，还不懂得按群计数，即数群概念还没发展起来，表现出"直觉行动思维"阶段的特点。

二、3～4 岁幼儿认知学习方式和学习内容

（一）学习方式

1. 模仿学习

模仿是 3～4 岁幼儿的主要学习方式，这个阶段的幼儿通过模仿掌握经验。模仿可以成为他们的学习动机，也可以成为他们学习他人经验的过程。但是，幼儿的模仿并不是消极被动的临摹，他们在模仿中有创造，也有个性和情感的表达。例如，幼儿在教学活动中，观看教师对教具的操作示范后自己再按照步骤进行操作；在可以自由选择的区域活动中，我们也常看到幼儿静静地观察其他小朋友的做法，自己模仿或者在尝试操作后有新的发现。

2. 操作学习

3～4岁幼儿的思维具有直觉行动性，往往边想边做，或者做后再想。认知发展心理学认为，幼儿的操作活动是"连接幼儿与客体的桥梁"，是幼儿"认知发展的最直接源泉"，是幼儿"一切知识的源泉"。直观形象、具有童趣的操作材料可以激发幼儿的兴趣。操作活动使幼儿集中注意力，提高思维能力和记忆力，同时促进幼儿对相关知识的建构和内化。例如，在幼儿搭建积木前询问他的想法，他只能回答自己大概要搭建什么，说不出细节；但是在搭建时，他便能边搭建边滔滔不绝地描述正在搭建的是什么等细节。

3. 探究学习

幼儿是主动的学习者。3～4岁幼儿喜欢新奇、令人兴奋的想法，也喜欢提各种各样的问题，如"水是从哪里来的""太阳为什么白天升起，晚上落下""树叶为什么会变黄""房子是怎样建起来的"等。幼儿主动探究和学习就是从提问题开始的。探究学习是幼儿主动积极地与周围环境发生交互作用，通过观察周围的自然现象和熟悉的事物，表达自己对它们的看法，并且借助各种材料和工具，发现问题、尝试解决问题的一种学习方式。例如，在小班科学活动"有趣的声音"中，教师为幼儿提供各种可以发出声音的材料，让幼儿自由探索声音的特点、辨别声音的差异、确定声音的方位。在自主探究的过程中，幼儿发觉声音不但能被感知，还能被创造，进而制作能发声的小乐器，进行简单的演奏等。

（二）学习内容

1. 运用多种感官感知周围的人和事物

幼儿对周围的很多事物和现象感兴趣，喜欢自然生活中美的事物。幼儿学习运用多种感官，感知周围的人和事物。幼儿认识周围常见的动植物，感知和发现物体或材料的大小、形状、软硬、光滑和粗糙等性质。

2. 观察和探究大自然

经常接触大自然，有助于激发幼儿的好奇心和探究欲望。幼儿学习如何观察大自然中的事物，发现其特征。幼儿学习运用简单的探究工具，和同伴一起，想办法寻找问题的答案。幼儿初步了解动植物、天气等与人们生活的关系。幼儿逐渐懂得热爱、尊重和保护大自然。

3. 初步掌握数量、形状概念及空间关系

幼儿能感知和发现生活中的数学，如日期、电话号码等；知道周围物体的形状是多种多样的，认识圆形、三角形、方形等。幼儿能感知和理解数、量及数量关系，如感知和区分物体的大小、多少等，并能用相应的词语表示；能手口一致地点数5以内的物体，并说出总数，能按数取物；能用数词描述事物或

动作。幼儿能感知形状和空间关系，能感知物体形状特征并用语言描述；能感知物体基本的空间位置和方位，理解上下、前后、里外等方位词。

4. 自由想象，多元表达

幼儿喜欢参加各种游戏，喜欢听音乐、歌谣，乐意观看舞蹈、绘画、手工或其他艺术形式的作品。幼儿能发挥自由想象，用声音、动作、姿态、线条、色彩等多种形式大胆表现，创造表现自我个性的作品。

三、3～4岁幼儿认知观察要点

表7-3　3～4岁幼儿认知发展水平及观察要点

观察主题	观察目标	发展水平及观察要点	观察 是	观察 否	出现时间	评价
感知感受	感知感受能力	对周围事物产生好奇，能用多种感官感知周围事物，感受其基本特征，并能简单描述				
		能对事物按基本标准分类				
		喜欢欣赏色彩鲜艳、造型简单的物品和美术作品				
		愿意参加音乐游戏和舞蹈活动，多渠道参与体验、感受				
科学探究	科学探究能力	乐意进行探究活动，喜欢玩沙玩水				
		有集中注意观察的习惯，关注事物的细节				
		喜欢大自然中多种多样的动植物，能用多种感官或动作探索事物，关注动作产生的结果				
		能感知和体验各种自然现象，初步了解动植物、天气等与人们生活的关系				
数概念与空间关系	数概念	能手口一致地点数5以内的实物，并说出总数				
		能按数取物				
		感知1和许多，能一一对应比较两组物体的数量，知道多、少、一样多				
		能用逐一加减和点数的方法进行5以内的实物加减运算				
	空间关系	在日常生活和游戏中，感知和认识圆形、正方形、三角形、长方形、菱形等				
		能以自身为中心，区别里、外				
		知道物体的空间位置，如上下、前后等				

续表

观察主题	观察目标	发展水平及观察要点	观察		出现时间	评价
			是	否		
想象创造	想象力	自由想象，会随意地进行绘画或撕贴、剪纸等活动				
		随音乐做简单的模仿动作				
多元表现	创造力	会唱简单、熟悉的歌曲，声音响亮、发音清楚				
		选择喜欢的颜色作画，愿意涂色并涂匀涂满				
		能用橡皮泥塑造各种简单的物体形象				

四、3～4岁幼儿认知学习支持

（一）环境支持

1. 物质环境

陈鹤琴认为，幼儿的教材应取自大自然，幼儿应通过亲身实践来获取知识与经验。第一，可以带幼儿到大自然中观察动植物，观察自然现象，感受四季的变化。感受周围事物的美好，让幼儿萌发热爱大自然、热爱生活的情感。第二，贴近幼儿日常的生活情境就是很好的认知发展环境。本着"一日生活皆教育"的理念，充分利用幼儿的生活情境，在潜移默化中培养幼儿的观察力。第三，为幼儿创设丰富的区域环境，随时满足其求知欲的需求；提供多样化的材料和工具，让他们自由选择材料、亲身体验和动手操作，发展其观察力、注意力、想象力和思维力等多方面的认知能力。

2. 精神环境

第一，为幼儿创造自由、宽松的学习氛围，允许幼儿犯错，在不断地试错中逐步建构认知体系，提高解决问题的能力。第二，要支持幼儿的自主探究，鼓励幼儿通过多种方式感知事物，引导幼儿用多种方式解决问题。第三，鼓励幼儿大胆想象、猜测和创造，用欣赏的眼光看待幼儿的想法、观点，正面评价幼儿的绘画、手工、舞蹈等艺术作品。

（二）活动支持

1. 幼儿园等机构中的幼儿认知活动设计方案

（1）科学规划和实施专门教育活动

《3～6岁儿童学习与发展指南》指出："成人要善于发现和保护幼儿的好奇心，充分利用自然和实际生活机会，引导幼儿通过观察、比较、操作、实验等方法，学习发现问题、分析问题和解决问题；帮助幼儿不断积累经验，并运用于新的学习活动，形成受益终身的学习态度和能力。"3～4岁幼儿的认知范围逐渐扩大，对周围的世界充满求知欲，进入专门的教育机构学习是他们成长的需要。幼儿园等机构依据科学的教育理念，为幼儿的认知发展制定专门的课程体系，有计划、有步骤地实施各项教育活动，以启迪幼儿心智，培养幼儿能力，陶冶幼儿品德修养。

①制定教育目标

《3～6岁儿童学习与发展指南》从健康、语言、社会、科学和艺术领域，对3～4岁年龄段末期的幼儿提出了合理期望，也指明了幼儿学习与发展的具体方向，为教师制定认知类教育目标提供了权威参考。一方面，教师要考虑3～4岁幼儿应该知道什么、能做什么、可以达到什么水平；另一方面，还要考虑幼儿的实际情况和现有水平，在对幼儿情况进行调查和分析后，有针对性地制定适合他们的教育目标体系，从而按学期、月、周设计活动。

②选择教育内容

在选择认知类教育内容时，遵循全面性原则，要涵盖科学探究、数学认知和艺术创想等方面的内容，同时考虑培养幼儿感知觉、注意力、想象力、记忆力、思维力和创造力等方面的认知能力。另外，还要遵循生活化的原则，选择贴近小班幼儿生活和幼儿熟悉的事物或原理。从幼儿生活经验出发，与幼儿的身心发展相一致的内容，更有利于幼儿学习和掌握。教学内容与现实生活距离越近、越生活化，就越能激发幼儿的学习兴趣，幼儿的学习就越有效。因此，要关注和收集幼儿日常生活中的各种问题，抓住幼儿感兴趣的话题，生成探究主题。

③实施教育活动

由于3～4岁幼儿认知水平不高，探究的知识点不宜过多，环节设计要简单具体。活动导入可以从幼儿熟悉的生活或问题出发，激发幼儿的兴趣。在活动过程中，教师给予幼儿更多动手操作的时间，引导幼儿运用视觉、听觉、味觉、嗅觉、触觉等多种感官感知，获得更多直观经验。教师还要及时关注幼儿在活动中遇到的问题，引导幼儿对问题的后续发展进行探究尝试和推测验证，允许幼儿按照自己的想法进行观察和操作，鼓励幼儿大胆表达与交流，将经验分享给周围的同伴或学会倾听、学习他人经验。

（2）开展适宜的区域游戏

在班级中，促进3～4岁幼儿认知发展的区域一般包括建构区、益智区、自然角、表演区、美术区等。各区域材料投放可参考"某幼儿园小班认知类区域材料清单"。

某幼儿园小班下学期科学教育目标体系

小班科学教育活动：水果品尝会

某幼儿园小班认知类区域材料清单

（3）3～4岁幼儿认知类玩教具的配备与制作

为小班幼儿制作玩教具时，内容要简单明了，突出中心。呈现教具时不能一次呈现过多，否则容易分散幼儿的注意力；具体指示幼儿应注意的对象或任务，使幼儿理解任务，以延长注意的时间，并注意到更多的对象。

🔗 **相关链接** ▶▶▶▶

玩教具名称：数物拼板。

玩教具构成：印有数字0～9的10个板片，印有0～9个物品图片的10个板片，相对应的数字板片和物品图片能拼合成一体。

教育意义：适合3～4岁幼儿5以内的点数，认识数字1～5，数字和数量能一一对应。可以根据出示图片的多少，调整难易程度，以适合不同水平的幼儿。

操作方法：认识数字；认识图片；数数量；按数取物；按量取数；散放，自由配对；自由想象（幼儿想怎么玩就怎么玩）。

2. 家庭中的幼儿认知活动设计方案

（1）3～4岁幼儿感知觉及观察力的培养

①视觉辨识与匹配——自制拼图

家长将一图一物的实物图片裁成4片，让幼儿拼成完整的图片。家长可以增减裁剪的数量，调整拼图的难易程度；也可以先将图片裁剪成2片或3片让幼儿尝试，然后再逐渐增加难度。裁剪的图片越多，相似的图片越多，拼图越困难，越具有挑战性。

②听觉辨识与感受——听觉游戏

在户外玩耍时，家长可以让幼儿闭上眼睛倾听周围的声音，1分钟以后让幼儿睁开眼睛，并让幼儿说出听到了什么声音。家长和幼儿一起分享自己听到的声音。可以变换不同的场地，让幼儿感受大自然中和生活中的各种声音。听觉游戏不但能使幼儿通过听觉辨识周围的事物，还能让幼儿集中注意力，培养专注力。

③嗅觉辨识与感受——闻一闻

家长准备食醋、酱油等各一小碟，让幼儿分别闻一闻、认一认；然后把幼儿的眼睛蒙上，请幼儿依靠嗅觉分辨不同的液体。家长可以提供不同气味或相似气味的物品请幼儿辨认，增加趣味性。

④观察力培养——寻找不同类的东西

家长有目的地选择一组图片，如"苹果、梨子、桃子、桌子、柚子"，让幼儿从中找出与众不同的一个。这个游戏可以锻炼幼儿观察和分类的能力。家长还可以调整不同类别的图片，如"毛衣、帽子、手套、裤子、娃娃""火车、汽车、公交车、飞机"等，让幼儿做更多练习。

（2）3～4 岁幼儿注意力的培养——数字锁定

家长连续报出一串数字，请幼儿听到 1，就拍一下手。观察幼儿是否能锁定所有的数字 1，并拍一下手。家长开始时可以慢一些，之后可以加快速度。家长还可以指定不同的数字和动作，变换多种玩法。

（3）3～4 岁幼儿记忆力的培养——记忆游戏

家长在桌子上或盘子里任意放几样物品（一般不超过 5 样），让幼儿看清楚，并尽力记住它们。然后让幼儿闭上眼睛，悄悄取走一件物品，或变换物品的位置。再让幼儿睁开眼睛，说一说少了什么或是什么物品被调换了位置。家长还可以增减物品的数量，调整记忆的难易程度。

（4）3～4 岁幼儿想象力和创造力的培养——好玩儿的圆

家长在纸上画出大大小小的圆，让幼儿通过想象，看一看圆能变成什么，鼓励幼儿想得越多越好。幼儿可能会从单一的一个太阳、一块饼干、一朵花、一个气球……想到多个圆组合出熊猫、小鸡、一束花朵等。

（5）3～4 岁幼儿思维力的培养——数种子

吃苹果、梨、葡萄等水果时，家长可以让幼儿数一数水果的种子。这不但能让幼儿了解不同水果种子的特征，还能提高其数学思维，让其学习习点数的方法，知道总数的概念。家长还可以充分利用日常生活中的物品让幼儿练习数数，如让幼儿数一数家里有多少张桌子、多少把椅子、多少盏灯等。

⊙ 实践与运用 ▶▶▶▶

1.请仔细阅读以下资料，针对家长的做法谈一谈你的想法，说一说在家庭中如何培养幼儿的专注力。

萱萱的妈妈把萱萱的生活照顾得无微不至。萱萱玩积木时，妈妈端来水让萱萱喝；萱萱在看书，妈妈让萱萱先吃完水果再看；动画片还没有播放完，又到了吃饭时间，妈妈就让萱萱先吃饭；公园里安装了新的活动器械，萱萱喜欢玩滑梯，妈妈发现跷跷板没有人玩，便拉着萱萱玩跷跷板，然后把每一种器械都玩了一遍。萱萱刚刚入园不久，小班的老师反映萱萱注意力不集中，做游戏、玩玩具缺乏坚持性，萱萱妈妈很困惑，不知哪里出了问题。

2. 以下是小班区域游戏中教师对乐乐的观察记录，请你通过观察乐乐的动作和表现，分析他的认知发展状况，说一说接下来如何对他进行指导。

　　今天的区域游戏，乐乐仍然选择了益智区中的玩教具——形状嵌板。形状嵌板由红色的圆形、绿色的三角形和黄色的正方形组成，三个形状嵌在图形凹槽中，可以取出再放进去，凹槽中分别绘有一只红色气球、两棵绿色的大树、三只黄色的小鸭子。他用右手食指抠住绿色正方形嵌板的边缘，轻轻一拉，圆形嵌板便从凹槽中出来了，看到红色的气球时他脸上露出笑容。接着他用同样的办法取出黄色的正方形。他继续尝试用同样的方法取圆形，尝试几次不能取出，然后将整个嵌板倒扣过来，圆形自然从凹槽中掉出来。然后，他把嵌板正面朝上，右手拿着正方形，尝试放到圆形和三角形凹槽中，放不进去，再放到正方形凹槽中，由于边角不能重合，尝试了几次也放不进去。他抬头看了看周围，有些着急和不耐烦。

3. 3～4岁幼儿处于色彩的敏感期，请你根据这个年龄段幼儿的认知发展特点，设计一件与辨识颜色相关的玩教具，请注明玩教具的名称、材料构成、教育意义及操作方法。

4. 3～4岁幼儿初步了解数的集合概念，是从感知"1和许多的关系"开始的。请你利用贴近幼儿生活的材料，设计一次集体教学活动，让幼儿区分"1"和"许多"的不同，引导幼儿用"1"和"许多"进行数量表达，明白"1"和"许多"都是标识物体的数量。请注明活动名称、活动准备、活动过程等环节。

单元 4

3～4 岁幼儿情感与社会性发展与学习支持

情境描述

　　顺利完成入园前的亲子过渡课程后，3 岁半的桐桐就要独立入园啦，妈妈对此充满信心。但是入园当天，当桐桐看到妈妈并没有像往常那样一起进入幼儿园时，就哇哇大哭起来，挣脱老师的手，向妈妈飞奔过去，抱住妈妈的大腿不肯进园。经过老师和妈妈的劝说，妈妈答应桐桐第一个接他，桐桐才让老师抱进幼儿园。进到班里，桐桐坐在椅子上情绪低落，一边哭一边问："我可以走了吗""妈妈在门口等我呢""我要找妈妈"。区域活动开始了，桐桐发现了建构区的小汽车模型，他拿着小汽车在地面上推着玩儿了很长时间，情绪得到了缓解。但是活动结束，要去洗手间小便时，桐桐又大哭起来，边哭边喊："我要找妈妈。"老师抱着桐桐开导他："妈妈答应第一个来接桐桐就肯定会来接，我们先吃午饭，再等妈妈好吗？你如果想妈妈了，老师就抱抱你！"桐桐点了点头，暂时平息了哭闹。

请思考：

　　1.桐桐入园第一天哭闹着不让妈妈离开，表现出很强的焦虑情绪，这种焦虑正常吗？为什么会出现焦虑？从家庭到幼儿园，桐桐要经历哪些变化？

　　2.老师是如何开导桐桐的？有效果吗？你还有其他办法吗？

学习笔记

学习驿站

一、3～4 岁幼儿情感与社会性发展和水平

（一）自我意识形成并开始发展

　　幼儿期初期，随着交往范围的扩大，幼儿能把自己和别人区分开来，当幼儿能准确地使用第一人称代词"我"时，标志着幼儿自我意识的形成。3～4 岁

幼儿自我意识进一步发展，认识自己的性别，知道"我"是谁，"我"几岁，"我"是男孩还是女孩，可以观察到自己的身体特征、动作、爱好和所有物等，会在游戏中自选或分配角色。自我意识的萌发也让幼儿成为典型的自我中心主义者，他们往往从自己的角度出发考虑问题，理解周围的事物，不能从他人的角度看问题。

3～4岁幼儿的自我评价往往带有主观情绪性，更依赖于成人的评价。他们也常觉得自己很能干，对自己有能力做或熟悉的事情感到自豪，这是自信的表现。在遇到不熟悉的活动时，他们可能会对从事的活动表现出犹豫。但是，在参与活动以后，他们能够开始探索材料并和老师或其他幼儿互动，如进入娃娃家跟其他幼儿一起游戏，以及坐下来吃点心，开始跟其他幼儿交谈等。

3～4岁是幼儿独立性发展的关键期。这个年龄段的幼儿的独立性逐渐增强。他们开始表达自己的想法，有时不会听从成人提出的要求，会说"不""偏不""就不"等。这是执拗敏感期的标志。执拗是幼儿从没有自我意识、完全依赖别人，到能够独立面对这个世界的必经过程，也是这个年龄段幼儿的典型特点。

3～4岁幼儿的自控力比较弱，在没有外界控制的环境里能短时间服从成人的要求。3～4岁是幼儿自制力发展的关键期。他们开始学习控制自己的情绪，尝试用语言调整自己的行为，为延长自我控制的时间，有意识地控制自己的行为。

（二）情绪、情感逐渐分化，尝试自我调节和控制

经过长期的朝夕相处和被照料，3岁的幼儿已经跟家人尤其是母亲建立了稳定的依恋关系，表现出愉快感和安全感。当开始入园时，幼儿会表现出焦虑不安的情绪，甚至哭闹和不让陌生人靠近等现象，需要得到家人的拥抱、拍拍、摸摸。不久后，他们便能适应新的环境，同老师建立新的依恋关系。与家人建立的依恋关系给予幼儿信任他人的力量，帮助幼儿同他人建立新的依恋关系。这些依恋关系有利于幼儿形成积极健康的情绪情感和与人交往的积极态度，形成良好个性。

3岁的幼儿开始有了自尊心，期望受到他人的肯定。没有得到表扬时，幼儿会情绪低落；别人有新的玩具而自己没有时，幼儿会难过；别人很轻松地把珠子穿起来，自己却穿不好时，幼儿也会着急。每个幼儿都有不同程度的表现。这是嫉妒心在作怪，也是幼儿心理成长的表现。

3～4岁幼儿已经具有了同情心。他们除了会同情弱者、伤者，还会同情小动物、玩具娃娃等。他们会安慰别人。例如，别的小朋友摔倒了，会给他吹一吹，说"不痛，不哭"。3岁的幼儿会在意别人的意见和情感，如果自己做错了事情，

在成人面前会表现出羞愧，也会为自己错误的行为而内疚，但是持续时间比较短。例如，不小心打碎了杯子，常会用手遮住脸，想躲起来或扭过脸。羞耻感的出现为幼儿遵守集体规则提供了基础。

3～4岁幼儿责任心发展处于依存阶段，对责任的意义并不理解，只是根据成人的外在要求做出相应的责任行为。例如，成人让幼儿在游戏结束后收拾玩具，放回原处；吃饭前可以帮忙摆放碗筷等。

道德感是指由自己或别人的行为是否符合道德而引起的情感。幼儿的道德情感由不稳定向持久、稳定发展。3岁后的幼儿在集体生活中，掌握了一定的道德规范，道德感也发展起来了。幼儿与他人交往，使他们道德感指向的事物或对象不断增多，范围不断扩大，道德感也不断丰富起来。例如，当有小朋友不遵守规定时，其他幼儿会指出他们的错误，或向教师"告状"。

3～4岁幼儿情绪的发生处于从主要为满足生理需要向主要为满足社会需要的过渡阶段。因此，因同伴交往引起的情绪逐渐增多。3～4岁幼儿能基本准确地辨认和理解各种情绪，但他们对自己情绪的控制仍然是以被动为主，即在成人的要求下控制自己的情绪。

（三）人际交往范围扩大，在关系中初步学习交往技能

同伴关系开始出现。3～4岁幼儿冲破单纯的亲子关系，向师生关系和同伴关系转化，开始认同、接纳教师和同伴，慢慢地以朋友为交往对象，但此时交往对象还不稳定，在与同伴交往的过程中，有可能还会表现出不合群等倾向。

交往互动范围扩大。3～4岁幼儿可以说出班上几个好朋友的名字，能与一个以上的同伴进行互动；能同熟悉的成人互动，遇到熟人或老师会打招呼；游戏多以独自游戏和平行游戏为主，有时会模仿别人或听从别人的建议，有时也会有时间较短的合作行为。

初步学习交往技能。懂得交往礼仪，初步掌握常用的礼貌用语，见到熟人时会问好，别人帮助自己时会说谢谢；在教师的启发和引导下，有分享的意愿，愿意帮助别人，但这些行为具有情境性和不稳定性；由于3～4岁幼儿缺乏交往方法和技巧，在与同伴交往中发生问题或冲突时，容易出现攻击性行为。他们还无法自我解决冲突，但会寻求成人的帮助，会观察成人解决冲突的有效策略，逐渐学习如何解决冲突。

（四）社会适应

1. 社会认知

幼儿最初的社会认知来源于家庭，他们认识家庭成员，知道家庭成员的名字并了解他们的角色，知道他们和自己的关系。幼儿随着年龄的增长，逐步扩

大社会认知，了解周围的环境，认识更多的人，了解他们的职业。3～4岁幼儿能简单地描述自己到父母工作场所的情景，能说出幼儿园班级中大部分同伴的名字。

2. 规则遵守

3～4岁幼儿开始具有对社会规则、行为规则的初步认识，能做直接、简单的道德判断。对集体规则有初步的认识，并能在成人的协助下努力遵守。如果没有成人的协助，他们很难持续遵守集体规则。

3. 归属感

在家庭中，父母给予幼儿关爱和安全感。3～4岁幼儿已经能体验和感受到家庭的温暖，逐步认识到自己是家庭中的一员。幼儿入园并适应班级生活后，也会感受到自己是班集体中的一员，感受到老师和同伴的接纳，愿意为班集体做事，为能帮助别人而感到自信和自豪。

二、3～4岁幼儿情感与社会性学习方式和学习内容

（一）学习方式

1. 情境式学习

3～4岁幼儿对直观形象、生动鲜活的事物感兴趣，喜欢将物体拟人化，喜欢童话故事。因此，他们更容易在生活化、情境化的环境中保持较长时间的注意力，提高完成目标的兴趣，激发学习的内驱力。情境学习相关理论认为，学习不是获得某种认知符号，而是参与真实情境中的活动。尤其是小班的幼儿，学习新知识、新技能，养成良好习惯等，更适合在生动鲜活的情境中进行。离开具体的情境，单纯地记忆或机械地学习，不可能让幼儿同个人的经验、现实的社会产生联系，即使有也容易遗忘。

2. 模仿学习

幼儿通过模仿，学习语言、习惯、技能等，获得新的体验。例如，老师表扬某个幼儿坐得端正，其他幼儿也会立即坐好。3～4岁幼儿的模仿现象明显增多，但主要是模仿表面，随着认知的发展，幼儿的模仿逐渐内化，看到其他幼儿做什么，自己也总想去做。

3. 道德发展的从他性

从他性在幼儿道德发展中占主导地位。幼儿的道德感是在各种实践活动中，在成人的评价和语言强化下培养起来的。在与成人的交往中，幼儿初步接触到社会人群对事物的体验和评价。幼儿认为道德原则与道德规范是绝对的，来自外在的权威，不能不服从，判断是非的标准也来自成人。幼儿逐渐知道哪些行

为会产生满意的体验，哪些行为会产生不满意的体验。幼儿开始按照社会行为标准认识好坏、美丑。

（二）学习内容

1. 自我认知

第一，知道自己的姓名、性别和年龄，知道自己是和别人不同的。

第二，不好哭，不怕生，保持愉快的情绪；遇到困难和挫折时，会寻求帮助；当同伴遇到困难时，能及时帮助他们或告诉别人。

第三，表现出对游戏、玩具等的喜好，可以自由选择自己喜欢的。

第四，愿意在吃饭、睡觉、做操、学习等一日生活中表现自己，愿意做自己会做的事。

2. 情绪、情感

第一，了解自己是哪个国家的人，知道国旗、国歌。在活动中萌发爱国情感。

第二，了解幼儿园、家庭、社区周围环境，喜欢自己生活的地方，爱长辈，爱老师。

第三，了解为自己服务和帮助自己的人；尊重他们的劳动成果，珍惜他们的劳动成果。

第四，了解我国主要传统节日的名称、庆祝方式，参与节日庆祝，感受节日的快乐。

第五，在集体生活中保持情绪的稳定、愉快；理解他人和自己的情绪，学习如何表达和调节自己的情绪。

3. 人际交往

第一，知道班级中同伴的姓名、性别，会辨别陌生人。

第二，能与同伴友好相处，愿意和同伴一起游戏，不争抢玩具，不独占玩具；在客人面前仍能愉快地游戏、玩耍、交谈。

第三，遇到纠纷或冲突时，不打人、不骂人，试图讲道理或寻求他人帮助；体验与老师、同伴共同生活的乐趣。

第四，日常生活中会运用常用的礼貌用语，主动向他人打招呼，或问候他人。

第五，能听懂成人的指令性语言，并按指令行动。

第六，知道做客的要求，不乱翻别人家的东西。

4. 社会适应

第一，知道自己居住的小区、城市，知道自己的幼儿园，喜欢并能坚持上幼儿园。

第二，了解集体生活中的基本规则，知道一日生活中主要环节的要求。

第三，理解幼儿园日常生活中老师发出的规则性信息，并能遵守。

第四，愿意按要求活动，知道不妨碍别人。

第五，愿意和他人分享游戏材料，不干扰、妨碍别人玩游戏；游戏开始、结束时，能按要求摆放和收拾玩具、材料。

三、3～4岁幼儿情感与社会性观察要点

表7-4 3～4岁幼儿情感与社会性发展水平及观察要点

观察主题	观察目标	发展水平及观察要点	观察		出现时间	评价
			是	否		
自我意识	自我认知与评价	知道自己的姓名、性别和年龄，会向别人介绍自己				
		能根据自己的兴趣选择游戏或其他活动				
		自己能做的事情愿意自己做，愿意承担一些小任务				
情绪情感	情绪情感能力	情绪稳定，很少因一点小事哭闹不止				
		运用动作和表情表达自己的情绪，处理自己出现的负面情绪；能自己调节平复情绪				
		能感受到家庭生活的温暖，爱父母，亲近与信赖长辈；身边的人生病或不开心时表示同情，并安慰他们				
人际交往	与人交往	愿意和小朋友们一起游戏，愿意与熟悉的长辈一起活动				
		会使用礼貌用语				
	同伴关系	想加入同伴的游戏时，能友好地提出请求				
		在游戏时，不争抢、不独霸玩具				
	交往技能	长辈讲话能认真听，并能听从长辈的要求				
		能做到不打扰别人				
		与同伴发生冲突时，能听从成人的劝解				

续表

观察主题	观察目标	发展水平及观察要点	观察		出现时间	评价
			是	否		
社会适应	社会认知	知道基本的社会机构，以及它们的功能				
		知道幼儿园中的老师和同伴，初步了解他们与自己的关系				
	遵守规则	能遵守游戏和公共场所的规则				
		知道不经允许不能拿别人的东西，借别人的东西要归还				
		能爱护玩具和其他物品				
	归属感	知道自己的家庭成员及他们和自己的关系，体会到自己是家庭的一员				
		能说出自己家所在的街道、小区等				
		认识国旗，知道国歌				

四、3～4岁幼儿情感与社会性学习支持

（一）在日常生活中支持幼儿的情感与社会性发展

《3～6岁儿童学习与发展指南》指出："幼儿的社会性主要是在日常生活和游戏中通过观察和模仿潜移默化地发展起来的。"每个幼儿都活在真实的生活中。幼儿园的入园、离园、进餐、如厕、游戏、学习、户外活动等一日生活的各个环节提供了各种各样的情境，这些情境是幼儿社会性发展的契机。

教师要建立"一日生活皆课程"的教育理念，把社会教育渗透于一日生活。例如，为落实立德树人根本任务，将幼儿品德教育渗透于一日生活，在幼儿入园、离园时，教师可以渗透礼仪教育，教幼儿如何待人接物；在进餐时，教师可以渗透节约粮食等饮食文化方面的教育；在盥洗时，教师可以渗透独立生活、克服困难等良好品质方面的教育；在上下楼梯时，教师可以引导幼儿排队、不推不挤，遵守规则等。在幼儿生活常规教育中，有的一天之内重复，有的天天重复，一旦幼儿形成良好的习惯，将终身受益。

教师还可以利用环境引导幼儿自觉学习。教师可以将班级常规以生动形象的图画形式张贴在主题墙上，提醒幼儿遵守规则。例如，班级常规中有"请""对不起""谢谢""我可以和你一起玩吗""一起看好吗"等暗示性图片，对幼儿的语言交往起到启发作用，引导幼儿在日常生活中学会谦让、友好、宽容待人。

相关链接 ▶▶▶▶

党的二十大报告指出："教育是国之大计、党之大计。培养什么人、怎样培养人、为谁培养人是教育的根本问题。育人的根本在于立德。全面贯彻党的教育方针，落实立德树人根本任务，培养德智体美劳全面发展的社会主义建设者和接班人。"

（二）协助幼儿建立良好融洽的人际关系

3～4岁幼儿倾向于模仿父母、教师、同伴，模仿自己喜欢的对象。因此，家长和教师必须做好榜样，发挥示范作用。在要求幼儿懂得文明礼仪、遵守规则时，成人首先也要做到。例如，家长见到教师时先说"早上好"，幼儿也会跟着说"早上好"；如果家长不打招呼，幼儿也会认为不打招呼是理所当然的。

幼儿情感与社会性发展来源于家庭。父母同幼儿或其他成员的交往态度和方式，给幼儿提供了模仿的范本。民主和谐的家庭关系，容易让幼儿同家人建立安全的依恋关系，使其初步建立对社会的信任。反之，会对幼儿的情感与社会性发展产生不良影响，如家长时常采用打骂的方式对待幼儿，幼儿也会用同样粗暴的方式对待其他小朋友。

构建良好的师幼关系，有助于幼儿获得被接纳、被信任的安全感，保持稳定的情绪，建立积极的人际关系。首先，教师应尊重、爱护每个幼儿，营造一个温暖的氛围，要多用"抱一抱"等身体接触的方式亲近幼儿。其次，师生共同参加活动。教师以积极愉快的情绪感染幼儿，消除幼儿初入园时的紧张和焦虑，使幼儿逐步形成活泼、开朗、积极向上的性格。最后，在活动中帮助幼儿认识自己和同伴，引导他们共同游戏，让他们在游戏中学会分享、合作，体验交往的快乐。对于幼儿的进步和良好的表现，教师应给予及时的肯定和鼓励。

全国职业院校
技能大赛——
学前教育技能
竞赛样题示例

学习笔记

（三）建立"以儿童为中心"的社会教育活动体系

让幼儿掌握情感与社会性发展的关键经验，为幼儿提供适宜的社会教育是一个长期、复杂的过程。专门化的社会领域教育活动，有专门的主题、详细的活动设计方案、明确的活动实施步骤，甚至有相应的幼儿情感与社会性发展评估，使教师对幼儿的指导更加直接和有针对性。在专门化的社会教育活动中，活动目标多定位于促进幼儿社会认知的发展和社会规范的习得。例如，为了让小班幼儿尽快适应集体生活，开展"我爱幼儿园""幼儿园里都有谁""幼儿园真美丽""幼儿园的小伙伴"等活动，引导幼儿熟悉幼儿园环境，产生归属感；为了让幼儿了解我国的优秀传统文化，教师可以设计"新年演唱会"（元旦）、"我的爷爷奶奶"（重阳节）、"观花灯"（元宵节）等活动，帮助幼儿了解传统节日的由来和风俗习惯。

🔗 **相关链接** ▶▶▶

中华文化、中华精神是我们文化自信的源泉

中华文化之所以如此精彩纷呈、博大精深，就在于它兼收并蓄的包容特性。展开历史长卷，从赵武灵王胡服骑射，到北魏孝文帝汉化改革；从"洛阳家家学胡乐"到"万里羌人尽汉歌"；从边疆民族习用"上衣下裳""雅歌儒服"，到中原盛行"上衣下裤"、胡衣胡帽，以及今天随处可见的舞狮、胡琴、旗袍等，展现了各民族文化的互鉴融通。各族文化交相辉映，中华文化历久弥新，这是今天我们强大文化自信的根源。[①]

作为一个中国人，一定要了解我们民族的历史。"腹有诗书气自华"。十四亿中国人民凝聚力这么强，就是因为我们拥有博大精深的中华文化、中华精神，这是我们文化自信的源泉。了解我们五千年延续不绝的历史，就能自然形成强烈的民族自尊心和民族自豪感。[②]

幼儿园小班上学期社会领域教育计划

小班社会领域教育活动：我是男孩子，我是女孩子

某幼儿园小班角色扮演区域材料清单

（四）在自主游戏中培养交往能力

1. 自主游戏为幼儿提供交往机会，发展幼儿的交往能力

在自主游戏中，幼儿自由选择游戏材料，自主选择同伴，可以充分满足自身的兴趣爱好。在活动过程中，幼儿之间有更多的自由交往机会，这有利于幼儿之间的相互交流、合作。在轻松的氛围下，幼儿能够主动发表自己的意见，耐心倾听别人的想法，潜移默化地培养幼儿的合作意识。在自主游戏中，幼儿必须学会和同伴协商内容、分配角色、克服困难、处理冲突，才能保证游戏顺利进行。3～4岁幼儿正处于关系同伴建立的初期，初期是良好的开端。在游戏中，幼儿会调整自己的行为，逐步摆脱"自我中心"，促进亲社会行为的发展，如合作、分享、谦让、同情、助人等。例如，在幼儿园小班的建构游戏区，幼儿共同搭建，商量怎么搭建，使用什么形状的积木。如果幼儿自己有不同的想法，会用语言沟通，争取对方的理解。如果不被理解，幼儿也会尝试控制自己的行为。当遇到争执时，承受自己行为的自然结果，能让幼儿逐步找到与人交往的适宜方法，不断提高交往能力。

2. 自主游戏让幼儿认知社会角色，掌握社会规范

社会犹如一个大舞台，每个人都有不同的角色，每个人都承担一定的社会责任。由于身心发展水平的制约，幼儿还无法真正扮演社会角色，参与社会生活。但是，幼儿可以通过角色扮演去模拟社会生活中的角色，感知社会角色的任务、角色之间的关系和社会规范，从而丰富社会认知，掌握社会规范。例如，幼儿园小班会设置角色游戏区"娃娃家"，在"娃娃家"中，有的当妈妈，有的

---

① 习近平：《在全国民族团结进步表彰大会上的讲话》，2019-09-27。
② 习近平：《论党的青年工作》，222 页，北京，中央文献出版社，2022。

当爸爸，有的当孩子，组成一家人。喂娃娃吃饭、哄娃娃睡觉、给娃娃讲故事、带娃娃去看病……他们担当角色任务，在游戏中模仿和再现家庭中的场景，练习礼貌用语，遵守家庭中的规则等。

3.托幼机构中的以社会发展为主的游戏区创设

3～4岁幼儿刚刚开始幼儿园的集体生活，有时还不能很好地控制自己的情绪，处于逐步适应的过程中。通过娃娃家等角色扮演游戏，教师可以帮助幼儿回忆家庭中的场景，转移其注意力，适当缓解他们的焦虑情绪。同时，在角色扮演游戏中，幼儿初步学习如何与同伴进行交流，学会理解他人，掌握一些交往技巧。随着逐步适应幼儿园生活，幼儿有了一定的同伴交往能力，也可以增加其他角色游戏，如小医院、小超市等，丰富幼儿的社会认知，让幼儿体验更多的社会角色，并学习遵守社会规则。

（五）家庭教育指导方案

家庭是幼儿发展情感与社会性的重要场所。家园一致，共同培养，教育才能取得明显效果。理学家张履祥说过："未有不能修身，而能教其子孙者也。"[①]他认为家长不但要注意提高自己在道德、文化知识方面的修养，还应重视学习运用正确的教育方法。家长应以身作则，注意自己的言行，营造民主和谐的家庭氛围，关注幼儿的社会性行为，积极地创造条件支持幼儿与同伴的交往活动。

1.克服入园焦虑——讲有关幼儿园生活的故事

在入园前，家长应给幼儿讲一些关于幼儿园里有什么、在幼儿园里可以做什么的故事。这可以让幼儿提前了解幼儿园的生活，引起幼儿的兴趣，消除陌生感，为入园做好心理准备。家长还可以变换故事中的角色，用幼儿熟悉的小伙伴的名字代替，让幼儿产生共鸣。

2.同伴交往——邀请小朋友到家中做客

家长邀请1～2名幼儿熟悉的小朋友来家中做客，引导幼儿照顾小客人，同小客人分享自己的玩具，一起游戏。家长应注意观察幼儿在交往过程中的表现，教会幼儿一些交朋友的技巧，如打招呼的方式、介绍自己的玩具、互相交换玩具、遇到问题询问对方的意见、有纠纷时如何处理等。

3.社会认知——认识各行各业的人们

家长可以收集各个行业典型的人物图片，如医生、警察、理发师等，将图片展示给幼儿，让幼儿判断图片中的人从事哪种职业。家长还可以设计一些简

---

① 张天杰、徐金松等选注，桐乡市名人研究会编:《张履祥诗文选注》，302页，杭州，浙江古籍出版社，2014。

单的场景，询问幼儿该找谁。例如，问："宝宝生病了，该找谁？"幼儿找到对应的图片。这样，幼儿便能知道各种职业的工作内容。在日常生活中，注意让幼儿观察不同行业的人，说说他们是干什么的。

4. 遵守社会规范——参观博物馆、科技馆等公共场所

家长可以经常带幼儿参观博物馆、科技馆，或去图书馆读书，一方面增长知识，扩大视野；另一方面可以帮助幼儿了解一些社会机构，知道在这些社会机构中可以做什么、不可以做什么，遵守社会规范。

◎ 实践与运用 ▶▶▶▶

1. 在幼儿园小班中，我们经常会看到两个小朋友刚刚还为争抢一个玩具而大哭大闹，转眼就又破涕为笑，在一起玩得很开心。请问为什么小班幼儿会出现这样的情况？小班幼儿的情感与社会性发展具有哪些特点？

2. 案例分析。

区域活动开始了，大部分幼儿都选择了自己喜欢的区域，悦悦却坐在椅子上不动。悦悦想去娃娃家，可是娃娃家里的3个幼儿已经分配好了角色，有的当爸爸，有的当妈妈，有的当娃娃。悦悦想加入他们，但他们说："人已经满了，你不要进来了。"被拒绝的悦悦闷闷不乐，看着他们发呆。

如果你是老师，你会采用什么办法帮助悦悦呢？说一说你这样做的理由。

3. 在真实的生活情境中培养幼儿的规则意识是最有效的方法。请你列举小班幼儿一日生活中的各环节都有哪些常规，教师应如何指导。

4. 拥抱是对他人表达爱的方式，3～4岁幼儿喜欢被拥抱的亲切感。请你以"爱的抱抱"为活动主题，设计一次社会教育活动。请注明活动名称、活动准备、活动过程等环节。

◎ 综合实践 ▶▶▶▶

1. 观察一名3～4岁幼儿玩滑梯的过程，并制作观察记录表。

2. 请列举小班幼儿应会的礼貌用语，如果用幼儿能接受的方式在环境中展示，对幼儿进行日常提示，你觉得哪些方法比较合适？为什么？

学习评价与反思

模块七
学习效果检测

学习目标

1. 掌握4～5岁幼儿动作、语言、认知、情感与社会性发展的基本特点，把握该阶段幼儿的身心发展水平。

2. 了解4～5岁幼儿的主要学习方式和学习内容。

3. 开展促进4～5岁幼儿动作、语言、认知、情感与社会性发展的各项活动，并给予幼儿适宜的教育和支持。

4. 通过对4～5岁幼儿的观察，能够分析幼儿的经验水平，并给予相应的指导，促进幼儿健康和谐发展。

5. 能够为4～5岁幼儿的父母提供有针对性的指导，帮助他们了解幼儿早期发展与学习支持。

学习导航

4～5岁幼儿发展与学习支持

4～5岁幼儿动作发展与学习支持	4～5岁幼儿语言发展与学习支持	4～5岁幼儿认知发展与学习支持	4～5岁幼儿情感与社会性发展与学习支持
4～5岁幼儿动作发展和水平	4～5岁幼儿语言发展和水平	4～5岁幼儿认知发展和水平	4～5岁幼儿情感与社会性发展和水平
4～5岁幼儿动作学习方式和学习内容	4～5岁幼儿语言学习方式和学习内容	4～5岁幼儿认知学习方式和学习内容	4～5岁幼儿情感与社会性学习方式和学习内容
4～5岁幼儿动作观察要点	4～5岁幼儿语言观察要点	4～5岁幼儿认知观察要点	4～5岁幼儿情感与社会性观察要点
4～5岁幼儿动作学习支持	4～5岁幼儿语言学习支持	4～5岁幼儿认知学习支持	4～5岁幼儿情感与社会性学习支持

学习初体验

　　程程是某幼儿园中班的孩子，在班里被称为"破坏大王"。在进行户外活动的时候，他会在滑梯的台阶处钻来钻去，围着平衡木蹦来蹦去，想办法站在滚筒上向其他小朋友"示威"……平时在进行集体活动时，他也很难遵守活动秩序，要么做一些小动作，要么打扰其他小朋友的正常活动。总是有小朋友向老师告状。经老师提醒后，他会安静一些，但过段时间又恢复原样。在活动中，程程会将自己的玩具和材料弄得乱七八糟，经过老师再三提示后才会归位。后来，老师得知程程跟爷爷奶奶一起生活，他的所有需求爷爷奶奶都会尽力满足，从来不对他提要求。

应该如何评价程程及其爷爷奶奶的做法？老师又该如何帮助程程呢？

学习交流

学习导入

　　4～5岁既是幼儿学前教育中承上启下的阶段，也是幼儿身心发展的重要时期。这个阶段幼儿的身心进一步发展，同时对幼儿园的环境和各项规则比较熟悉，所以更加爱玩、会玩，活泼好动。他们在进行思考的时候还需要依靠实物形象，也经常会闹出一些笑话。他们对什么都好奇，对什么都感兴趣，遇到感兴趣的内容总爱问为什么。他们还有惊人的想象力，这种丰富的想象力时常在言行中表露出来，幼儿可能会在幼儿园里谈论"怪兽"，会跟人讲有"恐龙"帮他过马路，有时听幼儿讲述的故事，成人会觉得幼儿在说谎。他们的语言表达能力也更强了，在言语中有时会出现一些"越轨"现象，喜欢说一些不适宜、不礼貌的话，更喜欢看大人听到这些话时的异样表情。

　　到底应该如何理解和解释幼儿的这些有趣的行为呢？让我们一起来学习本模块吧！

单元 1

4～5岁幼儿动作发展与学习支持

情境描述

　　经过一年的幼儿园生活，丁丁更加爱玩、会玩了。他的肢体越来越灵活，掌握的运动技能也越来越多。他不仅继续练习这些技能，还在此基础上学习了更复杂的技能。他特别愿意向他人展现自己的能力，比如他可以单脚站立保持平衡（5秒甚至更久），接完球紧接着翻跟斗。在户外活动时，他已经能自己"研究"出一些更加好玩的游戏，享受运动带来的快乐。

　　请思考：

　　1. 丁丁的动作发展水平如何？

　　2. 如果你是丁丁的老师，你会如何支持丁丁动作能力的发展？

学习笔记

学习驿站

一、4～5岁幼儿动作发展和水平

　　4～5岁幼儿动作发展和水平有显著提升，该阶段幼儿对肌肉的控制能力有所提高，使得动作技能更加精细化，但还不够流畅。

（一）粗大动作发展和水平

　　粗大动作是多种基本动作技能的基础，会影响幼儿未来运动表现和体育技能的掌握。该阶段幼儿的粗大动作发展主要包括走、跑、跳、投掷、钻爬等动作，具体可分为平衡能力、力量和耐力两个方面。

1. 平衡能力

经过前期的发育和练习,4~5 岁幼儿的平衡能力显著提升,动作也更加协调、敏捷。幼儿能在较窄的低矮物体上平稳地走一段距离;能以匍匐、膝盖悬空等多种方式进行钻爬;能通过助跑跨跳过一定距离,或助跑跨跳过一定高度的物体;能与他人玩追逐、躲闪跑的游戏;能连续自抛自接球。在具体的活动和训练中,我们要确保幼儿的安全,并结合实际情况不断提升幼儿的自我保护意识和能力。

2. 力量和耐力

力量是身体运动的基础,耐力则体现了心肺耐力和肌肉耐力等方面的综合情况。此阶段幼儿的力量和耐力相对于以前有了提高和发展。一般情况下,4~5 岁幼儿能够双手抓杠悬空吊起 15 秒左右;能够单手将沙包向前投掷 4 米左右;能单脚连续向前跳 5 米左右;能快跑 20 米左右;能连续行走 1.5 千米左右。在日常生活中,我们要鼓励幼儿多进行自主行走或跑跳,以提高幼儿的力量和耐力。

(二)精细动作发展和水平

幼儿精细动作必须在粗大动作发展的基础上才能得到发展。该阶段幼儿的精细动作发展主要体现在手部动作的精细化上,这对幼儿提升生活自理能力和适应社会生活都具有重要意义。4~5 岁幼儿手部控制能力和手眼协调能力进一步发展,如能沿边线较直地画出简单图形,或能沿边线基本对齐地折纸;学习使用筷子吃饭;能沿轮廓线剪出由直线构成的简单图形等。这样的活动不仅能促进幼儿精细动作的发展,还能促进幼儿思维水平等方面的提升。

思考与练习

幼儿教师在组织活动尤其是户外活动时,要考虑幼儿的生长发育特点。下面关于幼儿生长发育的说法错误的是(   )。

A. 容易疲劳　　　　B. 疲劳后容易恢复　　　　C. 容易损伤　　　　D. 大肌肉发育晚,小肌肉发育早

二、4~5 岁幼儿动作学习方式和学习内容

(一)学习方式

1. 自主学习

4~5 岁幼儿身心正飞速发展,需要成人的保护与照顾,但更需要幼儿自己发挥主动精神促进自身的动作技能发展。在幼儿时期,很多精细动作需要幼儿通过自主探究才能得以锻炼。为此,教师可以通过提供适宜的环境、场地、材料等激发幼儿自主学习的兴趣,支持和引导幼儿进行自主练习。例如,提供平衡木让幼儿玩走平衡木的游戏,促进身体的协调能力与平衡能力;提供已经画

好轮廓的纸让幼儿剪裁等。幼儿还可以根据自己的水平选择不同的材料进行动作训练。丰富多彩的游戏活动可以有效激发幼儿自主学习的兴趣，进而促进他们的动作发展。

2. 操作练习

4～5岁幼儿的思维以具体形象性思维为主，思维过程需要依靠实物形象。因此，为了提高此阶段幼儿的动作能力，教师可采用操作练习的方式，让幼儿在具体的真实情境中锻炼大肌肉和小肌肉的控制能力和耐力，不断提升幼儿动作的精细化程度。例如，教师可设计一些跑跳、投掷、攀登、拍球、跳竹竿、滚铁环等游戏，帮助幼儿不断提升动作的灵活性与协调性；提供夹豆子等游戏材料，促进幼儿手指精细动作的发展。教师在日常生活与学习中要密切观察、记录幼儿的游戏行为，并对幼儿的动作发展水平做出评估，为下一步促进幼儿动作发展提供支持性策略。

（二）学习内容

从出生伊始，幼儿的动作发展水平一直在不断地提高和完善。幼儿的动作发展遵循从整体到局部、从中央到边缘、从大肌肉到小肌肉、从简单到复杂的规律。随着幼儿运动系统的成熟和动作发展水平的提升，4～5岁幼儿特别活泼好动，整天蹦蹦跳跳，运动能力进一步完善，手部动作也更加灵巧，能参与一些简单的劳动，生活能基本自理。动作发展的要点是走、跑、跳、投掷、钻爬等粗大动作的发展水平越来越高，手眼更加协调，手部动作精细化程度也越来越高。

教师在日常工作与生活中，要尽可能给幼儿提供自由活动的空间和时间，以及相应的场地和设施，以便幼儿能自主地进行动作练习。

三、4～5岁幼儿动作观察要点

表8-1　4～5岁幼儿动作发展水平及观察要点

观察主题	观察目标	发展水平及观察要点	观察是	观察否	出现时间	评价
粗大动作	走步	步幅在40厘米左右，较稳定				
		排队走步时能尽量保持队形				
		在有支撑的情况下，双脚交替走楼梯				
		脚尖对脚跟向后走				
	跑步	能快跑20米左右				
		跑步步幅快速发展，开始关注胜负				

续表

观察主题	观察目标	发展水平及观察要点	观察		出现时间	评价
			是	否		
	跳跃	能跳 60～80 厘米				
		能助跑跳 71～91 厘米				
		单脚跳 4～6 步				
	投掷	能掌握单手肩上正面投掷，双手头上、胸前、腹前投掷等动作				
		能够单手将沙包向前投掷 4 米左右				
精细动作	手部动作	将纸对折、再对折				
		用 5 块积木搭桥				
		从各种各样的容器中倾倒液体而不溅出				
		抄写 2 个简单的单词				
		正确使用剪刀剪出方形、圆形、三角形以及组合形体，并拼贴成画				

四、4～5 岁幼儿动作学习支持

（一）环境支持

1. 利用幼儿园的户外活动场地

幼儿园户外活动场地是关系到幼儿身体健康发展的一个关键因素。为提高户外活动场地的利用率，可以将场地进行划分，如分为滚动区、奔跑投掷区、平衡区、钻爬区、大型玩具区等，这样可以满足不同幼儿的个别化需求。另外，还可以运用"最近发展区"理念为幼儿创设丰富有趣且具备挑战性的户外活动环境，不断提高幼儿运用动作的难度水平，让幼儿在已有动作水平的基础上得到进一步发展。

2. 提供丰富多样的操作材料

幼儿具有个体差异，即使同一年龄段的幼儿，他们的发展水平和兴趣等也是有差异的。所以，教师提供的操作材料要具有丰富性、多样性、层次性、可变性和操作性等特点，以满足不同幼儿对动作发展的需求，促进幼儿的个性化发展。

3. 注意幼儿的安全保护

幼儿的安全和健康是幼儿园开展活动的前提条件，只有在保障安全的前提下才能顺利完成各项活动。因此，在设置户外活动场地时，教师一定要考虑到安全因素，如利用安全标志对幼儿进行提示，建立一定的户外活动安全常规等。同样，室内活动也要保证安全，要为幼儿提供无毒、无害、安全的材料。

（二）活动支持

1.平衡能力练习活动设计方案

（1）我是勇敢的小战士

方法：教师在户外空旷的场地上设置高度、宽度、坡度不一的关卡，请幼儿扮演小战士。幼儿听口令，自由选择动作，突破不同形式、不同难度的关卡。教师可在中途提醒幼儿变换动作，如匍匐前进、起跳、抱头、钻爬等。教师在一旁观察，根据幼儿的表现给予不同程度的指导和帮助。

目的：锻炼不同水平幼儿的跑、跳等能力，培养幼儿不怕吃苦、勇于挑战的意志品质。

（2）跳皮筋

方法：开始时，教师可以把皮筋系在椅子或树干上，可以在脚踝、小腿、膝盖等部位调整皮筋的高度。幼儿开始跳皮筋。教师让幼儿在右侧靠近皮筋站立，轻轻跳起，用右脚踝跨住皮筋，脚尖点地两下，同时右脚自然跳动两下，接着右脚跨过皮筋收回。第二遍皮筋升高一级跳，直到跳完最后一级。教师可以在一旁观察，并根据幼儿的表现给予不同程度的指导和帮助。

目的：锻炼幼儿的身体协调性和平衡能力。

2.力量和耐力练习活动设计方案

（1）看谁抛得远

方法：教师选一处空旷的场地，准备一个纸箱并摆在场地中间，在距离纸箱半米处画一条线，教师示范——站在线外，用双脚将饮料瓶夹住，用力抛过纸箱。幼儿练习用双脚夹住饮料瓶用力抛过纸箱，水平高的幼儿可以和教师比一比谁抛得远。

目的：锻炼幼儿的腿部力量。

（2）打雪仗

方法：教师在户外划出一块正方形的场地作为"雪地"，将幼儿分成两组，一组掷"雪球"（沙包），另一组在圈内跑，躲避"雪球"。被"雪球"打中的幼儿将被淘汰，到圈外旁观比赛。如果某一组幼儿全被打中，则两组幼儿交换角色，游戏继续进行。

目的：锻炼幼儿的投掷、跑、躲闪等能力，锻炼幼儿的手部、腿部的力量和耐力。

（3）吊单杠

方法：教师请幼儿扮演小猴子吊单杠，能力强的幼儿尝试抓握单杠侧向横移或踢吊球；还可以请幼儿扮演小松鼠，通过双脚的辅助反向爬梯子或悬吊；能力强的幼儿可以加大难度扮演小小蝙蝠侠，利用悬吊屈体支撑的方法，像蝙蝠一样把身体倒挂在单杠上。

目的：锻炼幼儿的抓握耐力和脚部力量。

3. 精细动作发展活动设计方案——剪纸

方法：首先将一张长方形的彩纸沿中心线对折，然后用铅笔画出小动物图案（可以画出自己喜欢的图案或设计出其他的图案）。教师提示幼儿对折的边缘要画出连接处，以保持图案的连续性。接着，幼儿用儿童剪刀沿着图案轮廓线，先剪中间部分，后剪外轮廓部分。

教师要提示幼儿注意线条的连接处不能剪断，展开后是美丽的对称图案。最后，教师引导幼儿把剪好的小动物图案贴在另一张纸上，添加自己喜欢的背景，组成一幅精美的剪纸作品。

目的：锻炼幼儿手部的灵活性，提高手眼协调能力。

◀ 实践与运用 ▶▶▶▶

1. 4～5 岁幼儿的粗大动作发展水平如何？请设计一个可以有效提高 4～5 岁幼儿的粗大动作发展水平的游戏方案。

2. 4～5 岁幼儿的精细动作发展水平如何？请设计一个可以有效提高 4～5 岁幼儿的精细动作发展水平的游戏方案。

单元 2
4～5 岁幼儿语言发展与学习支持

情境描述

　　随着年龄的增长，幼儿的语言能力逐步提高。中班的李老师为了培养幼儿的表达能力，经常创造机会鼓励幼儿自由表达和交流。

　　一次，菲菲画了一幅长长的画，画完之后拿给李老师看。那幅画里有太阳、妈妈、汽车、红绿灯、超市、大老虎。李老师说："哇！这幅画画得太棒了，你画的是什么呀？"菲菲立马绘声绘色地讲给李老师听："早上太阳升起来，妈妈开车送我来幼儿园。路上非常堵，有很多红灯，我上幼儿园都差点迟到。妈妈下班后去了超市，买了好多好吃的。可是，在回家的路上我们遇到了一只大老虎。大老虎要吃零食。我妈妈打败了它，保住了零食。"讲完后，李老师说："讲得太精彩啦，你给这个故事起个名字吧！"

　　请思考：

　　1.菲菲的语言表达能力处于什么水平？

　　2.你认同李老师的做法吗？为什么？

学习驿站

学习笔记

　　乌申斯基说过："语言是一切智力发展的基础和一切知识的宝库，因为对一切事物的理解都要从它开始，通过它并回复到它那里去。"[①] 幼儿期是学习语言最敏感、最关键的时期，也是储存词汇最快的时期。教师要抓住幼儿语言发展的关键期，运用科学、适当的方法激发幼儿语言发展潜能，使每个幼儿都有可能成为语言能力超强的人。

---

① 王萍主编：《幼儿园语言教育活动与设计》，2 页，长春，东北师范大学出版社，2012。

学习笔记

一、4～5 岁幼儿语言发展和水平

（一）语音意识明显发展

随着幼儿生理的成熟、言语知觉的发展，幼儿的发音能力也迅速发展。4岁左右的幼儿，语音意识明显地发展起来，开始自觉对待语音。幼儿语音意识的形成主要表现在能够评价别人发音的特点和意思，并自觉地调节自己的发音。

（二）词汇量与词汇范围不断扩大

此阶段幼儿的词汇量不断增加。他们能掌握运用更多的名词、动词、形容词、数量词、代词，并且学会使用一些常用的副词（如"现在""还""非常"等）和一些简单的连接词（如"和""跟""同"等），能理解词义，但是在使用和理解词义时可能会出现过度泛化和扩展不足的现象。

过度泛化是指幼儿对词汇的理解超出了词汇本身的范围，如幼儿知道"狗"这一词，就认为很多小动物都是狗。扩展不足是指幼儿对词的理解过于狭窄，不足以涵盖该词本身的范围，如幼儿认为只有自己的玩具狗是狗，其他的狗都不是狗。这两种现象都是由幼儿对词义的理解不准确造成的，是幼儿在习得语言过程中的正常现象。

（三）语法水平显著提高

词是语言的基本组成部分，语法则是词的使用规则。人要跟外界进行语言交流，就必须学会使用语法将词组成完整的句子。幼儿在跟他人交往沟通的过程中，会自然而然地掌握一定的语法，并且随着年龄的增长和跟外界接触的不断深化，幼儿的语法水平会显著提高。4～5岁幼儿已经初步了解词语的使用规则，可以运用一定的语法进行造句，如会使用"如果……就……""只有……才……""因为……所以……"等关联词造句，构成复合句，以正确表达各种关系。

（四）语言表达能力不断完善

幼儿的语言表达能力也随着年龄的增长而逐步完善，此阶段的幼儿能比较熟练地说出完整句，会说本民族或本地区的语言，基本会说普通话；能基本完整地讲述自己的所见所闻和经历的事情；能主动使用礼貌用语。

二、4～5 岁幼儿语言学习方式和学习内容

（一）学习方式

1. 倾听学习

倾听学习是一种主要通过倾听他人语言、他物声音等来提高自己语言水平和能力的学习方式。就幼儿语言学习和发展而言，倾听是不可缺少的一种能力。

《幼儿园教育指导纲要（试行）》明确提出要"养成幼儿注意倾听的习惯，发展语言理解能力"。教师在日常生活和教育中可以引导幼儿倾听周围同伴和成人说话、倾听故事等，培养幼儿良好的倾听习惯，这是发展幼儿倾听能力的前提和基本条件，是保证幼儿愉快地生活、学习、游戏、运动的基本条件，也是促进幼儿语言发展的重要保证。

2. 情境学习

创设适宜的语言情境不仅符合幼儿的年龄特点，也可以使幼儿的语言学习更具趣味性。例如，教师可以通过图片、录音等教具创设直观的情境；可以通过幼儿熟知的文学作品，让幼儿进行角色扮演，创设一定的问题情境；通过语言描述让幼儿仿佛置身其中，创设具体情境。通过创设多种语言情境，教师可以为幼儿营造良好的语言交往氛围，能较好地调动幼儿主动参与和自主学习的积极性，充分发挥环境的互动作用，让幼儿在融洽、愉悦的氛围中快乐、自主地表达交流。

（二）学习内容

4～5岁幼儿已经掌握了一定的口语表达能力。这一阶段幼儿学习的重点在于纠正个别字的发音，不断扩大词汇量。教师通过与幼儿日常沟通或组织专门的活动让幼儿更深入地了解语法的使用规则，创设宽松的氛围鼓励幼儿多说、敢说、会说。

三、4～5岁幼儿语言观察要点

表8-2 4～5岁幼儿语言发展水平及观察要点

观察主题	发展水平及观察要点	观察		出现时间	评价
		是	否		
语言发展	能正确区分g、n，舌面音、翘舌音和齿音的发音率高				
	能结合情境感受到不同语气、语调所表达的不同意思				
	能分辨相同或相近因素的词语，如"婆婆""伯伯"				
	理解包含"已经""在""正在"等副词的句子				
	能用6～8个词组成完整的句子				
	能主动使用礼貌用语				
	讲述比较连贯，能基本完整地讲述自己的所见所闻和经历的事情				
	能够主动发现在日常交往过程中使用语言的乐趣				

学习笔记

四、4～5 岁幼儿语言学习支持

（一）环境支持

《幼儿园教育指导纲要（试行）》明确提出："创造一个自由、宽松的语言交往环境，支持、鼓励、吸引幼儿与教师、同伴或其他人交谈，体验语言交流的乐趣。"良好的语言环境有潜移默化的影响作用，积极的环境和良好的学习氛围能有效地培养幼儿的语言表达能力、想象力以及思维能力。

1. 观察生活，激发语言表达潜能

生活是语言的源泉，良好的语言环境离不开幼儿丰富的生活内容。教师可以有意识地引导幼儿接触生活、观察生活、体验生活，并在生活中捕捉形象、积累经验。例如，有意识地引导幼儿观察自然景象、市场上琳琅满目的商品，观察后鼓励幼儿用语言描述自己所看所想。另外，在条件允许和保证安全的前提下，可以组织幼儿到大自然中认识一些新鲜的事物，初步感受大自然的美，同时让幼儿对自己喜爱的事物有基本了解，以便激发其语言表达潜能。

2. 提供机会，鼓励交往

教师要为幼儿提供更多的交往机会，鼓励幼儿和他人进行交往，在交往中发展自身的语言表达能力。在照料幼儿的过程中，教师应尽可能和幼儿进行语言交流，善于倾听，不要嘲笑他们，多给幼儿说话的机会。除此之外，教师还要多创造机会让幼儿和同伴在一起自由自在地玩耍，在玩的过程中，幼儿之间就有了语言交往。

无论是语言表达能力的培养，还是良好学习环境的营造，都是一个漫长的过程。在这个过程中，教师需要不断探索科学有效的语言教学方法，提高幼儿的语言表达能力。

（二）活动支持

1. 语音、词汇学习活动设计方案——捉蜻蜓

方法：一名幼儿扮"网"，手掌伸平，掌心向下。其余幼儿扮"蜻蜓"，用食指碰"渔网"。教师边念儿歌（捉蜻蜓，捉蜻蜓，捉到一只小蜻蜓）边抖动飞舞的蜻蜓教具。念完儿歌，扮"网"的幼儿手掌迅速握紧，扮"蜻蜓"的幼儿手指迅速缩回，被捉住的幼儿继续扮"网"。

目的：让幼儿能正确发出"捉""蜻蜓"等字音。

2. 语言表达能力学习活动设计方案

（1）讲英雄故事

方法：出示英雄故事的图画，如《小兵张嘎》，让幼儿根据画上的人物、情景等，结合实际情况，联想画面上描述的时间、地点、情节、经过等，讲述或

复述英雄故事。

目的：提高幼儿的语言组织能力和语言表达能力，培养幼儿的想象力，提升幼儿的民族自豪感和自信心。

（2）我请客

方法：游戏由两名幼儿合作完成，一名幼儿说出邀请对方做事的内容，另一名幼儿需要马上说出具体的对应内容。

例如：

A："我请你吃饭。"　　　B："我要吃鸡蛋炒饭。"

A："我请你吃菜。"　　　B："我要吃宫保鸡丁。"

目的：丰富幼儿词汇量，锻炼其按照句式创编的能力。

学习笔记

◎ **实践与运用** ▶▶▶▶

1. 我们要为 4～5 岁幼儿语言发展提供怎样的环境支持？

2. 4～5 岁幼儿的语言发展有哪些特点？应该如何促进该年龄段幼儿的语言发展？

单元 3

4～5 岁幼儿认知发展与学习支持

情境描述

　　佳佳上中班了。佳佳妈妈发现佳佳除了看电视、玩游戏特别专心，做其他的事情都坚持不了多长时间。老师也找佳佳妈妈谈过话，说佳佳注意力不集中。老师在带领小朋友一起做活动时，其他小朋友都在老师的指导下认真完成动作，只有佳佳一个人心不在焉，站在那里一动不动，眼睛四处乱看，老师提醒后也毫无作用。佳佳妈妈平时经常批评佳佳做事不专心，还给她报了许多训练班，但佳佳依然没有改正这个毛病。

　　请思考：

　　1. 佳佳出现了什么问题？

　　2. 佳佳妈妈的做法对吗？如果你是佳佳的妈妈，你会怎么做？

学习笔记

学习驿站

一、4～5 岁幼儿认知发展和水平

（一）感知觉发展和水平

　　感知觉是在个体发展中最早发生，也是最早成熟的心理过程，新生儿已经具备基本的感知觉。幼儿中期思维能力和言语能力已经得到发展，但感知觉依然在认知活动中占重要地位。例如，幼儿更容易记住亲眼见过、亲手摸过的物体。

　　此阶段幼儿的感觉得到进一步发展，如大多数幼儿已经认识基本色、近似色，并能说出基本色的名称，幼儿的视力趋向稳定。幼儿的知觉也在不断发展，如在判断积木大小时，要用手逐块地摸积木的边缘，或把积木叠在一起去比较，这是大小知觉；4岁幼儿能够辨别前后，5岁幼儿开始能以自身为中心辨别左右，并能使用上下、前后、里外、中间、旁边等方位词描述物体的位置和运动方向，这是方位知觉；能感知和发现常见几何图形的基本特征，并能进行分类，这是形状知觉；可以正确理解昨天、今天和明天，也能运用早晨、晚上等词，但对较远的时间如前天、后天等还不能理解，这是时间知觉。

（二）思维发展和水平

4～5岁幼儿较少依靠行动来思维，但是其思维过程还必须依靠事物的形象和表象，这被称为具体形象性思维。他们常常根据自己的具体生活经验来理解成人的语言。为了让幼儿明白教师说的话，教师必须注意了解幼儿的思维发展水平和经验，避免说反话和过于抽象的语言。在语言教学中，教师应尽量用形象的语言来帮助幼儿理解新词。幼儿的思维发展水平主要体现在分类、概念、推理等方面。

1. 分类

分类活动是幼儿逻辑思维发展水平的一个主要标志。4岁以下的幼儿基本上不能进行分类。到了4岁后，幼儿首先可以按照感知特点进行分类，如按照颜色、形状、大小等进行分类，接着可以按照生活情境进行分类，即把日常生活情境中经常放在一起的东西归为一类，如书是装在书包里的，就把书和书包分为一类。

2. 概念

概念是人对事物的特征和本质属性的反映，是在概括的基础上发展起来的。幼儿常用的概念有实物概念和数概念。

（1）实物概念

此阶段幼儿掌握的概念大多是实物概念。4～5岁幼儿已经能掌握事物某些比较突出的特征，给事物下定义多属于"列举型"，如幼儿对狗的概念可能是"狗有四条腿""狗身上有毛""狗会叫"等。

（2）数概念

此阶段幼儿已经开始掌握数的实际意义，能够进行点数；能通过实际操作理解数与数之间的关系，如5比4多1，2和3加在一起是5；会用数词描述事物的排列顺序和位置。

3. 推理

此阶段幼儿最初的推理是转导推理，即从一种特殊事例推导出另一种特殊事例，这往往是不合逻辑的。随着年龄的增长，4～5岁幼儿开始进行演绎推理和类比推理。演绎推理是从两个反映客观事物的联系和关系的判断中推出新的判断。类比推理主要是对事物与数量之间关系的发现与应用。但是，幼儿在应用推理的过程中往往会出现一定的错误。

思考与练习

下雨天，晓雪和爸爸走在被车轮碾过的泥泞路上。晓雪问："爸爸，地上一道一道的是什么呀？"爸爸说："是车轮轧过的泥地，叫车道沟。"晓雪说："爸爸的脑门上也有车道沟（指皱纹）。"晓雪的说法体现的幼儿思维特点是（　　）。

A. 转导推理　　　　　B. 演绎推理　　　　　C. 类比推理　　　　　D. 归纳推理

学习笔记

（三）记忆发展和水平

记忆是一种较为复杂的心理活动，主要指人脑对过去经验的反映，包括识记、保持和再现。4～5岁幼儿记忆水平较之前明显提高，主要体现在以下几个方面：无意记忆占优势，有意记忆也真正显现；记忆广度增加，幼儿在4岁时的记忆广度发展到4～5个组块；记忆范围随着幼儿活动能力的增强以及与外界交往范围的不断扩大而扩大；记忆的理解和组织能力不断提高；记忆策略开始发展，但还不会主动使用记忆策略。

（四）注意发展和水平

注意是一种心理状态，是心理活动对一定对象的指向和集中，它总是与人的其他心理活动相伴随。4～5岁幼儿的无意注意得到了进一步发展，并日趋稳定。他们对自己感兴趣的游戏能够较长时间保持注意，而且注意的集中程度更高。例如，教师组织幼儿玩大灰狼追小花猫的游戏时，幼儿对大灰狼和小花猫的头饰很感兴趣，游戏持续时间较长，幼儿也都能较长时间保持注意力。他们对感兴趣的学习活动也可以较长时间地集中注意力。同时，有意注意也得到了一定的发展，在无干扰的条件下，他们能够集中注意力10分钟左右。除此之外，幼儿注意的广度、稳定性、转移水平和分配能力都有进一步提升。

（五）想象发展和水平

爱因斯坦说过："想象力比知识更重要，因为知识是有限的，而想象力概括着世界上的一切，推动着进步，并且是知识进化的源泉。"[1]想象力是创造力的重要内容，由此可见，提升幼儿的想象力十分必要。幼儿的想象以感知和记忆为基础。进入幼儿期后，随着幼儿脑部神经的成熟、知识经验的增多，言语能

---

① 范安平、彭春妹主编，张灵、罗润生副主编：《教育应用心理学》，126页，武汉，武汉大学出版社，2003。

力和分析能力的提高，幼儿的想象活动越来越丰富。到了幼儿期中期，有意想象开始发展，幼儿的想象已经具有一定的有意性和目的性。再造想象在整个幼儿期占据主要地位，创造性想象也开始发展。此阶段幼儿的想象还具有夸张性，一方面幼儿会夸大事物的某个部分或某种特征，另一方面幼儿还会混淆假想与现实。

二、4～5岁幼儿认知学习方式和学习内容

（一）学习方式

1. 操作学习

皮亚杰认为，知识来源于动作，而非来源于物体。幼儿通过感知、动作、表象来积累认知经验。他们通过操作探究材料，在与客体交往、与具体材料的互相作用中，获取直接经验，实行多元化学习。教师可以提供丰富多样、不同层次的认知材料供幼儿操作，从而促进幼儿各种认知能力的发展。

> **思考与练习**
>
> 为了培养幼儿的想象力，教师让幼儿画小鸡。下列做法恰当的是（　　　）。
> A. 教师编了一首画小鸡的口诀，方便幼儿记忆、模仿
> B. 教师在黑板上逐笔示范，让幼儿跟着画
> C. 教师让幼儿先观察小鸡，然后再把看到的小鸡画下来
> D. 教师看幼儿画得像，就表扬幼儿画得好；看幼儿画得不像，就摇摇头

2. 个别化学习

个别化学习可以更精准地将活动目标定位在幼儿的"最近发展区"上。教师要允许幼儿在一定范围内自由选择，按照自己的速度和水平进行学习。教师要充分考虑本班幼儿年龄特点，且对本班幼儿当前的培养目标有清晰的理解和把握，并有针对性地选择、投放那些对幼儿的认知发展有促进作用的操作材料。在这个过程中，幼儿的专注力、思维能力都会得到更好地发展。

（二）学习内容

经过前阶段的发展和积累，4～5岁幼儿对周围生活的认识更加广泛和深刻，认知发展水平已经有了较大的提高，他们可以进行一些较为复杂的认知活动。这一阶段的学习重点在于锻炼幼儿的各种感知觉能力、提升思维发展水平、运用一些简单的记忆策略、增强专注力等。

学习笔记

三、4～5岁幼儿认知观察要点

表8-3　4～5岁幼儿认知发展水平及观察要点

观察主题	发展水平及观察要点	观察		出现时间	评价
		是	否		
认知发展	认识基本色、近似色，并能说出基本色的名称				
	能辨别前后，并能使用上下、前后、里外、中间、旁边等方位词描述物体的位置和运动方向				
	能正确理解昨天、今天和明天				
	在指导下，感知和体会有些事物可以用数字来描述，对环境中各种数字的含义有进一步探究的兴趣				
	能通过实际操作理解数与数之间的关系，如5比4多1，2和3加在一起是5				
	会用数词描述事物的排列顺序和位置				
	能感知和发现常见几何图形的基本特征，并能进行分类				
	注意力集中时长在10分钟左右				
	能运用绘画、手工制作等方式表现自己观察到或想象的事物				
	主要依据自己的生活经验或具体事物来理解事情				

四、4～5岁幼儿认知学习支持

（一）环境支持

教师应营造会"说话"的幼儿园环境。

《幼儿园教育指导纲要（试行）》强调："环境是重要的教育资源，应通过环境的创设和利用，有效地促进幼儿的发展。"环境对幼儿的认知发展发挥着重要作用。

第一，教师要充分利用室内外的墙面，尽可能发挥有用空间的作用，创设有教育内涵的主题墙。教师不仅要关注墙面布置的艺术性，还要关注内容呈现的互动性、均衡性、动态性、可操作性。让幼儿在与主题墙的互动中，潜移默化地获得丰富的经验，从而引发同伴模仿、学习及共同探究的愿望。

第二，在区域材料的投放中，要尽其所能地保证材料的丰富多样，符合幼儿的年龄特点，确保材料的可操作性和层次性，以满足不同能力、不同发展水平的幼儿的需求，从而激发幼儿自主学习探索的内驱力。让幼儿在操作、摆弄材料的过程中，动手动脑，全身心投入活动，做到仔细观察、发现问题、思考问题、解决问题。让幼儿在与材料的"对话"中获得自我认知的建构和长远发展。

（二）活动支持

1. 搭建积木

方法：首先，幼儿搬运积木。通过手的接触，感受积木的质地。通过观察，感受积木的形状和颜色。其次，幼儿可把搬运的积木按形状或颜色等要求放置，还可以按给出的图片的形状堆放积木。最后，自由想象，自由搭建积木，并且表述出搭建结果。

目的：提高幼儿手眼的协调能力，促进触觉、视觉共同发展，锻炼幼儿的肢体控制能力，促进幼儿形状知觉和空间知觉的完善。

2. 对旗语

方法：准备6面不同颜色的旗子，每一面代表一个动作。例如，红旗拍手，绿旗向前一步，蓝旗向上跳等。教师先介绍每种旗子代表的动作，然后任意举起一种颜色的旗子，让幼儿做出相应动作。要求动作迅速，举起2秒后没做出动作或做错，都算失败。如此反复练习，根据幼儿的实际情况，教师可以逐渐增加旗子的数量。

目的：培养幼儿的专注力和反应能力。

3. 添画

方法：教师给幼儿画好一个几何图形，让幼儿根据想象进行添画。例如，教师画一个三角形，幼儿可以在上、下各加几个三角形构成"松树"，可以加"一"构成"跷跷板"等。

目的：锻炼幼儿的想象和创造能力。

4. 拍手掌

方法：先让幼儿闭上眼睛，教师先拍几下手，然后问幼儿刚才拍了几下，幼儿答对后，再重复。幼儿稍大时可增加难度，如拍了几下，停顿，再拍，再停，再拍。教师问幼儿一共拍了多少下手，也可要求幼儿跟着做。

目的：提高幼儿的注意力，增强幼儿的记忆力。

◉ 实践与运用 ▶▶▶▶

龙龙已经4岁了，有一天他得意地跟爸爸说："爸爸，我知道2+3=5。"爸爸很高兴，问："你是怎么知道的？"龙龙说："老师告诉我的。"爸爸又问："3+2等于多少？"龙龙摇摇头说："老师没有说。"

请你分析龙龙的表现，并针对龙龙的情况制定适宜的教育策略。

单元 4
4～5 岁幼儿情感与社会性发展与学习支持

情境描述

　　明明已经 4 岁了，他是一个脾气非常大的孩子，总是喜怒无常，稍有不顺心就大发雷霆，像个"不定时炸弹"。有一次，妈妈带明明逛超市，明明想要一个变形金刚玩具，妈妈不给买，说："咱们家里不是已经有一个变形金刚了吗？等回家再玩吧！"他捂住耳朵，当即在超市哭闹打滚，妈妈怎么讲道理他都不听。

请思考：

1. 明明的情感与社会性发展水平如何？
2. 如果你是明明的妈妈，你会怎么做？

学习笔记

学习驿站

一、4～5 岁幼儿情感与社会性发展和水平

（一）情感发展和水平

1. 情绪

　　4～5 岁幼儿能够用表情、手势、语言和符号等途径和方式来表达更复杂的"社会性"情绪，如一个 4 岁幼儿会用蜡笔画一个生气的人。大部分幼儿能够描述或命名情绪，识别他人的情绪，思考别人为什么会出现此种情绪。

　　同时，此阶段幼儿情绪稳定性增强，情绪调节和控制能力也逐渐提高。他们能经常保持愉快的情绪，不高兴时也能较快地缓解。当有比较强烈的情绪反应时，他们能在成人的提醒下逐渐平静下来。他们也愿意把自己的情绪告诉亲

近的人，一起分享快乐或求得安慰。

🔗 **相关链接** ▶▶▶▶

欢欢为什么喜欢值日

欢欢上中班一个月后，妈妈发现他跟以前不一样了。每周三是欢欢值日的日子，他都早早起床让妈妈早点送他去幼儿园。妈妈还听说他在幼儿园抢着打扫卫生，是老师眼中的"懂事宝宝"。

中班的幼儿情绪社会化越来越明显。幼儿渴望被人关注，特别是被老师注意，他们希望与别人交往。这种社会性需要得到满足，幼儿的情绪就会比较积极。这是幼儿情绪发展社会化的表现。[①]

2. 情感

（1）道德感

4～5岁幼儿已具备初步的道德感。他们不但关心自己的行为是否符合道德标准，而且开始关心别人的行为，并由此产生相应的情感。例如，中班幼儿的告状行为就是幼儿对别人行为的评价。它是基于一定的道德标准而产生的，当别人的行为不符合幼儿内心的道德标准时幼儿就可能出现告状行为。幼儿在对他人的不道德行为表示愤怒或谴责的同时，还会对弱者表现出同情，并有相应的安慰行为。此时幼儿的羞愧感或内疚感也开始明显发展。幼儿对自己出现的错误行为会感到羞愧，这对幼儿道德行为的发展具有非常重要的意义。

✦ **思考与练习**

中班的小华抢了萍萍的玩具，但看到萍萍伤心地哭了便感到内疚，这说明小华具有初步的（　　　）。
A. 理智感　　　　B. 道德感　　　　C. 美感　　　　D. 成就感

（2）理智感

理智感主要是由是否满足认知需要而产生的体验。幼儿的理智感有一种特殊的表现形式，即好奇好问。4～5岁的幼儿比3～4岁的幼儿更加好奇好问，他们对周围生活及大自然都有更浓厚的兴趣，会经常问一些与新事物有关的问题，不但喜欢问"是什么"，还爱问"为什么"。例如，"鸟为什么会飞""为什么洗衣机会转动"等。理智感还有另外一种表现形式，即与动作相联系的"破坏"行为，如将刚买回家的新玩具拆得四分五裂。这些现象都表明幼儿的理智感在发展，教师一定要正视幼儿理智感发展的各种表现，给予幼儿适当的支持和引导。

① 李晓巍编著:《学前儿童发展与教育》，269～271页，上海，华东师范大学出版社，2018。

（3）美感

美感是人对事物的审美体验。幼儿对色彩鲜艳的艺术作品或物品容易产生喜爱之情。幼儿能从音乐、绘画作品中，从美术、舞蹈、朗诵等活动中得到美的享受。教师可以组织一些这类活动，促进幼儿美感的发展。

（二）社会性发展和水平

社会性发展是幼儿心理发展的重要方面，对一个人的人格、心理健康、学习、智力发展等具有重要影响。

幼儿的社会性发展是指幼儿从一个生物人到逐渐掌握社会的道德行为规范与社会行为技能，成长为一个社会人并逐渐步入社会的过程。

1. 同伴交往

同伴交往是此阶段幼儿的一项重要内容。幼儿喜欢和小朋友一起游戏，有经常一起玩的小伙伴，也会运用一定技巧加入同伴游戏，在游戏中愿意接受同伴的意见和建议。他们在交往过程中逐步学会分享、合作、协作等技能，不欺负弱小，当与同伴发生冲突时也能在他人的帮助下和平解决。教师要引导幼儿学习一定的交往技巧，并创造机会鼓励幼儿多与同伴进行交往。

2. 师幼交往

师幼关系是幼儿园人际关系中最基本、最重要的组成部分。由于幼儿经历过一年的幼儿园生活，与教师建立了比较稳定的师幼关系，所以教师若为幼儿提供良好的生理和情感关怀，则会成为幼儿的重要依恋对象。这对幼儿社会性发展及自我效能感的发展产生巨大的影响。

3. 性别角色

性别角色的发展是以幼儿对性别概念的掌握为前提的。根据科尔伯格的观点，幼儿性别概念的发展主要经历3个阶段：性别分类、性别稳定和性别恒常性。4～5岁幼儿处于性别稳定阶段，如知道男孩将来会长成男人，女孩将来会长成女人，但他们仍相信改变服饰、发型等就能导致性别转换。此时，他们正在从自我中心认识性别角色向刻板认识性别角色过渡，对男孩和女孩在行为方面的区别认识得越来越清楚。同时，不同性别的幼儿在个性和社会性方面也显现出差异。研究表明，4岁的女孩在独立能力、自控能力、关心他人方面优于同龄男孩，而男孩的好奇心、观察力则优于女孩。

4. 亲社会行为

4～5岁幼儿会表现出越来越多的亲社会行为，如5岁的莉莉可以说出安慰的话语，或者提议玩一个朋友平时喜欢玩的游戏。亲社会行为的表现形式也越来越丰富，除了分享和帮助，还出现了合作、安慰等行为。随着认知能力和移情能力的提高，幼儿可以注意到别人的情绪，并有关心、体贴的表现。

5. 攻击性行为

攻击性行为是一种以伤害他人或他物为目的的行为。中班幼儿已经有了交往意识，选择同伴的标准越来越明确，但因为缺乏一定的交往策略，交往冲突明显增多，冲突的特点从"以物为中心"逐渐转化为"以人为中心"。

二、4～5岁幼儿情感与社会性学习方式和学习内容

（一）学习方式

1. 交往学习

幼儿的社会交往是实现社会化的必要条件，对其个性、情感、社会性等方面的发展具有十分重要的作用。4～5岁幼儿与人交往的意愿更加强烈。幼儿在交往中能更好地体验自己和他人的真实情感，恰当地表达自己的情绪和情感。同时，交往学习还能帮助幼儿掌握一定的交往策略，促进其社会性发展。

2. 观察学习

班杜拉的社会认知理论呈现了儿童社会行为的发展。他认为由直接经验导致的所有学习现象，都可以在替代的基础上发生，即都可以通过观察他人行为及其结果而实现。在日常生活中，幼儿可以通过观察他人的某种行为所带来的奖励性结果而受到强化或者矫正原有的行为，从而提高自身的社会化发展水平。

> **相关链接** ▶▶▶▶
>
> 班杜拉的观察学习理论在日常教学中应用广泛。教师可以在教学活动过程中通过示范教学、观摩教学等方式引导幼儿学习。教师在班级树立优秀榜样可以对幼儿产生激励和鞭策的作用。教师自身更要注意为人师表、言传身教，让幼儿在潜移默化中获得正向发展。

（二）学习内容

4～5岁幼儿的社会认知能力明显提高，有意行为开始发展，懂得了更多的社会规则、行为规范，此阶段的学习重点应在调节不良情绪、发展高级情感以及提高幼儿的社会性交往技巧等方面。

关键术语

亲社会行为
亲社会行为又被称为积极的社会行为，是指一个人帮助或打算帮助他人，做有益于他们的事的行为和倾向。亲社会行为的发展是幼儿道德发展的核心问题。

攻击性行为
攻击性行为是一种以伤害他人或事物，获取某种利益（如物体、机会、权利等）为目的，并且对他人或他物形成外部伤害的社会行为。

三、4～5岁幼儿情感与社会性观察要点

表8-4　4～5岁幼儿情感与社会性发展观察要点

观察主题	发展水平及观察要点	观察		出现时间	评价
		是	否		
情绪情感	运用动作、表情、语言等方式表达自己的情绪				
	知道自己复杂情绪出现的原因				
	经常保持愉快的情绪，不高兴时能较快地缓解				
	有比较强烈的情绪反应时，能在成人的提醒下逐渐平静下来				
	愿意把自己的情绪告诉亲近的人，一起分享快乐或求得安慰				
社会性发展	喜欢和小朋友一起游戏，有经常一起玩的小伙伴				
	会运用介绍自己、交换玩具等简单技巧加入同伴游戏				
	与同伴发生冲突时，能在他人帮助下和平解决				
	能注意到别人的情绪，并有关心、体贴的表现				
	能区分性别，认为性别可以通过穿着打扮进行改变				

四、4～5岁幼儿情感与社会性学习支持

（一）环境支持

1.积极创设安全、温馨、快乐的心理环境

幼儿园的心理环境主要包括幼儿园人际关系和积极向上的文化氛围，二者"润物细无声"地共同作用于幼儿的心理，是幼儿情感与社会性发展的重要途径。在幼儿的各种人际关系中，教师起到关键作用。在日常教学中，教师要平等对待每个幼儿，了解幼儿个体差异，尊重每个幼儿的兴趣和需要，鼓励幼儿大胆参与活动。教师应创造机会增加幼儿交往的频率，让幼儿在交往中感知、理解同伴的情感以及合作、共享等亲社会行为，让幼儿在安全、温馨、快乐的心理环境中提升情感与社会性发展水平。

2. 充分利用家庭、幼儿园和社区的环境

家庭、幼儿园和社区的环境都是幼儿接触的主要社会环境，幼儿在这些熟悉的社会环境的熏陶和浸润下不断获得和积累社会经验，学习成为一个社会人。这些重要的社会环境为幼儿学习情绪管理、人际交往等提供了广阔的教育资源，并且时刻发挥着潜移默化的影响。例如，在家做力所能及的家务，在社区中与他人的互动，这些都是幼儿社会性发展的重要途径。

🔗 相关链接 ▶▶▶▶

党的二十大报告指出："实施公民道德建设工程，弘扬中华传统美德，加强家庭家教家风建设……推动明大德、守公德、严私德，提高人民道德水准和文明素养。统筹推动文明培育、文明实践、文明创建，推进城乡精神文明建设融合发展，在全社会弘扬劳动精神、奋斗精神、奉献精神、创造精神、勤俭节约精神，培育时代新风新貌。"

（二）活动支持

1. 情感发展活动设计方案——我爱读绘本

方法：教师与幼儿共读情绪类绘本，帮助幼儿深入理解喜、怒、哀等情绪，学习和积累情绪表达词汇。教师可以引导幼儿观察绘本中展现的不同情绪，猜想人物的情绪反应，如"如果你是小兔子，你会怎么说"。幼儿可能会说："我真的很生气""我伤心极了""我很难过"。以此来丰富幼儿的情绪词汇。教师可以采用绘本情境再现的方式，组织幼儿进行角色扮演，帮助幼儿充分理解不同情绪产生的原因，学习站在他人的角度想问题。

目的：帮助幼儿深入理解情绪，积累情绪词汇，提高移情水平。

2. 社会性发展活动设计方案

（1）角色游戏

方法：教师与幼儿共同商定游戏主题，主题一般为幼儿在具体生活中见过或体验过的情境。幼儿按照自己的意愿扮演其中的角色，通过模仿和想象，运用语言、动作、表情等创造性地再现社会生活场景。

目的：提供幼儿与人交流合作的机会，培养其良好的社交能力。

（2）我心中的祖国

方法：教师可以向幼儿出示天安门、长城、故宫等名胜古迹的图片或视频，然后让幼儿介绍自己心中的祖国，表达自己的爱国之情。

目的：提高幼儿的语言表达能力，促进其社会性发展，培养爱国主义情感。

📝 学习笔记

📝 学习笔记

◉ 实践与运用 ▶▶▶▶

在幼儿园观察一组 4～5 岁幼儿。记录他们经历快乐、害怕、悲伤或愤怒等情绪时的行为表现，并总结观察到的情绪，尝试分析是哪些事件使幼儿产生了此种情绪反应，哪些行为给你提供了线索。

◉ 综合实践 ▶▶▶▶

去访问一所幼儿园，了解中班的教学活动安排。尝试为中班幼儿设计一份教学活动月计划，月份任选。

模块八
学习效果检测

学习评价与反思

学习目标

1. 掌握 5～6 岁幼儿动作、语言、认知、情感与社会性发展的基本特点，把握该阶段幼儿的身心发展水平。

2. 了解 5～6 岁幼儿的主要学习方式和学习内容。

3. 开展促进 5～6 岁幼儿动作、语言、认知、情感与社会性发展的各项活动，并给予幼儿适宜的教育和支持。

4. 通过对 5～6 岁幼儿的观察，能够分析幼儿的经验水平，并给予相应的指导，促进幼儿健康和谐发展。

5. 能够为 5～6 岁幼儿的父母提供有针对性的指导，帮助他们了解幼儿早期发展与学习支持。

学习导航

5～6 岁幼儿发展与学习支持

5～6 岁幼儿动作发展与学习支持	5～6 岁幼儿语言发展与学习支持	5～6 岁幼儿认知发展与学习支持	5～6 岁幼儿情感与社会性发展与学习支持
5～6 岁幼儿动作发展和水平	5～6 岁幼儿语言发展和水平	5～6 岁幼儿认知发展和水平	5～6 岁幼儿情感与社会性发展和水平
5～6 岁幼儿动作学习方式和学习内容	5～6 岁幼儿语言学习方式和学习内容	5～6 岁幼儿认知学习方式和学习内容	5～6 岁幼儿情感与社会性学习方式和学习内容
5～6 岁幼儿动作观察要点	5～6 岁幼儿语言观察要点	5～6 岁幼儿认知观察要点	5～6 岁幼儿情感与社会性观察要点
5～6 岁幼儿动作学习支持	5～6 岁幼儿语言学习支持	5～6 岁幼儿认知学习支持	5～6 岁幼儿情感与社会性学习支持

学习初体验

最近，老师发现5岁半的彤彤非常爱哭，总是因为一些小事就大哭起来。一天，老师观察到小朋友们在建构区搭房子的时候，彤彤玩得很开心。走近一看，原来彤彤用积木搭建了一座非常高的房子。当彤彤准备向老师炫耀时，高房子突然被正在玩积木的月月不小心碰倒了。还没等老师反应过来，彤彤已经大哭起来。

老师向彤彤的妈妈了解到，彤彤平时在家就很爱哭，只要遇到不顺心的事，就会大哭，爷爷奶奶经常怕彤彤哭坏而一味满足她的要求。久而久之，彤彤哭的频率越来越高，也越来越难哄好，妈妈也意识到问题的严重性，可是不知道该怎么办才好。

对于彤彤的这种表现，教师该怎样对其进行引导？应该给彤彤的妈妈提供怎样的帮助呢？

学习交流

学习导入

随着年龄的增长，5~6岁幼儿已经长成了"小大人"，他们幽默风趣，喜欢与人交谈，经常提出一些奇奇怪怪的问题，对一切新鲜事物感到好奇，会不停地问为什么。他们乖巧懂事，有时还会帮助老师管理班级，干起活来像模像样。他们会关心、安慰他人；他们懂得遵守社会秩序，知道过马路要看红绿灯，知道买东西要排队。他们有时还会好心办错事，让人哭笑不得。整个世界因他们而变得多姿多彩，这样一群"小可爱"怎么能令我们不喜欢呢？

单元 1

5～6岁幼儿动作发展与学习支持

情境描述

　　乐乐是个早产儿，由于发育不良，当时就被医生判定可能会发育迟缓。乐乐妈妈为此特别伤心，但是她暗暗发誓，一定要精心喂养，把乐乐养大。于是，乐乐的妈妈付出了比别人更多的精力，一边精心照顾乐乐的身体，一边努力学习科学育儿的知识。当听说体育训练能为体弱的孩子提供帮助时，乐乐妈妈赶忙为乐乐制定了一系列体育训练活动，如婴儿游泳等。等乐乐两三岁时，她就带乐乐徒步、登山，再大一点就带乐乐跑步、练习跆拳道。经过几年不间断的训练，乐乐的身体逐渐变得强壮起来，生长发育的各项指标也很正常。在妈妈的精心养育和照顾下，乐乐逐渐长成一个强壮的小孩。

　　请思考：

　　1. 乐乐的案例给你什么启示？
　　2. 谈谈你对体育锻炼的认识。

学习笔记

学习驿站

一、5～6岁幼儿动作发展和水平

　　随着科技的发展，人们的生活水平提高，有的幼儿被家长保护成温室里的花朵，衣来伸手，饭来张口，出去活动家长也生怕磕到、碰到。这违背了幼儿好动的天性，导致他们失去了很多锻炼的机会。

孩子是祖国的花朵，是未来社会主义事业的建设者和接班人。3～6 岁是幼儿生长发育的重要时期，身体的健康成长决定他们未来的身体素质。因此，保护幼儿的生命和促进幼儿的身体健康是家长和教师的必要责任，应该放在首位，只有身体健康，才能保证其他活动的正常开展，所以家长和教师要树立正确的教育理念，促进幼儿身体的健康发展，而不仅仅是注重智育的发展。家长凡事包办，让他们缺乏锻炼的机会，会导致他们注意力不集中，身体素质变差。

🖊 学习笔记

（一）粗大动作发展和水平

随着幼儿手眼协调能力的发展，幼儿到了 5～6 岁时，大肌肉运动能力逐渐增强，运动较以前更为剧烈，动作也更加灵活。这个年龄阶段的幼儿能较熟练地做大肌肉运动，尤其是 6 岁的幼儿，已经是身体强壮、会走会跳、平衡能力极强的孩子了。

1. 走

"走"是幼儿园一项重要的体育活动内容。据调查，幼儿在走时全身运动的肌肉占 60%，幼儿以正常速度走时，测定其心率可达 120 次/分，可促进幼儿的生长发育。大班幼儿下肢力量逐渐增强，腿部动作会有较大的提高和发展。走得轻松、自然，平稳有力且逐渐协调。他们在走路的时候基本能控制速度，步幅已经增加至 50 厘米左右，能掌握多种走步技能，但不具备齐步走的能力，横队走不齐，纵队能走齐。

2. 跑

幼儿到了 5 岁，跑步变得相当灵活。据测定，5～6 岁的幼儿参加 30 米快跑后，心率达 150～170 次/分，强度变化大。这一时期的幼儿还能结合跨跳进行助跑，在与他人追逐玩耍时，能够躲避障碍物。此外，这一时期的幼儿无论是速度、耐力，还是平衡能力都发展得很好，对胜负的情绪反应较强。在跑的过程中，幼儿能够有意识地克服疲劳，表现出较强的意志力，跑步的目的性比较明确。

3. 跳

随着幼儿身体的发展和体能的增强，满 4 岁的幼儿就可以在原地跳，跳的动作更加合理、协调，起跳时能够通过摆臂和蹬腿动作的相互配合使得跳跃动作更加协调，而且在跳跃时能够很好地保持身体平衡，跳跃的高度也在不断增加。5～6 岁幼儿不仅能初步掌握一些跳跃的基本动作，而且还能学会一些较复杂的跳跃技能，如跳绳等。但是，与学龄儿童相比，他们的跳跃能力仍然较差。

4. 投掷

4～5岁幼儿的投掷能力已有较好的发展。到了5～6岁时，幼儿逐步学会挥臂、甩腕等动作，使得投掷动作协调有力，投掷的远度和准确度有所提高，可以单手将沙包向前投掷5米左右，投掷能力也有了明显提高。

5. 钻爬

5～6岁幼儿基本能掌握各种钻爬的动作，能有意识地做弯腰、紧缩身体的动作，能钻过各种障碍物，还能变换方式钻爬，例如，匍匐前进、膝盖悬空钻爬等。但是，由于空间感知能力和判断能力较差，幼儿有时还不能较好地掌握屈腿、弯腰和紧缩身体的动作，所以往往不能迅速、准确地通过障碍物。此时，教师和家长可以给幼儿设置不同难度的障碍物，以满足其活动需要和能力的发展。

6. 平衡

幼儿平衡能力直接影响其他活动能力的发展。经过系统练习，5～6岁幼儿的平衡能力发展得很快。他们能够在斜坡、荡桥和有间隔的物体上较平稳地走，也可以做一些要求较高的运动。例如，骑自行车、滑冰、滑雪、跳绳等活动。这些活动都要求幼儿有较强的平衡能力。

（二）精细动作发展和水平

1. 手部精细动作的发展

5～6岁的幼儿已经能够自己控制手腕和手指了，这个年龄的幼儿能够灵活地使用一些工具，例如，筷子、剪刀等。幼儿还可以自己扣扣子、拉拉链等。在使用筷子、剪刀方面，幼儿都要经过反复练习才能熟练地使用。一般幼儿到了大班才能熟练地使用筷子。在使用剪刀方面，幼儿已经可以沿着轮廓剪出简单的图形了，手指也变得更加灵活。

2. 手动能力的发展

幼儿手部能力的发展除了手指的精细动作还包括用力操作的动作，生活中最常见的是幼儿在洗脸拧毛巾的时候，不会"拧"的动作，一般都是使劲握住毛巾，把毛巾上的水"挤"干，所以毛巾总是湿漉漉的。随着年龄的增长，幼儿的手指力量发展到一定程度，幼儿虽然在4～5岁的时候就可以做"拧"的动作了，但要到6岁时才基本可以做好。

学习笔记

🔗 **相关链接** ▶▶▶▶

幼儿动作技能发展的性别差异

国外研究的材料显示，幼儿动作技能的发展也存在性别差异。男孩的粗大动作技能，如跑、跳、掷等方面的平均成绩稍优于女孩；而女孩的精细动作技能稍优于男孩。在躯体动作方面，涉及身体平衡结合双脚移动的动作，如单脚向前跳跃、走平衡木等，女孩也优于男孩。产生这种差异的原因部分来自遗传，如男孩的肌肉一般比女孩的肌肉更发达，也更有力气，男孩的前臂也平均稍长于女孩；女孩身体的发育程度稍早于男孩，因而身体的平衡能力较强。幼儿的游戏活动已经出现了性别差异，如男孩更喜欢踢球、赛跑等体能消耗较大的游戏，而女孩则喜欢玩跳绳、跳皮筋、踢毽子等游戏。不同性别的游戏偏好也为不同动作技能的发展提供了不同的机会。随着幼儿年龄的增长，运动动作技能的性别差异也随之增大，但应指出的是，直到青少年期以前，男孩、女孩身体动作能力的差异不会很大。差异存在的原因来自对性别角色期待的社会压力，如人们通常认为男孩应该从事需要力气、速度和竞争的活动量较大的游戏，而女孩则适合玩一些安静的、对精细动作能力要求较高的游戏，如剪贴等。[①]

二、5～6岁幼儿动作学习方式和学习内容

（一）学习方式

1. 模仿学习和重复练习

🖊 **学习笔记**

大部分幼儿都会自己穿衣服、拉拉链、扣扣子、系鞋带等，只有少数幼儿掌握得还不是很好，尤其是系鞋带。但是，他们在日常生活中通过观察、模仿同伴的动作也能很快学会，再加上反复练习，掌握这些动作不成问题。

2. 体育游戏

幼儿园以游戏为基本活动，而体育游戏是以身体动作练习为基本内容，以游戏的形式进行，通过游戏来发展幼儿的身体素质和基本活动能力。大班幼儿的体育游戏动作增多，难度加大，角色更加复杂，要求幼儿动作灵敏协调。另外，大班幼儿喜欢规则性、竞争性游戏，喜欢有胜负结果的游戏。游戏能激发幼儿锻炼的主动性和积极性，从而使幼儿获得更多练习的机会，使幼儿动作发展得更加协调、灵敏。

3. 幼儿基本体操

幼儿基本体操包括幼儿操和排队、变换队形。幼儿操又分为模仿操、徒手操和轻器械体操。因此，通过体操锻炼幼儿的动作技能和身体协调能力是不错的选择。大班幼儿一般以徒手操为主，学习一些较难的轻器械操，可以适当增

---

① 方富熹、方格、林佩芬编著：《幼儿认知发展与教育》，65～66页，北京，北京师范大学出版社，2003。

加一些韵律操和辅助器械操等。动作、难度和节奏变化都较多，活动量也较大。在排队和变换队形的过程中，幼儿能以自身为标准辨别左右，并能掌握一些较复杂的队形变化。这些都能促进幼儿动作的发展。

（二）学习内容

1. 粗大动作

5～6岁幼儿粗大动作较之前进一步发展，教师和家长仍要按照《3～6岁儿童学习与发展指南》中的要求对5～6岁的幼儿在走、跑、跳、投掷、钻爬与平衡方面进行不断训练，使之更加协调、灵活。教师和家长还应该注重练习时的正确指导，让幼儿掌握运动的技巧，防止幼儿受伤。此外，幼儿的身体素质反映了人体在身体运动中的机能水平。因此，教师和家长一定要给幼儿提供运动的机会，开展丰富多样的活动，提高幼儿的运动兴趣，增强幼儿的体质。

2. 精细动作

5～6岁是幼儿精细动作发展最迅速的阶段。这一阶段是幼儿使用筷子技能迅速提高的特殊时期。因此，熟练地使用筷子是这一时期学习的主要内容。除此之外，这一时期是幼儿绘画发展过程中的重要转折时期。这一时期幼儿的绘画是描述性绘画，他们能够熟练自如地绘画，不再像以前只会涂鸦，会根据日常生活当中的事物来进行绘画以及根据故事的情节来进行绘画。绘画也可以锻炼幼儿的握笔和控笔能力，提高幼儿的前书写能力。在日常生活中，他们要学会系鞋带、系蝴蝶结等较为复杂的动手操作技能，还要学习使用工具的技能技巧。剪纸、折纸都是这一时期幼儿学习的重要内容。这些动手操作练习不仅能促进幼儿思维能力的发展，还能锻炼其手指的灵活性。

三、5～6岁幼儿动作观察要点

表9-1　5～6岁幼儿动作发展水平与观察要点

观察主题	发展水平及观察要点	观察		出现时间	评价
		是	否		
平衡能力，动作协调、灵敏	能够在站队、坐和行走时保持正确的姿势				
	在追逐玩耍时能轻松躲避障碍物、会躲闪				
	能以手脚并用的方式安全地爬上攀登架、网等				
	能连续跳绳				
	能连续运球				

学习笔记

学习笔记

续表

观察主题	发展水平及观察要点	观察		出现时间	评价
		是	否		
力量和耐力	能双手抓杠悬空吊起 20 秒左右				
	能单手将沙包向前投掷 5 米左右				
	能单脚向前连续跳 8 米左右				
	能快跑 25 米左右				
	能连续行走 1.5 千米以上（途中可以适当停歇）				
手的动作灵活协调	能熟练使用筷子，会自己扣扣子、拉拉链				
	能根据需要画出图形，线条基本平滑				
	能沿轮廓线剪出简单图形，边线吻合且平滑				

四、5～6 岁幼儿动作学习支持

（一）粗大动作

1. 走——排队走

方法：步幅要一致，一个跟着一个地走，走时要学会控制步幅，抬头挺胸有精神地走，能够听信号变方向走。

注意：选好当排头的幼儿，控制好走步的速度。

2. 跑——接力跑

方法：接力跑可分为圆圈接力跑和迎面接力跑。传接物可用柔软、稍有重量的玩具代替接力棒，也可以用见面击掌的方式进行，以免在跑的过程中摔倒戳伤自己或他人。

注意：教师可设定奖品，既能激发幼儿跑的兴趣，又能提高幼儿跑的能力，还可以培养幼儿的集体责任感、荣誉感和合作精神。在跑的过程中，教师要教会幼儿正确的呼吸方法，让幼儿学会口鼻混合呼吸，即呼吸时，不要张大嘴巴，要逐渐呼吸。

3. 跳——跳绳

方法：跳绳时需要手和脚相互配合，锻炼手与脚的协调性。幼儿在跳绳时应该上身挺直，眼睛向前看，用小臂和手腕摇绳，摇一次，跳一次，落地时，前脚掌先着地。

调皮的小袋鼠
（大班）

4. 投掷——投篮比赛、打雪仗

在幼儿园中可开展投篮比赛、打雪仗等投掷活动，发展幼儿的投掷能力。教师应注意多讲多练，不能让幼儿长期用一只手抛。注意与跑、跳等动作相结合进行练习，并运用各种游戏方法，激发幼儿练习的兴趣，逐渐增加运动负荷，既能锻炼身体，又能提高幼儿的投掷能力。

5. 钻爬——匍匐爬比赛

方法：教师设置"山洞"，鼓励幼儿用匍匐爬的方式穿过"山洞"。游戏规则是身体不能碰到"山洞"，谁最快钻出"山洞"谁就获胜，获胜者可以得到奖励。

注意：在比赛前，教师要通过示范和语言提示讲清楚游戏规则，如果教师不能做示范，就要请能力强的幼儿做示范。教师引导幼儿掌握爬的技巧与动作，使幼儿爬的信心和勇气得以增强，鼓励幼儿克服困难赢得比赛。

6. 平衡——"炒大豆"

方法：两个幼儿面对面站立，手拉手，嘴里念着儿歌（炒炒，炒大豆，炒完大豆翻跟头）。这时，两人同时向同一方向翻转一圈，继续念着儿歌，再同时翻转回来。

注意：翻转时速度要一致，根据儿歌的节奏翻转。教师在游戏前可先带幼儿热身，翻转速度要先慢后快，防止肩部拉伤。

（二）精细动作

教师根据这一时期幼儿精细动作发展的水平，可以在美工区投放各种各样的材料，如圆头剪刀、剪纸图、折纸图、橡皮泥等可以锻炼幼儿手指精细动作的操作性材料。此外，在日常生活中，教师应让幼儿自己穿衣服、扣扣子、拉拉链等。教师还可以在日常教学活动中开展手指操、手势舞等活动。

五种运动游戏可以让孩子摆脱焦虑情绪

◉ 实践与运用 ▶▶▶▶

1. 为发展5～6岁幼儿的平衡能力，请你设计一个健康领域的活动方案。

2. 以"亲子运动会"为主题设计一个主题活动方案。

单元 2

5～6 岁幼儿语言发展与学习支持

情境描述

5 岁的木木，基本能与成人进行交流，有时候还会使用成语。但是，他常常出现口吃的现象，让人听起来很着急，尤其是在讲述一件事情的时候。

请思考：

1. 木木是否符合《3～6 岁儿童学习与发展指南》中语言表达能力的要求？
2. 木木为什么会出现口吃的现象？

学习笔记

学习驿站

一、5～6 岁幼儿语言发展和水平

（一）口头语言的发展和水平

5～6 岁幼儿的口头表达能力飞速发展，很多幼儿一开口就能让成人震惊。他们经常能说出一些令成人意想不到的词和句子。他们基本掌握了言语交际的能力，能运用较丰富的词汇来表达自己的想法。但是，由于词汇数量和语法规则掌握有限，他们往往还不能进行连贯的讲述。

1. 语音的发展和水平

幼儿在 4 岁时已掌握本民族语言的全部语音。5～6 岁幼儿的语音进一步发展。这时他们已经具备健全的听音和发音器官，能够意识到自己和别人语音中出现的问题。大多数 5～6 岁幼儿已经能正确发音，或者在成人的引导下能够做到正确发音、吐字清晰。

2. 词汇的发展和水平

据调查，5 岁幼儿的词汇量为 2200～3000 个，6 岁幼儿的词汇量则为

3000～4000个。5～6岁幼儿随着抽象逻辑思维的发展，逐渐掌握了一些概括性的词，如交通工具、水果、蔬菜等，还会使用一些连词，如经常听到一些幼儿说："如果不快点穿衣服，就要迟到了。"幼儿的词汇量主要取决于幼儿的生活经验和成人的教育。当然，幼儿在与人交谈时也常常会出现"用词不当"或"错误用词"的现象，如将一"匹"马说成一"只"马或一"个"马。这一时期，幼儿对某些词的意思往往能够正确理解，但是表达不出来。所以，我们应该在日常生活中为幼儿创造语境，让幼儿能在各种场合使用词，使之能够正确理解词义和正确用词。

3. 语法的发展和水平

朱曼殊等人的研究表明，由于幼儿认知水平的局限性和词汇贫乏，幼儿最初说出的语句中只有能表明事情核心的词语。幼儿的句法结构的发展在5岁时逐渐完善，6岁时水平逐渐提高。5～6岁幼儿开始从无修饰句转换到修饰句，其运用的修饰句占其语句总量的91.3%。这一时期，他们的知识和经验较为丰富，也掌握了较复杂的语言形式，能用多种复杂、有感情的句子描述自己的所见所闻，不仅可以概括故事或图片的主要内容，还能就他人发言进行评价或补充。

（二）语言理解能力的发展和水平

5～6岁幼儿在说话和听话时常常会遗漏很重要的信息，因此成人可能无法理解他们的讲述，但他们自己却以为讲得很好；在听成人讲话时也以为自己已经理解了。皮亚杰把幼儿的这种言语称为自我中心言语。5～6岁幼儿已经能根据听者的能力调整其谈话内容，也能在叙述事物时根据听者的情况选择调节自己的言语。6岁的幼儿还能够理解较为复杂的被动句，但对双重否定句的理解还有困难，能听懂的话比能讲出的话多。

（三）语言运用能力的发展和水平

语言是一种交际工具，为了达到交际的目的，幼儿除了必须掌握语音规则、句法规则和词汇，还必须掌握语言运用的技能。5～6岁幼儿能够根据交际对象的反馈调整说话的内容和方式，自我中心言语逐渐减少，在与他人交谈时能够清楚完整、准确地表达自己的想法，表现为有话会说。幼儿还能够运用语言顺利地讲述自己的体验或故事。他们一般使用具体形象的词汇较多，句型以陈述句为主，以疑问句和祈使句为辅。

（四）早期阅读能力的发展和水平

3～8岁是早期阅读能力发展的关键期，早期阅读能力包括前阅读、前识字和前书写能力。其中，5～6岁幼儿能说出所阅读作品的主要内容，并根据故事的部分情节或图书画面，猜想故事情节的发展，或续编、创编故事。幼儿对于看过的图书、听过的故事能说出自己的想法，喜欢与他人交流故事中的有趣情

学习笔记

节，并且开始尝试用符号代替语言进行表达。

二、5～6岁幼儿语言学习方式和学习内容

（一）学习方式

1.通过语言游戏学习

游戏是幼儿最喜爱的活动，在语言游戏中学习，可提高幼儿学习的兴趣，激发幼儿学习的动力。教师通过设计丰富的游戏活动，教幼儿学习新词、练习正确的发音、锻炼语言表达能力。例如，幼儿为了达到游戏的目的而遵守规则，克服困难，从而得到锻炼。对5～6岁幼儿来讲，竞赛性质的游戏可以促使他们积极地参与到游戏当中，从而促进自身语言的发展。另外，游戏还可以给胆小的幼儿提供练习的机会，游戏情境可以把幼儿吸引到活动中来，降低学习的难度。

2.欣赏文学作品

书是人类进步的阶梯，读书要从娃娃抓起，运用儿童文学作品中的优秀作品对幼儿进行语言教育，既能提升幼儿学习的趣味性，还能让幼儿了解中华优秀传统文化的源远流长、博大精深。例如，文学作品当中的词汇学习，可以帮助幼儿练习正确的发音，理解词的含义，学习一些抽象概念的词，如"勇敢"等词，这些词是难以通过描述来学习的，而故事当中的有趣情节，能够让幼儿理解得更加轻松。有时教师还需要通过文学作品中的图片来帮助幼儿理解词义。另外，幼儿在复述故事或朗诵文学作品时，能够掌握更多的词语，在故事创编和续编时又提高了语言表达能力。

3.日常生活中的语言练习

5～6岁幼儿在各个方面的发展相比之前都有了很大的进步，但是好奇、好动、好模仿依旧是他们的特点。因此，模仿学习也是这一阶段幼儿学习的主要方式，观察与模仿是相辅相成的。在日常生活中，幼儿能够通过倾听，感受成人的标准发音，从而学会正确的发音。另外，幼儿也通过电视节目、广播等来模仿学习。

（二）学习内容

1.增加实词的数量

5～6岁幼儿在巩固以往所掌握词汇的基础上，还要增加大量实词的数量，并提高质量。同时，教师还应教这一时期的幼儿学会使用一些同义词和反义词，使其语言生动活泼，提高其口语表达能力。另外，大班幼儿的抽象逻辑思维已经开始萌芽。他们已经开始注意到事物之间的联系，因此，教会他们运用一些关联词也是十分必要的。

2. 正确理解词义和正确运用词

幼儿只有理解了词义，才有可能在语言活动中正确地运用词。对于中大班的幼儿来说，教师可结合他们已有的知识经验，用简单的语言解释新词的意义，从而使其掌握更多意思相同的词。除此之外，教师还应注意观察和收集幼儿运用词语的实际情况，了解哪些是幼儿经常用错的词，分析他们用错的原因，同时给予有针对性的指导。教师应为幼儿提供说话的机会，引导幼儿将学习过的词运用到语言活动中，达到练习的效果。

3. 表达能力的发展

教师应注重5～6岁幼儿语言表达能力的训练，使他们能够自如地调节声音的强弱与速度，能清楚地发音和吐字，能调整说话时的呼吸；使他们的语气语调自然，富有感染力和表现力。在养成良好的语言行为习惯、善于倾听的同时，教师应鼓励幼儿大胆地表达自己的想法，对一些比较胆怯的幼儿，更应该创造条件，把握时机，让他们想说、敢说、大胆说，并及时给予肯定。

4. 早期阅读能力的发展

已有研究表明，5～6岁是幼儿文字意识发展的关键时期。董光提出，幼儿作为汉字初学者，根本不需要去关注汉字内部的结构关系，而是要把汉字当作完整的图形来识记。[①] 所以，教师和家长要注重对大班幼儿前书写能力的培养，这样有利于更好地衔接小学阶段的学习，帮助幼儿提前适应小学阶段的书写活动。教师应在日常开展丰富多彩的教学活动，培养幼儿前书写兴趣，帮助幼儿逐渐养成良好的书写习惯，为幼儿今后的发展打下坚实基础。

三、5～6岁幼儿语言观察要点

表9-2 5～6岁幼儿语言发展水平及观察要点

观察主题		发展水平及观察要点	观察		出现时间	评价
			是	否		
倾听与表达	倾听能力	在集体中能注意听教师或其他人讲话				
		听不懂或有疑问时能主动提问				
		能结合情境理解一些表示因果、假设等相对复杂的句子				
	表述能力	愿意与他人讨论问题，敢在众人面前说话				
		会说本民族或本地区的语言，普通话的发音正确清晰				
		能有序、连贯、清楚地讲述一件事				

---

① 董光：《幼儿识字特点的实验研究》，载《吉林师范学院学报》，1996（1）。

学习笔记

观察主题		发展水平及观察要点	观察		出现时间	评价
			是	否		
阅读与书写	文明语言习惯	在讲述一件事时能使用常见的形容词，语言比较生动				
		别人讲话时能积极主动地回应				
		能根据谈话对象和需要调整说话的语气				
		懂得按次序轮流讲话，不随意打断别人				
	早期阅读能力	专注地阅读图书				
		喜欢与他人一起谈论图书和故事的相关内容				
		对图书和生活情境中的文字感兴趣，知道文字表达一定的意义				
	具有初步的理解能力	能说出故事的主要内容				
		能根据故事的部分情节或图书画面的线索，猜想故事情节的发展或续编、创编故事				
		对看过的图书、听过的故事能说出自己的想法				
	书面表达的愿望	愿意用图画和符号表现事物或故事				
		会正确书写自己的名字				
		写画时姿势正确				

四、5～6岁幼儿语言学习支持

（一）提供幼儿交谈和讲述的机会

5～6岁幼儿语言能力明显提高，渴望自己的发言得到他人的认可。大班幼儿交谈的内容无论从深度还是广度来说都逐渐加深，他们更喜欢轮流举手发言。教师应该掌握引导幼儿谈话的技能，运用具有启发性的提问扩展幼儿的谈话内容。此外，在引导幼儿讲述时也要使用技巧，教师可以根据讲述的凭借物，让幼儿通过推理进行思考，再按照一定的逻辑来回答，培养幼儿的语言思维能力。

方案：大班幼儿辩论赛[1]。

方法：出示辩题——跟旅游团旅游好不好。首先让幼儿在班上讨论，然后回家收集资料与家长讨论，最后按照幼儿的意愿分为正方（跟团旅游好）和反

---

[1] 郑伟如：《幼儿辩论会初探》，载《教育导刊（幼儿教育）》，2006（11）。

方（跟团旅游不好）在班上开展辩论会。

目的：为幼儿营造一种民主、平等、宽松的心理氛围，让幼儿畅所欲言，各抒己见，在激烈的讨论中迸发思维的火花，从而解决"认知冲突"，发展幼儿连贯性语言和独白语言。

（二）赏析文学作品

1.5～6 岁幼儿故事活动内容的选择

优秀的幼儿故事在文学性上要具备以下几个特征：鲜明的人物形象、生动的故事情节、富有趣味性、有想象和思考的空间，还有对人性的关怀。大班的幼儿故事应聚焦幼儿的评判性思维、人物特征、运用与表现这几个核心经验。

方案：云朵棉花糖。

注意：

第一，先引导幼儿回忆故事情节，根据故事的线索复述故事。

第二，引导幼儿说出"只有一起分享，才会快乐"的道理。

第三，引导幼儿进行角色扮演，使幼儿真正体会"分享使人快乐"的道理。

第四，根据故事的情节续编故事。

第五，根据故事中的人物进行角色扮演，加深对故事内容的理解。

目的：

第一，由于故事篇幅较长，因此有很多词可以让幼儿学习，如"棉花糖""很软很软""很松很松""分享"等词。

第二，理解故事内容，能够根据故事情节和结构在班级中大胆复述故事。

第三，理解故事中所包含的道理，并能够发表自己的见解。

2.5～6 岁幼儿诗歌活动内容的选择

大班幼儿的诗歌活动一般以儿童诗为主，主题可以更加抽象，内容更加复杂，每句的词量在 7～8 个，词汇可以更加抽象化、书面化和文学化。此外，教师可以采用提问策略，结合幼儿已有的生活经验，让幼儿分析儿歌的结构，为儿歌的创编和仿编做准备。

方案：下雪天，像过节。

注意：

第一，通过观看图片引导幼儿欣赏诗歌，感知下雪天带来的乐趣。

第二，结合诗歌内容，通过提问的方式，帮助幼儿感知诗歌中下雪天的变化。

第三，学习诗歌中的比喻句，启发幼儿想象被雪覆盖的事物还可以像什么，引导幼儿仿编诗歌。

目的：

第一，学习诗歌中的句式，如"……的……，像……的……"，仿编诗歌。

第二，能有节奏、有感情地朗读诗歌。

第三，根据诗歌的情节，为诗歌编动作、配插图。

思考与练习

大班的江老师出差两天，回来以后，孩子们都过来告亮亮的状，说亮亮总是搞破坏。亮亮说："我不是在搞破坏，我是孙悟空，我在打妖怪。"晶晶说："我不是妖怪，我是唐僧。"其他孩子也说："我不是妖怪，我是玉皇大帝。"还有的说："我也是孙悟空，我要扮演孙悟空。"孩子们七嘴八舌，早就忘记了告状这件事。他们都在讨论自己要扮演什么角色。

问题：请设计一个谈话活动方案，从孙悟空的行为目的和意义开始，将幼儿的破坏性扮演行为引导成为表演性游戏行为。

（三）早期阅读活动

徐光荣认为，家庭培养早期阅读能力的策略是亲子阅读，主要是通过观察、比较、操作和交流等方法进行阅读能力培养。[①] 阅读环境可以促进大班幼儿早期阅读能力的发展，进而为幼儿入小学做好准备，促进幼小衔接顺利进行。所以，教师应给幼儿提供丰富的阅读环境，将阅读环境与儿童文学作品相结合。

相关链接 ▶▶▶▶

如何养成良好的阅读习惯

为了帮助幼儿养成良好的阅读习惯，可以借鉴图书馆的"借书卡"制度，引导幼儿学习有序借阅、物归原处。中大班的幼儿已经有了一定的规则意识，教师可以先组织一系列亲子活动，让爸爸妈妈带着孩子参观图书馆，了解借书卡的作用和使用方法。当幼儿有了初期经验之后，再把"借书卡"制度引入阅览室。要求幼儿在取走一本图书的同时，将自己的借书卡放在相应的位置上，这样他们就不会弄乱图书摆放的顺序，也不会一次拿好几本图书，而且读完后还会把图书放回原处。此外，教师还可以使用一些图片、标志向幼儿提示阅览室的规则。例如，在阅览室的墙上贴一些提示幼儿安静阅读的图片，如竖放在唇上的食指、睡觉的小娃娃等；在阅览室地毯周围的地板上贴上小脚印，提示幼儿走上地毯时要脱鞋；在书角破了的书上贴上哭泣的小图片，使幼儿一看就知道要轻轻翻书。这些看似不起眼的提示，实际上是幼儿最好的老师，可以帮助幼儿逐渐养成良好的阅读习惯。[②]

---

① 徐光荣：《3~6岁幼儿阅读能力培养的研究——基于家庭视角》，硕士学位论文，首都师范大学，2005。

② 龚亮、顾立群：《有吸引力的阅览室》，载《幼儿教育（教育教学）》，2008（19）。

方案如下。

第一，教师可以在环境创设时贴上相应的文字和图画，使幼儿在潜移默化中获得有关书面语言的信息。

第二，教师为幼儿提供汉字砂纸字板等教具使幼儿进行前书写和前识字的练习。

（四）语言游戏活动

1. 语音、词汇练习游戏——正话反说

两个幼儿一组，一个幼儿说一个词，另一个幼儿则说出与这个词相反的词。或者教师说一句话，幼儿说出与之相反的话。例如，教师说："请伸出你的左胳膊。"幼儿则说："请伸出你的右胳膊。"

2. 句子和语法练习游戏——萝卜蹲

教师引导幼儿用"……萝卜蹲，……萝卜蹲，……萝卜蹲完……萝卜蹲"句型来练习说话，从而使幼儿了解句子和语法，同时获得游戏的乐趣。

总之，教师在创设语言游戏时，首先应当介绍游戏的玩法，然后讲清楚游戏规则，示范游戏的玩法，讲解时应简明扼要，语速应该较慢。

◀ 实践与运用 ▶▶▶

1. 请到幼儿园观摩大班幼儿的讲述活动。

2. 请为大班幼儿设计两个谈话活动的方案。

学习笔记

单元 3

5～6岁幼儿认知发展与学习支持

情境描述

阳阳快6岁了，他坚持认为又细又长的杯子要比又矮又粗的杯子装的水多，而妈妈则告诉他，两种杯子的容量是一样的，所以装的水也一样多。阳阳似懂非懂地点了点头。

请思考：

1. 阳阳的行为体现出哪些特性？

2. 阳阳是否理解了妈妈说的"一样多"？

学习笔记

学习驿站

一、5～6岁幼儿认知发展和水平

（一）感知觉发展和水平

1. 感觉

（1）视觉

5～6岁幼儿分辨事物的水平有所提升，对颜色的认识进一步加深，一般已能很好地辨别主要颜色。幼儿还能在绘画时运用各种颜料调出自己需要的颜色，并能正确说出颜色的名称。对于混合色和不同深浅的颜色也能够准确地区别。

（2）听觉

听觉感受会随着年龄的增长而发生有规律的变化。幼儿到了5～6岁，几乎可以毫无困难地辨别本族语言包含的各种语音。在语言学习领域中，对5～6岁幼儿的倾听能力提出了较高的要求，所以幼儿的言语听觉很快就发展起来了。这时，成人要让幼儿保护好自己的听觉器官，遇到特别大的声音时应该立刻捂住耳朵或张大嘴，以保证自己的听觉系统不受到损害。

2. 知觉

5～6岁幼儿在搭建积木时，能发现同一块积木在大小、颜色、外表、质地等方面的不同。在不同位置，5～6岁幼儿还能察觉出该积木的大小和形状没有发生变化。5～6岁幼儿知觉的发展主要表现在以下几方面。

（1）方位知觉

方位知觉是个体对自身或物体所处位置和方位的知觉。幼儿对上、下、前、后、左、右方位的认识经历了一个较长的发展过程。我国的一些实验表明，3岁的幼儿已经能正确辨别上下方位，4岁的幼儿能正确辨别前后方位，部分5岁的幼儿开始以自身为中心辨别左右，但到了6岁时仍有一部分幼儿还不能准确地判别以自身为中心的左右方位。

（2）形状知觉

形状知觉是人们对物体形状的感知能力，对幼儿来说圆形是最好辨别的。大班幼儿能正确掌握圆形、正方形、三角形、长方形、半圆形、梯形的基本特征，教师应教会他们掌握形状的正确名称，这样有利于幼儿形状知觉的发展。

（3）大小知觉

大小知觉是人们对物体大小的感知能力。幼儿判断大小的能力还表现在判断的策略上。5岁的幼儿在辨别积木大小时，要用手逐块地摸积木的边缘或把积木叠在一起去比较。6岁的幼儿，由于经验的积累，已经可以单凭视觉辨别出积木的大小。

（4）时间知觉

时间知觉是对直接作用于感觉器官的客观事物的持续性和顺序性的知觉。5～6岁幼儿的时间知觉有所发展，但是他们对时间的估值存在不稳定性和不准确性，同时还存在个体差异。5～6岁幼儿不但能辨别"昨天""今天"，也开始能辨别"前天""后天""大后天"，知道今天是星期几，知道春夏秋冬，但对更短的或更远的时间就难以区分。例如，5岁幼儿把小汽车行驶路程的远近和小汽车行驶的时间长短混淆起来，认为小汽车"走4米花10秒时间"比"走2米花20秒时间"所用的时间长。6岁幼儿仍表现出这种倾向，单纯根据小汽车行驶的路程远近来判断行驶时间的长短。

（5）观察力

随着年龄的增长，5～6岁幼儿的观察能力逐渐变得细致入微，有时会用自

学习笔记

言自语来协助观察，有时也可以摆脱外部指导，借助内部言语来控制和调节自己的知觉。他们喜欢按照成人既定的观察任务进行观察。当成人给幼儿布置的任务越具体时，幼儿观察的目的就越明确，观察的效果也就越好。例如，让幼儿在两幅画中找不同，如果明确告诉他们有几处不同，他们观察的效果就会显著提高。

除此之外，5～6岁幼儿在观察时还能排除一些干扰，注意事物之间的关系，观察也更加细致，能根据事物的形状、颜色、数量和空间位置等方面来观察，不再遗漏主要部分。大班幼儿由于知识经验丰富及概括、归类能力的发展，能够认识事物之间的"空间关系"，甚至理解事物之间的"因果关系"。

（二）注意发展和水平

1. 无意注意

5～6岁幼儿的有意注意进一步发展，但仍是无意注意占优势。幼儿对自己感兴趣的活动有一定的注意力。如果中途无端中止或干扰他们的活动，他们会不满和反抗。幼儿对自己不感兴趣的活动则表现出明显的注意力不集中。

2. 有意注意

5～6岁幼儿关注的已不仅仅是事物的表面特征，他们的注意开始指向事物的内在联系。但是，幼儿做事的随意性往往比较大，不能有始有终。他们的注意力易分散，容易被新鲜的事情所吸引，并且注意的对象在不断地变换。一旦对活动产生厌倦，他们的积极性和主动性就会明显降低。女孩的注意稳定性优于男孩，6岁时男孩的有意注意时间仍然不如女孩长，但在5～6岁时，男孩的注意稳定性的发展比女孩迅速。总之，无论男孩、女孩，6岁时的注意稳定性水平都显著高于5岁时的水平。[①]

在良好的教育条件下，幼儿的有意注意可以保持良好，其注意的稳定性逐渐提高。5～6岁幼儿可集中注意10～15分钟，有的甚至可以达到20分钟。

（三）记忆发展和水平

1. 无意记忆、有意记忆

整个幼儿期以无意记忆为主导，有意记忆开始发展。幼儿在生活中自然而然记住的大多是在生活和游戏中发生的事。比如听到一首儿歌，会因为听过而记住。虽然幼儿期无意记忆占主导地位，但对5～6岁幼儿来说，他们的有意记忆也早已开始发展了。随着年龄的增长，幼儿有意记忆发展的速度明显高于无意记忆。

---

① 李洪曾、胡荣萱、杜灿珠等：《五至六岁幼儿有意注意稳定性的实验研究》，载《心理学报》，1983（2）。

2. 机械记忆、意义记忆

5～6岁幼儿在复述故事时，不再逐字逐句地机械识记。他们能够在教师的启发下，根据自己对故事内容的理解进行记忆。随着年龄的不断增长，大班幼儿有较强的再认能力和保持能力，5岁幼儿能将关于某一事件的记忆保持到6年以后。

（四）想象发展和水平

学前期是想象最为发达的时期，总体表现为无意想象和再造想象占优势，有意想象和创造想象逐渐发展。幼儿喜欢想象，但是想象的水平不高，想象常常脱离现实或者与现实相混淆。

1. 无意想象、有意想象

5～6岁幼儿在想象活动展开之前，能围绕主题进行想象。他们在玩游戏时，能根据主题想出大致的情节，然后制定游戏规则，进而玩游戏，在游戏中还能排除无关事件的干扰，将游戏坚持到底。

2. 再造想象、创造想象

5岁以后，幼儿的想象内容变得更加新颖。这个阶段幼儿的想象常常涉及生活中的各个方面。例如，在角色扮演中，除了注重故事中的形象，幼儿还能创造出新的形象。这为幼儿未来的学习和发展奠定了基础，因为很多知识的学习或技能的掌握有赖于有目的的再造想象和创造想象。

（五）思维发展和水平

5～6岁幼儿以具体形象思维为主，抽象逻辑思维开始萌芽。在他们的头脑中，动物是会说话的，太阳公公是有眼睛的。例如，一说"兔子"，一定是"小白兔"；一说"老奶奶"，一定是花白头发的。幼儿在这个阶段既能用语言概括一件事，也能够进行简单的推理，还能够解决一些比较抽象的问题。例如，5～6岁幼儿能够正确将8块糖平分给2个人，每个人4块糖。幼儿知道怎么分，但是不会回答4加4等于几。其实，幼儿对于"分糖"不是计算出来的，而是因为这个问题在他头脑中形成了直观形象，所以他知道每人分4块糖是一样多的。

🔗 相关链接 ▶▶▶▶

三山实验

皮亚杰证明幼儿具有自我中心主义倾向的著名实验是"三山实验"，他把大小不同的3座山的模型摆放在桌子中央，四周各放一把椅子。带着幼儿围绕3座山的模型散步，使幼儿可以从不同角度观察这3个模型的形状。散步后，让幼儿坐在其中的一把椅子上，依次将3个玩具娃娃放在桌边的其他椅子上，并问幼儿"娃娃看到了什么"。实验结果显示，不到4岁的幼儿根本不懂问题的意思；4～6岁的幼儿不能区分他们自己和娃娃看到的景色；8～9岁的幼儿能够理解自己与娃娃的观测点之间的某些联系。

学习笔记

二、5～6岁幼儿认知学习方式和学习内容

（一）学习方式

1. 观察学习

观察是幼儿学习的主要方式，教师一方面要注重环境的熏陶，另一方面要注意发挥榜样作用，为幼儿创造一个学习环境，让幼儿受到潜移默化的影响，从而促进幼儿的发展。

2. 操作学习

幼儿可以通过直接操作，探索自身与物体、物体与物体之间的关系，丰富和发展自己的感知觉，获得学习的乐趣。例如，幼儿喜欢玩积木游戏，通过亲自操作，了解积木材料的性质，促进对形状、颜色及搭建等的学习和掌握。幼儿在操作中获得直接经验，便于记忆，同时还能激发幼儿的想象力和创造力。

3. 体验学习

体验学习是指一种以学习者为中心，通过实践与反思相结合来获得知识、技能、态度的学习方式。[①]幼儿的体验学习需要一定的情境，可以是教师预先设计的模拟情境，也可以是真实的情境，如幼儿园区角活动，教师通过模拟商店、超市等情境，让幼儿扮演其中的角色，从而了解更多职业的特点，提升幼儿的认知水平；在教幼儿认识各种动物时，带领幼儿去动物园参观，让幼儿与动物近距离接触，这样印象会更加深刻。

4. 交往学习

幼儿通过对话、交流、讨论等形式展开学习的过程就是交往学习。在幼儿园中，幼儿以班级或小组为单位，通过分工和协作组成学习团队，共同完成某种学习任务。它不以单个幼儿的学习效果为主，而是以学习团队的总体表现为学习考评的依据，讨论学习与合作学习是既有密切联系又有明显区别的两种学习类型。[②]

（二）学习内容

1. 观察方法的学习

5～6岁幼儿观察的目的性有所提高，这时要培养幼儿良好的观察习惯。首先让幼儿明白观察的目的和任务，然后教给幼儿观察的具体方法。例如，观察一幅图画，可以按照从上到下、从左到右的顺序进行观察。除此之外，教师还要重视对幼儿观察能力的培养。教师指导幼儿观察前，应做好知识准备，引导幼儿多动脑筋，可以通过提问的方式，培养幼儿的知觉敏感性，同时也要让幼

---

① 张永红主编：《学前儿童发展心理学》，243页，北京，高等教育出版社，2014。
② 张永红主编：《学前儿童发展心理学》，244页，北京，高等教育出版社，2014。

儿懂得保护好自己的器官，合理用眼、用耳。

2. 注意品质的学习

5～6岁幼儿的有意注意处于初步发展阶段。因此，教师首先要提供条件帮助幼儿获得知识经验，扩大注意的范围。其次，教师要培养幼儿注意的稳定性。在活动开始时，教师可以运用适当的教具、视频、图片等吸引幼儿的注意力。教师也可以通过提问吸引幼儿的注意力。最后，教师要引导5～6岁幼儿进行注意分配的学习，帮助幼儿形成有意后注意。

3. 记忆方法的学习

教师要充分培养5～6岁幼儿的有意识记，使幼儿依靠自己的意志完成任务，比如让幼儿用之前教的方法自己洗袜子。教师应促进幼儿有意记忆的发展，同时培养幼儿的语言表达能力。教师还要教给幼儿记忆的策略，如复述策略、组织策略，让幼儿根据这些策略完成记忆的内容。

4. 思维品质的学习

党的二十大报告指出："必须坚持科技是第一生产力、人才是第一资源、创新是第一动力，深入实施科教兴国战略、人才强国战略、创新驱动发展战略，开辟发展新领域新赛道，不断塑造发展新动能新优势。"幼儿是祖国的未来，要注重培养幼儿的思维能力，发展幼儿的想象力和创造力，而幼儿的思维能力往往取决于后天的锻炼。因此，教师和家长必须注重对幼儿思维能力的培养。5～6岁的幼儿有极强的求知欲，有丰富的想象力和创造力，表现与表达方式更加多样化，善于动脑筋。这时教师和家长在引导幼儿分析问题时思路要清晰连贯，为幼儿提供正确的讲解和示范。教师和家长还需要为幼儿提供大量可探索和可操作的玩教具，鼓励其动脑筋思考。由于幼儿缺乏经验，看问题总是有一定的片面性，教师和家长应注意引导幼儿从不同的角度去思考，使幼儿的思路更开阔，思维更活跃。

三、5～6岁幼儿认知观察要点

表9-3　5～6岁幼儿认知发展水平及观察要点

观察主题	发展水平及观察要点	观察		出现时间	评价
		是	否		
观察力	喜欢问"为什么"				
	能经常动手动脑寻找问题的答案				

学习笔记

学习笔记

观察主题	发展水平及观察要点	观察		出现时间	评价
		是	否		
	对发现的问题感到兴奋和满足				
	能觉察到动植物的外形特征、习性与生存环境的适应关系				
	能够观察生活中常见的物理现象，如下雨时，燕子低飞				
	能够感知季节的变化				
注意力	专注地玩玩具				
	专注地阅读图书				
	专注地听教师、家长、同伴的讲话				
	在被干扰时能够继续之前的工作				
记忆力	能够在游戏中时刻记住游戏规则并能记得提醒别人				
	能够根据故事情节复述故事				
	能有意识地记住成人提的要求				
想象力	能够进行故事、诗歌、散文的创编和续编				
	在游戏中能够创造出新想法				
	在绘画中能够体现创造力，想法新颖				
思维力	主动积极思考问题				
	想方设法自己解决问题				
	能对符号进行把握和运用				
	搭积木、画画、做手工时能够先想再做				
	能够对事物进行简单概括				
	能够对物品进行分类				
	能结合情境进行简单推理				
	能够用一定的方法验证自己的猜测				

四、5～6岁幼儿认知学习支持

（一）环境支持

教师设定特定的活动区域，如科学区、植物角等，并为幼儿提供观察记录工具，让他们通过观察感知事物的变化。另外，教师要善于观察幼儿，多启发幼儿思考、记忆这些感受，有意识地培养幼儿良好的观察习惯，提升幼儿的认知水平。

（二）活动支持

5～6岁幼儿的神经系统继续发育完善，使得幼儿能较快、较多地接受新的知识。因此，无论在教学中还是在游戏或日常生活中，教师都应有意识地从以下几个方面引导幼儿，培养幼儿主动学习的习惯。

1. 视觉能力的开发——分辨颜色，找不同

方法：教师拿两张涂满相似颜色的图片，让幼儿找不同，并且说出不同颜色的名称，将幼儿分为两组，比一比，看哪组找得正确，找得快。

注意：为大班幼儿所提供的图片颜色可以更加复杂，增加近似色，不同之处可以设置多处，同时利用小组竞赛的方式激发幼儿的兴趣。

2. 听觉能力的开发——猜猜我是谁

方法：教师给一个幼儿蒙住双眼，其他幼儿轮流说一句话，让幼儿猜说话幼儿的名字，看谁猜出得多。

注意：幼儿通过仔细听，根据每个小朋友的声音来分辨不同的小朋友，发展听觉能力，利用游戏方式激发幼儿听的乐趣和积极性；在安静的环境中进行游戏，给幼儿讲清楚在玩游戏的过程中保持安静的重要性。

🔗 相关链接 ▶▶▶▶

"重听"现象

"重听"现象是幼儿期儿童听力的一种特殊现象，即有些幼儿对别人说的话听得不清楚、不完整，他们常常能根据说话者的面部表情、嘴唇动作以及当时说话的情境，猜到说话的内容。这种现象是幼儿听力缺陷的表现，会给幼儿的言语听觉、言语及智力的发展带来消极影响。造成"重听"现象的原因主要有两个：一是幼儿的听觉器官（主要是耳）出现问题，导致幼儿听力缺陷；二是幼儿注意力不集中。成人对这两种情况应及时发现并加以解决：一是经常对幼儿进行听力检查，及时发现听力缺陷，做到早检查、早发现、早治疗；二是培养幼儿良好的注意力。对幼儿的听力进行训练，如采取成人讲故事、幼儿复述等方法，可逐步恢复幼儿的听力，"重听"现象也就能得到纠正了。

3. 方位感的训练——做相反的动作

方法：教师说出做什么动作，幼儿做相反的动作。例如，教师说："举起右手。"幼儿就要举起"左手"。

目的：训练幼儿认真倾听的能力和反应能力，锻炼方位知觉，让幼儿区分上、下、前、后、左、右。

学习笔记

学习笔记

4. 观察力和记忆力的训练——好吃的水果

方法：教师向幼儿出示不同的水果，让幼儿按顺序识记 15 秒，然后打乱次序，让幼儿看看少了哪个，哪个位置变了。

注意：在训练幼儿观察力和记忆力的时候，要选择幼儿常见的水果；游戏应在幼儿平静的情况下进行，人数应控制在 5 人以内，以免分散幼儿的注意力。

5. 思维能力的训练——棋牌类游戏

方法：教师为幼儿提供一些牌类游戏，如"抽乌龟"；棋类游戏，如跳棋、五子棋等。

目的：为幼儿设疑，引发幼儿积极思考，从而提高幼儿的思维能力。

注意：在指导幼儿进行这类智力游戏时，应着重指导幼儿寻找解决问题的思路，记住思考的方法——幼儿悟出方法的过程要比比赛结果更重要。

⊘ 实践与运用 ▶▶▶▶

1. 观察幼儿园大班幼儿认知能力发展的状况（可长期观察 1~2 名幼儿，撰写观察记录）。
2. 设计一个发展大班幼儿空间知觉的活动方案。

单元 4
· · ·
5～6岁幼儿情感与社会性发展与学习支持

情境描述

6岁的莉莉和表姐相处了一个暑假，表姐要回湖南了，莉莉不愿让表姐走，闷闷不乐。

情境一：

爸爸："傻孩子，表姐肯定要回她家，不是早就告诉你了吗？用不着这样伤心啊！"

莉莉："唔……我舍不得表姐……"

爸爸："表姐不在，你可以找其他小朋友玩！"

莉莉："不，我只想跟表姐玩！（开始哭。）"

爸爸："你已经6岁了，怎么还这么不懂事！快擦干眼泪！（接着便离开女儿身边。）"

（莉莉一直哭，觉得爸爸不懂她，跑回自己房间，"砰"地一声关上房门。）

情境二：

妈妈："（拥着女儿）表姐回去了，你一定很难过，很舍不得吧？"

莉莉："（含着泪）是啊，现在只剩下我一个人了……"

妈妈："唔……表姐走了，你是会觉得难受的，你一定很想念她。"

莉莉："跟她在一起十分开心……（停止哭泣。）"

妈妈："和朋友分离很不好受，尤其是你跟表姐相处得那么愉快，她走后你一定会觉得家里一下子冷清了。"

莉莉："是啊！不知道表姐是不是也这样不好受呢？"

妈妈："你可以打电话问问她，也可以表达你对她的想念啊！"

莉莉："嗯……（心中感到母亲了解及支持她，很是温暖。）" [1]

请思考：

1. 结合幼儿心理学相关知识，尝试分析莉莉情感与社会性发展的水平。

2. 你认为当遇到莉莉这种情况时，爸爸妈妈的做法谁的更好？为什么？

---

① 甄丽娜等编著：《学前儿童认知发展与教育》，234页，北京，北京师范大学出版社，2016。

学习笔记

学习驿站

5～6岁幼儿的情感变得更加细腻和丰富，高级社会情感表现得更加明显，幼儿更加希望得到成人的认同，并且开始模仿和学习处理生活中的规则和自由的关系，逐步走向社会化。

一、5～6岁幼儿情感与社会性发展和水平

（一）情感发展和水平

5～6岁幼儿情感更加细腻和丰富，这种变化会通过幼儿的语言、行为表现出来，其中情感变化表现得更为突出。道德感在这一时期得到进一步发展，如幼儿对好人和坏人有着不同的情感态度，有了相对稳定的价值判断，社会性发展增强。

1. 道德感

5～6岁幼儿的道德感进一步发展。他们对善与恶、好人与坏人，有鲜明不同的情感。他们喜欢帮助他人，愿意听取好人的意见和建议，模仿好人的行为等，并以此为荣。他们对善恶、好坏的判断水平并不高，在成人的引导下才能建立起更好的道德感。在这个年龄段，幼儿爱同伴、爱集体等情感已经有了一定的稳定性，成人的引导能够促进幼儿遵守社会道德，并得到强化。

2. 美感

美感是审美主体对客观现实美的主观感受，是人的一种心理现象，是根据美的标准产生的。5～6岁幼儿对美的体验也有一个逐步发展的过程。在环境和教育的影响下，幼儿逐渐形成审美的标准。例如，幼儿开始注重每天穿什么样的衣服更好看，对流着长鼻涕的样子感到厌恶，衣物、玩具摆放整齐能使他们产生快感等。此外，他们也能从音乐、舞蹈等艺术活动和美术作品中体验到美，而且对美的评价标准也日渐提高。

3. 理智感

理智感是在认识和评价事物过程中产生的情感。它是人们学习科学知识、认识和掌握事物发展规律的动力。幼儿理智感的发生，在很大程度上取决于环境的影响和成人的培养。5岁左右的幼儿很喜欢提问题，好奇心极强。他们开始喜欢下棋、猜谜语等智力游戏，更喜欢一些需要动脑筋解决问题的活动，而且能从提问和得到满意的答复中获得快乐，因此适时地向幼儿提供恰当的知识，鼓励和引导他们提问题，能促进幼儿理智感的发生。这就是幼儿理智感发展的明显表现。

（二）社会性发展和水平

社会性是指进行社会交往、建立人际关系、掌握和遵守行为准则以及控制自身行为的心理特征。社会性发展是从婴儿期开始的一个漫长过程。[1]5～6 岁幼儿处于幼儿园升小学的衔接阶段，是幼儿交往的关键期。[2]

幼儿之间绝大多数的社会交往是在游戏情境中发生的。20 世纪 20 年代，帕顿根据幼儿在游戏中社会参与水平的不同，将游戏分为 6 类 3 个阶段，其中第三个阶段就是社会性游戏，包括联合游戏和合作游戏。5～6 岁幼儿的社会性交往游戏主要是合作游戏，合作游戏是幼儿游戏发展的高级阶段。合作游戏是指幼儿在一个小组里共同游戏，有分工，有合作，有共同的活动目的，有共同计划的活动和方法。例如，角色游戏"小小照相馆""上医院""逛超市"等，有 1～2 名幼儿管理小组，通过分工，幼儿承担不同的角色，并且相互帮助。此外，女孩在游戏中的交往水平高于男孩，表现在女孩的合作行为明显多于男孩，男孩对同伴的消极反应明显多于女孩。[3]

二、5～6 岁幼儿情感与社会性学习方式和学习内容

（一）学习方式

1. 模仿学习

自觉或不自觉地重复他人（榜样）的行为是幼儿社会学习的基本方式之一。5～6 岁幼儿通过模仿他人的行为，满足自己的学习需求。幼儿的成长环境是幼儿模仿的对象，教师和家长要为幼儿提供健康良好的成长环境，利用积极的榜样带动幼儿更好地成长。

2. 合作学习

合作学习是一种结构化的、系统的学习策略。例如，2～6 名能力各异的幼儿组成一个小组，以合作和互助的方式从事学习活动，共同完成小组任务，在促进每个人学习水平提高的前提下，提高整体成绩。通过合作游戏，幼儿理解了自由与规则的关系。

3. 在"游戏"过程中学习

游戏是幼儿同伴交往的主要形式，许多社会学习是在游戏中发生的。因此，幼儿园应该提供充分的时间让幼儿一起游戏，开展各种有关互动合作的活动，

① 李国祥、夏明娟、项慧娟等主编：《幼儿心理学》，132 页，北京，人民邮电出版社，2015。
② 祁晓萍：《5-6 岁幼儿情绪表达与同伴接纳的关系研究——以沈阳市 Y 幼儿园为例》，硕士学位论文，沈阳大学，2018。
③ 李国祥、夏明娟、项慧娟等主编：《幼儿心理学》，141 页，北京，人民邮电出版社，2015。

学习笔记

让他们在互动中体验交往的乐趣，学习交往的技能，理解交往的规则，形成对人对己的正确态度。

（二）学习内容

人际交往和社会适应既是幼儿社会学习的主要内容，也是幼儿社会性发展的基本途径。

1. 愿意与人交往

5～6岁幼儿要有自己的好朋友，能和自己的朋友友好相处，体会到与同伴交往带来的快乐。同时也要学会与朋友分工，合作完成一项任务。更要学会理解他人，能够站在他人的角度思考问题，主动与他人交往。

2. 学会适应社会

群体生活有相应的社会规则，幼儿要在游戏中理解这些规则的意义，并愿意与同伴共同商定游戏或者活动规则，并按照自己的规则进行游戏。5～6岁幼儿要体会到集体生活的快乐，并愿意为集体做事，以集体为自豪，逐步感受到国家、民族的自信，爱祖国，爱团结。

三、5～6岁幼儿情感与社会性观察要点

表9-4　5～6岁幼儿情感与社会性发展水平及观察要点

观察主题		发展水平及观察要点	观察		出现时间	评价
			是	否		
人际交往	愿意与人交往	有自己的好朋友，也喜欢结交新朋友				
		有问题愿意向别人请教				
		有高兴的或有趣的事愿意与大家分享				
	能与同伴友好相处	能想办法吸引同伴和自己一起玩耍				
		活动时能与同伴分工合作，遇到困难能一起克服				
		与同伴发生冲突时能自己协商解决				
		知道别人的想法有时和自己不一样，能倾听和接受别人的意见，不能接受时会说明理由				
		不欺负别人，也不允许别人欺负自己				

学习笔记

续表

观察主题		发展水平及观察要点	观察		出现时间	评价
			是	否		
	具有自尊、自信、自主的表现	能主动发起活动或在活动中出主意、想办法				
		做了好事或取得了成功后还想做得更好				
		自己的事情自己做，不会的愿意学				
		主动承担任务，遇到困难能够坚持而不轻易求助				
		与别人的看法不同时，敢于坚持自己的意见并说出理由				
	关心尊重他人	能有礼貌地与人交往				
		能关注别人的情绪和需要，并给予力所能及的帮助和需要				
		尊重为大家提供服务的人，珍惜他们的劳动成果				
社会适应	喜欢并适应群体生活	在群体活动中积极、快乐				
		对小学的生活好奇和向往				
	遵守基本的行为规范	理解规则的意义，能与同伴协商制定游戏和活动规则				
		爱惜物品，用别人的东西时也知道爱护				
		做了错事敢于承认，不说谎				
		能认真负责地完成自己所接受的任务				
		爱护身边的环境，注意节约资源				
	具有初步的归属感	愿意为集体做事，有集体荣誉感				
		知道自己的民族，知道中国是一个多民族的大家庭，各民族之间要相互尊重，团结友爱				
		知道国家的一些重大成就，爱祖国，为自己是中国人而感到自豪				

学习笔记

四、5～6岁幼儿情感与社会性学习支持

（一）环境支持

1. 创设适宜的幼儿园环境

一方面需要将幼儿的教室、走廊等布置得温馨舒适、丰富多彩，幼儿在这种环境中更容易感到放松和快乐；另一方面需要根据幼儿的身心发展特点制定合理的一日生活制度，这样既有利于促进幼儿身体的健康发展，又有利于幼儿良好行为习惯的养成。

2. 良好的家庭环境

愉快、和谐的家庭生活能给予幼儿积极的情感体验。日常生活中若成人经常表现出积极热情、乐于助人、关心爱护孩子等良好情绪，能对幼儿的情绪发展起到潜移默化的影响。因此，家长要公正地对待幼儿，满足幼儿的合理需求，帮助幼儿适应变化的新环境，坚持正面教育，针对幼儿的个别情绪特征给予疏导。

3. 发挥儿童文学作品的作用

文学作品最富于感染力。选择适合幼儿年龄特征的、优秀的儿童文学作品，对培养幼儿的高级社会情感具有独到的作用。儿童文学作品具有一般文学作品的特点，以具体的形象、艺术的语言和感性的形态存在于时空之中。儿童文学作品能激发幼儿的情感，从而使幼儿产生积极的情感体验。

（二）活动支持

1. 情绪温度计

方法：

教师说："小朋友们，发热的时候，妈妈用什么给你们测体温？（幼儿：体温计）今天老师也给小朋友们带来了情绪温度计，请小朋友们自己玩一玩。在10摄氏度以下是悲伤的情绪，在10～30摄氏度是高兴的情绪，在30～50摄氏度是兴奋的情绪。你玩到什么情绪，你就说一说你在什么时候是这种情绪。"幼儿自己玩，教师个别询问。最后，教师提问："你最喜欢什么情绪？"

目的：让幼儿学会用情绪温度计记录自己每天的心情。

2. 玩色子

方法：教师请小朋友上来扔色子，色子扔到一种情绪时，这个小朋友要试着做出相应的表情，并说说在怎样的情况下会有这种情绪，然后让玩色子的小朋友根据扔到的情绪，再次做出相应的表情，让其他小朋友猜猜，他扔到的是什么情绪。

目的：让幼儿学会表达不同的情绪。

3. 你帮我，我帮你

方法：

教师说："小朋友们好，今天我们一起来唱《找朋友》，请每个小朋友都找到一位好朋友，然后手拉手一起坐在椅子上。"教师问："你的好朋友叫什么名字？如果你的好朋友遇到困难了怎么办？"

目的：让幼儿了解互相帮助的行为，能和同伴互相帮助、友好相处。

学习笔记

◎ 实践与运用 ▶▶▶▶

1. 以感恩为主题，设计一个适合5～6岁幼儿开展的社会领域活动方案。

2. 观察、记录一名5～6岁幼儿在社会性方面发展的特点，随后对该幼儿的行为进行分析。

◎ 综合实践 ▶▶▶▶

1. 根据5～6岁幼儿动作发展的水平，为幼儿编一套轻器械体操。

2. 以小组的形式设计一个5～6岁幼儿社会领域活动方案，并尝试进行组织模拟。

3. 为促进5～6岁幼儿语言表达能力的发展，尝试组织一次幼儿辩论会。

学习评价与反思

模块九
学习效果检测

综合云测试

学习笔记

亲爱的同学：

祝贺你顺利完成本门课程的学习！在这门课程的学习过程中，你一定收获颇丰。下面，请检测一下自己的学习效果吧！

编号	扫描二维码答题	自我检测记录与改进计划
1		
2		
3		
4		
5		
6		
7		
8		
9		
10		

参考文献

毕鸿燕，彭聃龄 . 4～6 岁儿童三种时间副词理解能力及策略的实验研究 [J]. 心理发展与教育，2002（4）：22–25.

查尔斯沃斯 . 解读儿童发展 [M]. 刘胜林，李禹材，伍蛟蛟，译 . 成都：四川少年儿童出版社，2015.

陈雅芳，陈春梅 . 0～3 岁儿童动作发展与训练 [M]. 上海：复旦大学出版社，2014.

戴淑凤 . 0～3 岁的感觉教育 同步指导手册 [M]. 北京：教育科学出版社，1997.

但菲 . 0—3 岁婴儿的保育与教育 [M]. 北京：高等教育出版社，2013.

董光 . 幼儿识字特点的实验研究 [J]. 吉林师范学院学报，1996（1）：56–58.

费尔德曼 . 儿童发展心理学：费尔德曼带你开启孩子的成长之旅（原书第 6 版）[M]. 苏彦捷，等译 . 北京：机械工业出版社，2015.

格斯特维奇 . 发展适宜性实践——早期教育课程与发展：第 3 版 [M]. 霍力岩，译 . 北京：教育科学出版社，2011.

顾荣芳 . 0—3 岁婴幼儿早期发展家庭指导手册（0—1 岁）[M]. 南京：江苏凤凰教育出版社，2014.

海小文，吕超 . 幼儿园保教知识与能力的理论和实践 [M]. 上海：上海交通大学出版社，2014.

克斯特尔尼克，等 . 儿童社会性发展指南理论到实践 [M]. 邹晓燕，等译 . 4 版 . 北京：人民教育出版社，2009.

孔宝刚，盘海鹰 . 0～3 岁婴幼儿的保育与教育 [M]. 上海：复旦大学出版社，2012.

李国祥，夏明娟，项慧娟，等 . 幼儿心理学 [M]. 北京：人民邮电出版社，2015.

李洪曾，胡荣萱，杜灿珠，等 . 五至六岁幼儿有意注意稳定性的实验研究 [J]. 心理学报，1983（2）：178–184.

李季湄，冯晓霞 .《3～6 岁儿童学习与发展指南》解读 [M]. 北京：人民教育出版社，2013.

李晓巍 . 学前儿童发展与教育 [M]. 上海：华东师范大学出版社，2018.

柳倩，周念丽，张晔 . 学前儿童健康学习与发展核心经验 [M]. 南京：南京师范大学出版社，2016.

马丽枝 .0～3 岁婴儿的认知与情感世界 [M]. 北京：九州出版社，2019.

玛斯，莱德曼 . 美国金宝贝早教婴幼儿游戏 [M]. 栾晓森，史凯，译 . 北京：北京科学技术出版社，2016.

祁晓萍 .5–6 岁幼儿情绪表达与同伴接纳的关系研究——以沈阳市 Y 幼儿园为例 [D]. 长春：沈阳大学，2018.

钱文 .0～3 岁儿童社会性发展与教育 [M]. 上海：华东师范大学出版社，2014.

冉霓，田新新，秦伟，等 .7～12 月婴儿注意的特点及与气质相关性的研究 [J]. 中国儿童保健杂志，2011（7）：625–627.

苏瑞琴 .2—3 岁幼儿语言教育方法初探 [J]. 陕西教育学院学报，2012（4）：120–122.

隋玉玲 . 婴幼儿早期教育与指导：1.5—2 岁 [M]. 福建：福建教育出版社，2015.

唐敏，李国祥 .0～3 岁婴幼儿动作发展与教育 [M]. 上海：复旦大学出版社，2011.

特拉威克 – 史密斯 . 儿童早期发展：基于多元文化视角（第 5 版）[M]. 鲁明易，张豫，张凤，译 . 南京：南京师范大学出版社，2012.

天津教科院听读识字课题组 . 幼儿识字的度、场和序——关于幼儿听读游戏识字实验的几个问题 [J]. 汉字文化，1993（1）：46–52.

王红 .0～3 岁婴幼儿家庭教育与指导 [M]. 上海：华东师范大学出版社，2020.

王明辉 .0～3 岁婴幼儿认知发展与教育 [M]. 上海：复旦大学出版社，2011.

王诗尧 . 家长育儿观念、行为与婴幼儿社会情绪能力的关系研究——基于公立早教机构质量提升的视角 [D]. 上海：华东师范大学，2019.

文颐 . 婴儿心理与教育（0～3 岁）[M]. 2 版 . 北京：北京师范大学出版社，2015.

沃德 . 婴幼儿语言圣经 [M]. 毛敏，译 . 北京：北京科学技术出版社，2016.

徐芬 . 儿童早期字词意识的发展 [J]. 心理发展与教育，2002（4）：31–35.

叶平枝 . 幼儿园健康领域教育精要——关键经验与活动指导 [M]. 北京：教育科学出版社，2021.

叶望市 . 搭建居家有效游戏支架　提高大班幼儿前书写能力 [J]. 教育界，2020（50）：79–80.

余珍有 . 幼儿园语言领域教育精要——关键经验与活动指导 [M]. 北京：教育科学出版社，2021.

袁萍，祝泽舟 .0～3 岁婴幼儿语言发展与教育 [M]. 上海：复旦大学出版社，2011.

张海媛 . 好妈妈这样做：挖掘孩子的语言潜能 [M]. 北京：中国妇女出版社，2014.

张建端，王惠珊，刘国艳，等 .12～36 月龄幼儿情绪及社会性评估量表——中国城市版常模修订研究 [R].2009–11–04.

张俊，等.幼儿园科学领域教育精要——关键经验与生活指导 [M].北京：教育科学出版社，2021.

张明红 .0～3 岁婴幼儿语言发展与教育 [M]. 上海：华东师范大学出版社，2020.

张永红 .学前儿童发展心理学 [M]. 2 版 .北京：高等教育出版社，2014.

甄丽娜，等 .学前儿童认知发展与教育 [M]. 北京：北京师范大学出版社，2016.

郑厚尧 .影响儿童理解选择问句的若干因素 [J]. 语言研究，1993（1）：56–64.

郑伟如 .幼儿辩论会初探 [J]. 教育导刊（幼儿教育），2006（11）：17–22.

周兢 .论早期阅读教育的几个基本理论问题——兼谈当前国际早期阅读教育的走向 [J].学前教育研究，2005（1）：20–23.

周兢 .学前儿童语言学习与发展核心经验 [M].2 版 .南京：南京师范大学出版社，2015.

周念丽 .0～3 岁儿童心理发展 [M]. 上海：复旦大学出版社，2017.

周念丽 .0～3 岁儿童观察与评估 [M]. 上海：华东师范大学出版社，2013.

周念丽 .学前儿童发展心理学 [M]. 3 版 .上海：华东师范大学出版社，2014.

朱家雄 .学前儿童发展心理学 [M]. 北京：北京出版社，2014.

左志宏 .0—3 岁婴幼儿认知发展与教育 [M]. 上海：华东师范大学出版社，2020.

情境描述
参考答案